南方丝绸之路研究丛书

民族节庆卷

李昆声 | 主编
王万平 | 著

The Southern Silk Road

全国百佳图书出版单位
APGTIME 时代出版
时代出版传媒股份有限公司
安徽人民出版社

图书在版编目（CIP）数据

南方丝绸之路研究丛书 . 民族节庆卷 / 李昆声主编；王万平著 . -- 合肥：安徽人民出版社 , 2022.2

ISBN 978-7-212-10665-2

Ⅰ . ①南… Ⅱ . ①李… ②王… Ⅲ . ①丝绸之路—研究②少数民族—民族节日—中国 Ⅳ . ① K203 ② K892.1

中国版本图书馆 CIP 数据核字 (2019) 第 249766 号

南方丝绸之路研究丛书

民 族 节 庆 卷

NANFANG SICHOU ZHI LU YANJIU CONGSHU
MINZU JIEQING JUAN

李昆声　主编

王万平　著

出 版 人：杨迎会		出版策划：刘　哲　何军民	
出版统筹：袁小燕　张　旻		责任编辑：袁小燕　孔　健	
责任印制：董　亮		装帧设计：程　慧　宋文岚	

出版发行：时代出版传媒股份有限公司 http://www.press - mart.com

安徽人民出版社 http://www.ahpeople.com

地　　　址：合肥市政务文化新区翡翠路 1118 号出版传媒广场八楼　　邮编：230071

电　　　话：0551-63533258　0551-63533259（传真）

印　　　刷：安徽新华印刷股份有限公司

开本：710mm×1010mm　1/16　　　印张：22　　　字数：300 千

版次：2022 年 2 月第 1 版　　　　2022 年 2 月第 1 次印刷

ISBN 978 - 7 - 212 - 10665 - 2　　　　　　　　　　定价：110.00 元

总　　序

　　早期人类不具备生产能力，只能收集利用力所能及的生活资源。在一个区域的资源耗尽或无法满足其需求时，只能以迁移作为获得新资源或更多资源的主要手段。少数人与生俱来的好奇心也驱使他们并引导更多的人走得更远，这也自觉或不自觉地扩大了生存和发展的空间。人类正是这样，从东非等几个主要发源地扩散、迁移和分布到世界各地。

　　在这一漫长的岁月里，人类从利用天然条件到开辟交通路线、发明和制造交通工具和设施，逐步扩大交通运输的规模，提高交通运输的效率，保证了迁移过程中人流和物流需求，并将其应用于定居的群体之间。可以毫不夸张地说，人类的历史是从迁移开始的，而交通运输的条件不可或缺，经常起着不可替代的作用。

　　交通运输离不开陆上的道路和水上的航路。在一个四周开放、内部地形地貌变化不大的区域内，人们很容易利用天然条件开辟和维护道路，并且有多种选择。但在一个相对封闭、内部地形地貌复杂的区域内，一般不存在天然的交通条件，人们必须为开辟和维护道路付出巨大的代价，对道路的走向和状况往往无法做出自主选择。特别是在与外界存在难以逾越的地理障碍的情况下，能否建成并维护突破这类障碍的道路，就是一个地域生存与发展的决定性因素。

在探究中华文明能够长期延续、中国历史没有中断的原因时，地理环境对古代人类的影响尚未受到应有的重视。实际上，在不具备机械交通手段的条件下，无论从哪一方向突破中国与外界的地理障碍——高山峻岭、戈壁荒漠、冰川冻土、青藏高原、横断山脉、热带丛林、深海大洋——都是相当艰难的，或者因代价太大而缺乏相应的利益驱动。正因为如此，连接中国与外界的道路对中国与世界的重要性不言而喻，也是"丝绸之路"一经李希霍芬发现和命名就备受重视的原因。到今天，丝绸之路已经成了古代中国与外界连接的道路的通名，而无论这条道路上的物流和人流是什么，所以有了南方丝绸之路（或西南丝绸之路）、北方丝绸之路、草原丝绸之路、海上丝绸之路等几条得到广泛认同的主要交通路线。

李希霍芬将丝绸之路的形成时间确定在公元前 2 世纪，即张骞通西域时期，是因为张骞第二次出使将大批丝绸输送到西域，并且实际上开始了汉朝与西域间的丝绸贸易，但并不意味着这条道路是由张骞开通的，或者说在公元前 2 世纪之前不存在这条道路。张骞第一次出使就有胡人向导，从长安经匈奴到达大月氏走的都是现成的道路。考古学、人类学、生物学、地理学等大量研究成果证明，小麦栽培、黄牛和绵羊等家畜的饲养以及青铜冶炼技术等都源自西亚、中亚，逐渐向东传入黄河流域。这也证明这条道路早已存在。但迄今为止，我们还没有发现在公元前 2 世纪之前有过由中原向西域的主动传播，也没有从黄河流域向西开辟道路的证据。有人曾列举《山海经》《穆天子传》中的记载为证，但这些资料至多反映了中原人对西部某些地理知识的了解，却无法证明中原人的足迹已经涉及这些地方，更不能复原出一条由东向西的交通路线。

但《史记·大宛列传》的记载证明在公元前 2 世纪张骞通西域之前，西南就存在着一条从古蜀国（今四川）出发，经身毒（今印度）到达大夏（今阿富汗）的交通路线：

（张）骞曰："臣在大夏时，见邛竹杖、蜀布。问曰：'安得此？'大夏国人曰：'吾贾人往市之身毒国。身毒国在大夏东南可数千里。'"

值得注意的是，邛竹杖、蜀布并不是特别贵重的商品或稀有罕见的物品，要将这样的商品长途贩运，并且还有被再长途贩运的价值，只能证明这一条交通路线已经相当成熟有效，这些商品交易已具有一定规模。因此这条道路应该存在已久，早于公元前 2 世纪，其开辟维护的动力出于蜀地人商品输出的需要。

《史记·西南夷列传》中还记载了另一条路线：

南越食（唐）蒙蜀枸酱，蒙问所从来，曰："道西北牂柯，牂柯江，广数里，出番禺城下。"蒙归至长安，问蜀贾人，贾人曰："独蜀出枸酱，多持窃出市夜郎。"

唐蒙在番禺（今广州）吃到的枸酱是蜀地的特产，人们先把它运至夜郎（在今贵州），再通过珠江水系把它运到下游的番禺。同样值得注意的是，枸酱是用水果加工的，在没有现代保存技术和快速运输手段的条件下，需要长途运输且保证美味安全，除了蜀人的制作和保存技术外，离不开水陆联运形成的便捷物流体系。这条路线显然也是蜀人主动开辟和维护的，时间也在公元前 2 世纪之前。

这两个例子可以证明，由李希霍芬发现并命名的这条典型的丝绸之路，尽管客观上是因公元前2世纪张骞通西域而实际形成的，却并非出于汉朝的主动，也不是更早的中原人开辟的，但今天被泛称为南方丝绸之路的由西南通向外界的交通路线，是由本地人主动开辟的真正的贸易路线，时间也早于公元前2世纪。

对南方丝绸之路进行研究的意义不言而喻，但困难之大也在意料之中。这两段文字背后隐藏了太多的秘密，即使用现代科学技术与学术研究的成果也还难以解释。一条古老的交通路线的开辟和维护，不仅涉及当时的自然地理和人文地理环境，还几乎涉及自然界和人类社会各个方面。但迄今为止，我们还没有发现当时当地人自己的任何文字记录和直接证据，也无法从这两段文字再往前追溯。而自然界留下的痕迹也相当有限，并且难以精确地定性或定量。即使在公元前2世纪后或在文字记录产生后，仅仅根据直接和间接的史料也不足以复原南方丝绸之路及沿路地区的历史自然地理和人文地理的真相。而要全面深入地研究这重要的交通路线系统，就不仅要复原或重构这一路线系统本身，还要考察和研究它所连接和经过的空间和存在的时间，在此空间和时间范围内的自然、社会和人文状况，这一路线上的物流和人流的来源和去向，以及由此产生的直接和间接的影响。实际上，这需要对这一巨大的空间、漫长的时间做全面的历史和地理研究。

云南的几位学者就是这样做的，他们在老一代学者的研究基础上，孜孜不倦地探索了二三十年，由李昆声教授主编的这套《南方丝绸之路研究》丛书首批四卷就是已有成果的汇编。陆韧教授和朱映占、王万平、刘西诺、何兆阳、张晗等几位中青年学者分别对这一区域的历史地理、考古、民族、民俗做了扎实、细致、深入的考察、研究和论述，很大程度上弥补了文献资料和直接证据的不足，使这项研究达到了新的高度。

总的来说，对南方丝绸之路的研究尚属开端，因此在这四本著作问世之际，我们有理由期待这套丛书引发更多新著，更有理由期待这几位作者的新成果。

葛剑雄

2022 年 1 月

（复旦大学资深教授、中国历史地理研究所博士生导师，教育部社会科学委员会历史学部委员，"未来地理计划"中国国家委员会委员，中央文史研究馆馆员）

丛 书 前 言

19 世纪 70 年代，德国地理学家李希霍芬首创"丝绸之路"的名称。

20 世纪 80 年代，中国川滇一批青年学者提出"南方丝绸之路"的概念。

"丝绸之路"是指西汉时期开辟的一条国际交通线，起点从我国西安，往西经过河西走廊、新疆沙漠地带，越帕米尔高原而到中亚、南亚、西亚的一条商道。20 世纪初，在丝绸之路上的重镇甘肃敦煌的莫高窟千佛洞发现一大批非常重要的古代文献资料——"敦煌文书"，它成为全球学者研究的宝库。最终，在大量研究的基础上形成一门多学科的国际显学——敦煌学。

南方丝绸之路虽然比（北方）丝绸之路开辟得更早（学术界一般认为在战国时期，也有学者认为早在殷商时期），但是对于南方丝绸之路的研究尚处在起步阶段，更未形成一门多学科的国际显学。而且，各学科之间，甚少交叉互动。例如，南方丝绸之路的起点成都以及成都平原，一批重要的考古遗址：三星堆、金沙、十二里桥……考古发掘文物璀璨夺目，研究成果硕果累累，但很少纳入南方丝绸之路的整体研究中，也极少与其他学科互动。再如历史地理学的研究表明，南方丝绸之路在东南亚延伸后，与海上丝绸之路汇合，是一条通江达海之路。而考古学者在研究一些古代青铜器从中国云南往东南亚传播的问题时，过去也甚少了解它们是通过南方丝绸之路而抵达东南亚的。另外，对南方丝绸之路所经国家、地区以及不同的古代文明的对话、互鉴，亦甚少研究。

我们这套丛书，试图研究南方丝绸之路上的路线、交通等历史地理问题，研究南方丝绸之路上的古代民族、现代民族和节庆，研究南方丝绸之路上遗存的重要文物古迹以及通过南方丝绸之路上从西亚、南亚、东南亚传入我国的古代文物等，以通俗易懂、深入浅出的语言表达出来，期望起到一个抛砖引玉的作用！

希望有更多研究南方丝绸之路上的重要文物古迹、重要非物质文化遗产（如音乐、舞蹈、诗歌、民间故事、传统技艺、驿道、驿站、碑铭、钱币、马帮、舟桥、古村古镇、动植物、域外文明、引进物种），以及研究南方丝绸之路与茶马古道的关系、稻米起源与传播、茶叶起源与传播等学术课题，整合在南方丝绸之路总框架之下，从而涌现出一大批高质量的学术成果。期待南方丝绸之路与（北方）丝绸之路、海上丝绸之路"三足鼎立"，再现昔日辉煌！

李昆声

2022 年 1 月

目 录

第一章

南方丝绸之路及其民族概说

2013年9月和10月，中国国家主席习近平分别提出建设"新丝绸之路经济带"和"21世纪海上丝绸之路"的倡议，使得发端于先秦、形成于秦汉、发展于魏晋南北朝、鼎盛于唐宋的"丝绸之路"[①]再次进入世界的瞩目之中。

作为东西方间经济、政治、文化的交流通道，"丝绸之路"最初指的是由长安出发，向西北经过河西走廊、西域到中亚，然后继续西行抵达罗马帝国的"沙漠—绿洲丝绸之路"。但自20世纪80年代以来，学者研究发现，除了"沙漠—绿洲丝绸之路"外，历史上还存在绵延于欧亚草原的"草原丝绸之路"、由东海至南海经印度洋航行至红海的"海上丝绸之路"和从四川成都出发经云南至缅甸、印度和中亚、西亚的"南方丝绸之路"。

南方丝绸之路以富饶的成都平原为起点，经过云南进入缅甸再到印度，进而远达中亚及欧洲。这条道路古代称为"蜀身毒道"，现代学者称之为"蜀布之路""西南丝绸之路""南方丝绸之路"等。虽然提出"南方丝绸之路"的概念是在20世纪80年代[②]，但中国学者对这条道路的研究肇始于20世纪20年代。梁启超先生在《中国印度之交通》中提到中印之间有6条交通线，其中第6条滇缅路[③]，就是今天我们所说的"南方丝绸之路"。抗

---

① "丝绸之路"这一称谓1877年由德国地理学家李希霍芬提出。
② 陈炎：《汉唐时缅甸在西南丝道中的地位》，《东方研究》1980年第1期。
③ 梁启超：《中国印度之交通》，1921年9月15日《改造》第4卷第1号。

日战争时期开始，著名学者张星烺[①]、严德一[②]、王婆楞[③]、方国瑜[④]、郑天挺[⑤]、姚宝猷[⑥]、夏光南[⑦]、朱伯奇[⑧]等，均对中国西南的对外交通展开过研究，取得了丰硕的研究成果。其中方国瑜先生认为"中印文化之最初交通，当由滇蜀道"，"蜀通身毒之道"走向为"自蜀经滇池、洱海、哀牢诸地"[⑨]；夏光南的《中印缅道交通史》系统梳理了中、印、缅之间，特别是中国滇西保山、德宏边区同印度、缅甸之间从古代直到抗战时期在政治、经济、文化方面的来往和联系。这些研究为后来"南方丝绸之路"的研究打下了坚实的基础。国外学者中法国汉学家伯希和[⑩]、日本学者藤田丰八[⑪]等对这一古代交通路线都有专门研究。另外缅甸学者波巴信的《缅甸史》[⑫]、英国学者哈威的《缅甸史》[⑬]和霍尔的《东南亚史》[⑭]等著作对这条古道也有涉及。

20 世纪 50 年代以后，大陆学者对这一通道的研究逐渐减少，但港台学者的研究不断深入，取得了许多开创性的成果。如台湾学者桑秀云以蜀布及邛竹在大夏的出现为切入点，认为早在张骞通西域以前，中国西南和印度北部就已经有了商业往来[⑮]；香港

① 张星烺：《古代中国与印度之交通》，辅仁大学图书馆 1930 年版。
② 严德一：《西南国际交通路线》，《边疆问题》1939 年第 1 期。
③ 王婆楞：《中缅关系史》，商务印书馆 1941 年版。
④ 方国瑜：《云南与印度缅甸之古代交通》，1941 年 6 月 13 日《西南边疆》第 12 期。
⑤ 郑天挺：《历史上的入滇通道》，《旅行杂志》1943 第 3 期。
⑥ 姚宝猷：《中国丝绢西传史》，商务印书馆 1944 年版。
⑦ 夏光南：《中印缅道交通史》，中华书局 1948 年版。
⑧ 朱伯奇：《国际交通新路线》，《旅行杂志》1949 年第 6 期。
⑨ 方国瑜：《方国瑜文集》（第 4 辑），云南教育出版社 2001 年版，第 338—369 页。
⑩ ［法］伯希和：《郑和下西洋考 交广印度两道考》，冯承钧译，中华书局 2003 年版。
⑪ ［日］藤田丰八：《中国南海古代交通丛考》，何健民译，商务印书馆 1936 年版。
⑫ ［缅］波巴信：《缅甸史》，陈炎译，商务印书馆 1965 年版。
⑬ ［英］戈·埃·哈威：《缅甸史》，姚梓良译，商务印书馆 1973 年版。
⑭ ［英］D·G·E·霍尔：《东南亚史》，中山大学东南亚历史研究所译，商务印书馆版 1982 年版。
⑮ 桑秀云：《蜀布邛竹传至大夏路径的蠡测》，《"中央研究院"历史语言研究所集刊》1969 年第 1 期。

学者饶宗颐以蜀布从陆路输入印度、缅甸的路线考察了中、印、缅古代交通[①]；严耕望认为早在西汉时"牂柯进桑县为郡南部都尉治，置关，几出入"，即为滇越有通道之明证[②]。这些成果可视为"南方丝绸之路"研究的继续发展。

20世纪80年代以来，学界提出"南方丝绸之路"的概念，引起中外学者的高度关注和浓厚兴趣，学术成果大量出现。如：任乃强对"蜀身毒道"所出"四道"的走向作了较详尽的梳理[③]；段渝系统分析了滇越道（永昌道）、僰道（五尺道）和牦牛道（灵关道）的走向问题，并且对西汉通西域之前的南方丝绸之路情况进行了研究[④]；王子今结合四川向家坝遗址发掘材料，探讨了汉武帝时期"西夷西"道路对于中国古代交通史的重要意义[⑤]；陈保亚系统地梳理了古代云南、四川和东南亚交通的情况，对汉武帝遣使张骞等人"出四道"通"身毒"的具体走向有所论及[⑥]。陆韧教授以云南对外交通的发展为主轴，综合考察云南社会、政治、经济的发展，将云南对外交通发展概括为：开启（先秦至汉晋）、拓展（唐宋）、全面开通（元明清）、向近代交通转变（19世纪中叶至"二战"结束）4个阶段，勾勒出云南近两千年对外交通变迁的轨迹，总结其发展的规律、特点以及影响因素，其中很多内容涉及"南方丝绸之路"云南段在不同时期的演变及特点[⑦]。通过学者的研究，南方丝绸之路越来越清晰地出现在世人的视野中。

---

① 饶宗颐：《蜀布与Cinapatta——论早期中、印、缅之交通》，《"中央研究院"历史语言研究所集刊》1974年第4期。
② 严耕望：《唐代交通图考》（第四卷），台北"中央研究院"历史语言研究所1986年版。
③ 任乃强：《中西陆上古商道——蜀布之路》，《文史杂志》1987年第1期。
④ 段渝：《古代中印交通与中国丝绸西传》，《天府新论》2014年第1期。
⑤ 王子今：《汉武帝"西夷西"道路与向家坝汉文化遗存》，《四川文物》2014年第5期。
⑥ 陈保亚：《论滇僰古道的形成及其文化传播地位——茶马古道早期形态研究》，《思想战线》2006年第2期。
⑦ 陆韧：《云南对外交通史》，云南民族出版社1997年版。

第
一
节

南方丝绸之路的开通

一、汉代以前的南方丝绸之路

　　云南大学方国瑜先生认为："公元前 4 世纪中叶以前，已有从中国西南通往印度的交通线。"[①]据学者新近的研究，这条路开通的时间更早，"早在商代中晚期，南方丝绸之路已初步开通，产于印度洋北部地区的齿贝与印度地区的象牙即在这个时期见于广汉三星堆和成都金沙遗址，三星堆青铜雕像文化因素和古蜀柳叶形青铜短剑形制等也由此而来"[②]，这就说明南方丝绸之路是中国丝绸输往南亚、中亚并进一步输往西方的最早线路。到了秦汉时期，蜀地商队大规模地驱赶着驮运丝绸、蜀布、邛杖的马帮走出川西平原，其中一些向西南前往青衣（今四川雅安），沿着崎岖的山间小道，经邛都（今四川西昌）、渡金沙江到叶榆（今云南大理），还有一些商人南下南安（今四川乐山），经僰道（今四川宜宾）、夜郎西境（今贵州威宁）、朱提（今云南昭通）、建宁（今云南曲靖）到达滇池地区（今昆明一带），然后再向西到达叶榆。

----

① 方国瑜：《中国西南历史地理考释》（上册），中华书局 1987 年版，第 6—7 页。
② 段渝：《中国西南早期对外交通——先秦两汉的南方丝绸之路》，《历史研究》2009 年第 1 期。

在叶榆稍事停留后，向西翻越博南山，渡澜沧江，到永昌郡（今保山），再翻越高黎贡山，到滇越（今云南腾冲及其东南），在那里与印度商人交换商品。有些商人再继续前行，到伊洛瓦底江上游，越过亲敦江和那加山脉到阿萨姆，沿布拉马普特拉河谷抵身毒国（今印度）；或由伊洛瓦底江航行出海，经海路到身毒国，在那里开设门市，将产于蜀中的丝绸、布匹、铁器销往南亚乃至中亚①，又将产于印度和中亚的珠宝、琉璃沿此道带回中国。巴蜀商人跋山涉水、披荆斩棘开拓出来的这一古道，默默无闻地存在了许多个世纪，而中原王朝对此却毫不知情。

中原王朝不光不知道通往身毒国的古道的存在，对于遥远闭塞、人迹罕至的"西南夷"，中原王朝只知道在楚威王时"庄蹻王滇"，还有这里生活着冉、駹、徙、筰、邛、僰、昆明、僰等与华夏不同的部族。秦孝文王元年（前250年），蜀郡太守李冰招募劳力开山采石，修筑巴蜀通滇的道路。但由于岩石坚硬，工程艰巨，仅修通从蜀地（今成都）到僰道（宜宾）的道路。直到公元前221年，秦始皇统一中国后，派常頞"略通五尺道"②，才对这里生活的人群有了一定的了解。秦王朝在西南夷生活的地方设置管理机构，派驻官吏，开始对这些部族进行统治。

二、汉武帝时代的"求通四道"

汉代建立之初，主要精力都用在对付北方的匈奴，还顾不上遥远的西南夷，秦朝设置的管理机构被废置。到了汉武帝时代，在解决了匈奴的威胁之后，汉武大帝才腾出手来开始经略"西南

---

① 1936年阿富汗喀布尔发掘出的中国丝绸，很可能就是从成都经"南方丝绸之路"运到印巴次大陆，而后转卖到达中亚的。参见童恩正：《略谈秦汉时代成都地区的对外贸易》，《成都文物》1984年第2期。
② （汉）司马迁：《史记》，中华书局1982年版，第3838页。

夷"。建元六年（前135年），汉朝派大军征伐东越，派唐蒙告知南越。唐蒙开通了夜郎和僰中，乘机想要开通西南夷的道路。汉武帝任命司马相如为中郎将，持节出使西南夷。到这时候，中原的皇帝才从司马相如口中知道：邛、筰、冉、駹等部族靠近蜀地，道路也相通，秦朝时曾经设立郡县，到汉朝建立的时候才废置。巴蜀等地的百姓，偷偷地与他们做生意，贩卖筰马、僰僮、牦牛，所以巴蜀地区才非常富裕。但汉武帝不知道在西南夷更西的地方，还有一个身毒国，巴蜀商人的足迹早已到达了那里。

这条古道被中原王朝发现是十分意外的。据《史记》记载：

及元狩元年（前122年），博望侯张骞使大夏来，言居大夏时见蜀布、邛竹杖，使问所从来，曰"从东南身毒国，可数千里，得蜀贾人市"。①

汉武帝听到这个消息非常兴奋，他没有想到巴蜀商人沿着高山深谷间踏出的古道，早已走出了一条前往"身毒国"的道路，于是有了《史记》中的这一段记载：

天子欣然，以骞言为然，乃令因蜀犍为发间使，四道并出：出駹，出冉，出徙，出邛、僰，皆各行一二千里。其北方闭氐、筰，南方闭嶲、昆明。②

汉武帝派出的张骞、王然于、柏始昌、吕越人等使者，寻找前往身毒国的道路。这段汉文记载，被认为是古代南方丝绸之路最早的官方记录。后来《汉书》《后汉书》等记载的汉武帝元狩年间为求通"西夷西道"所发"四道"，与《史记》略有不同。根据今人对这些道路走向的研究，汉武帝所发"四道"，分别是蜀西北的"駹"与"冉"，蜀西南的"徙"和南部的"邛"和"僰"，我们可称之为北路、中路和南路。

---

① （汉）司马迁：《史记》，中华书局1982年版，第2995页。
② （汉）司马迁：《史记》，中华书局1982年版，第3166页。

北路"出駹"与"出冉"是指前往"駹""冉"所居地。"冉駹"在史籍中多是连称，两地相近。根据李绍明先生的研究，冉、駹的得名与冉山、駹水有关。冉山在今天的汶川、茂县附近，駹水很有可能是今天理县附近的杂谷脑河[①]。元鼎六年（前 111 年），汉武帝在冉駹地区设置汶山郡，据《华阳国志·蜀志》载："汶山郡……汶山县，郡治。……濊水、駹水出焉。故冉駹界邑居也。"段渝先生认为駹水可能是今黑水[②]，任乃强先生认为濊水和今大渡河部位全合[③]。根据这些研究，我们可以大致确定："冉""駹"等部族生活在今岷江上、中游和大渡河上游地区。

这一地区自古便是古代羌氏族群的聚居地。据《后汉书·西羌传》记载：

羌无弋爰剑者，秦厉公时为秦所拘执，以为奴隶。……至爰剑曾孙忍时，秦献公初立，欲复穆公之迹，兵临渭首，灭狄獂戎。忍季父卬畏秦之威，将其种人附落而南，出赐支河曲西数千里，与众羌绝远，不复交通。其后子孙分别，各自为种，任随所之。或为牦牛种，越巂羌是也；或为白马种，广汉羌是也；或为参狼种，武都羌是也。[④]

"出駹"与"出冉"道当是自成都灌口沿岷江水道北上，经汶县（古地名）、茂县、叠溪、黑水县进入岷江和大渡河地区的氐羌地区。但从冉駹再向东北，"君长以十数，白马最大，皆氐类也"，派出的使者被白马氐人困住不能前行。后来汉朝设立了汶山郡、武都郡之后，这条道路才畅通无阻。魏晋时期的丝绸之路"河南道"（又被称为"岷江支道""河源支道"）[⑤]就是沿着武帝时汉使

---

① 李绍明：《关于羌族古代史的几个问题》，《历史研究》1963 年第 5 期。
② 段渝：《四川通史》（先秦卷），四川人民出版社 2010 年版，第 446 页。
③ （晋）常璩撰，任乃强校注：《华阳国志校补图注》，上海古籍出版社 1987 年版，第 191 页。
④ （南朝宋）范晔撰，（唐）李贤等注：《后汉书》，中华书局 2000 年版，第 2875 页。
⑤ 段渝：《古代中印交通与中国丝绸西传》，《天府新论》2014 年第 1 期。

所走的道路从蜀地到青海湖、河西走廊的。到了唐宋时期，茶马贸易兴盛之后，四川的茶叶沿着这条路线经灌县、汶川、茂县到"扼岷岭，控江源，左邻河陇，右达康藏"的松潘，再转运到甘、青、康、藏地区，甚至远销到尼泊尔、印度。这条后来被称为"茶马古道"的古代交通线，因其终点实际上也在南亚，应该视为"南方丝绸之路"的一条支线，只不过后来主要以茶马贸易为主。

中路"出徙"指的是前往"徙"居住的地区。"徙"是西南夷中的一个大部族，据《史记》所记"自巂以东北……徙、笮都最大"可知，"徙"位于"巂"的东北，与"笮"相连。据学者研究，今雅安天全始阳镇和徙（斯榆）关系密切，"徙"大致在今青衣江天全县一带[①]。汉武帝元狩二年（前121年）派出秘密使者，从"徙"出发（向西南）行了一二千里遭到"笮"人的阻滞。

"笮"和"徙"相连。《史记》记载汉朝"以笮都为沈黎郡"，据《三国志》记载："汉嘉郡界牦牛夷种类四千余户，其率狼路……郡有旧道，经牦牛中至成都，既平且近；自牦牛绝道，已百余年，更由安上，既险且远。"[②]《华阳国志校补图注》曰："牦牛县，在邛崃山表，本牦牛王地。邛人笮人入蜀必度此山，甚险难，南人毒之，恒止市于此。"任乃强先生注曰："汉牦牛县故城当在今汉源县九襄镇（即汉原街）。"[③]这些材料说明，"笮都"是今汉源一带。汉使所出的这条道就是后来文献所记载的"灵关道"或者"牦牛道"。有学者指出，在先秦时期，"笮"和牦牛（夷）是相似度极强的古族群，很可能就是同一族群；而先秦时期的"笮"的活跃范围，也包括雅砻江、大渡河上中游[④]。汉使从蜀郡成都

---

① 龚伟：《〈史记〉〈汉书〉所载"西夷西"道覆议——兼论汉代南方丝绸之路的求通》，《四川师范大学学报》2018年第2期。

② （晋）陈寿：《三国志》，中华书局2011年版，第1053页。

③ （晋）常璩撰，任乃强校注：《华阳国志校补图注》，上海古籍出版社1987年版，第202页。

④ 龚伟：《试谈战国秦汉时期笮人与牦牛关系》，《中华文化论坛》2014年第7期。

出发，向南经临邛、严道（荥经），再经过"灵关道"向西南走到"筰都"（汉源一带）或到"筰都"控制的大渡河中游、雅砻江中上游就被"筰"阻滞。

南路"出邛、僰"指向南到"邛都"和"僰道"。"邛都"是西南夷中的大部族，据《史记·西南夷列传》记载："自滇以北君长以什数，邛都最大。"后来汉朝在这里设置了越嶲郡。唐代《括地志》云："邛都县本邛都国，汉为县，今嶲州也。"嶲州就是今天四川西昌市，辖今四川省冕宁、越西、美姑以南，金沙江以西以北，盐源、盐井以东地区。"邛"和"徙"（斯榆）之间道路相通，故《汉书》将《史记》记述的"出邛、僰""出徙"调整为"出徙、邛""出僰"，就是认为邛、徙间的道路相通情况可以并为"出徙、邛"一道，只不过"徙"在这条路的北部而"邛"在南部。

派出到"邛"（今西昌）的使者应该是被"嶲""昆明"所阻拦。邛都西部生活着游牧的"嶲"和"昆明"两个部族。据《史记·西南夷列传》载，"自滇以北君长以什数，邛都最大：此皆魋结，耕田，有邑聚。其外西自同师以东，北至楪榆，名为嶲、昆明，皆编发，随畜迁徙，毋常处，毋君长，地方可数千里"。汉使到"邛都"后再往西走，就被这两个部族阻止了行程。

到元鼎六年（前 111 年）在邛都设置越嶲郡，在筰都设置沈黎郡，西汉对西夷的控制越来越强[1]，这条路也就畅通无阻了。这条被称为"西夷西道"的道路是从古蜀（成都）经临邛（邛崃）、严道（荥经），越邛筰山到筰都，自筰都往南经阑县、灵关道抵达邛都。因为这条道到汉源后，过飞越岭、化林坪至沈村，渡大渡河，经磨西，至木雅草原（今康定县新都桥、塔公一带）[2]，而木

---

[1] 任乃强：《中西陆上古商道——蜀布之路》，《文史杂志》1987 年第 1 期。
[2] 任新建：《"茶马古道"与松潘》，载四川省社会科学院民族宗教研究所、松潘县政府编：《松潘历史文化研究文集》，四川人民出版社 2014 年版，第 185 页。

雅草原当时生活的主要是牦牛羌，所以又被称为"牦牛道"。从唐代开始，自今汉源往西入藏的古道，也被称为"黎州路"，是川茶入藏的干道。这条古道连接着古蜀、邛（临邛、邛都）和筰（筰都、定筰），是南方丝绸之路的主干道。

"嶲"和"昆明"也阻断了"出僰"使者的道路。对于"僰"所在的位置，《史记》说"相如为郎数岁，会唐蒙使略通夜郎西僰中"，可见"僰"与夜郎相接，《索隐》云："僰属犍为。"[1] 也就是说属于犍为郡，《汉书·地理志》载："犍为郡，武帝建元六年开……县十二：僰道，莽曰僰治。"[2] 建元六年（前135年），汉武帝设立了犍为郡，僰道属于其所管辖的一个县。到唐代武德元年（618年），改犍为郡为戎州，领僰道、犍为、南溪、开边、郁邬五县[3]。到宋代政和四年（1114年），改僰道为宜宾[4]。从这些记载可以知道，"僰"在先秦时为南中大国，秦代开辟"西南夷"，降服僰侯，设立僰道县；汉代属犍为郡，到宋代改称"宜宾"，一直沿用到现在。汉朝的使者向南到达"僰道"以后，主要是被"昆明"部族所阻。《汉书》记载了被阻的原因："昆明之属无君长，善寇盗，辄杀略汉使，终莫得通。"[5] 但是这一路使者也有收获："然闻其西可千余里，有乘象国，名滇越，而蜀贾间出物者或至焉，于是汉以求大夏道始通滇国。"[6]

汉武帝派出的使者所走的"僰道"，就是秦代开凿的"五尺道"。公元前221年，秦始皇统一中国后，派遣常頞续修，并把道路扩宽为五尺，所以史称"五尺道"。这条路沿朱提江上溯，经今盐津、大关、昭通、鲁甸、宣威等县，至曲靖，全长2000

① （汉）司马迁：《史记》，中华书局1982年版，第3044页。
② （汉）班固：《汉书》，中华书局1962年版，第1599页。
③ （宋）欧阳修、宋祁：《新唐书》，中华书局1975年版，第1692页。
④ （元）脱脱等：《宋史》，中华书局1985年版，第2218页。
⑤ （汉）班固：《汉书》，中华书局1962年版，第2690页。
⑥ （汉）班固：《汉书》，中华书局1962年版，第2690页。

余里。因途经石门关（今盐津豆沙关），故唐樊绰《蛮书》称之为"石门道"。另外从僰道向西也可通"邛、筰"，就是走马湖江、卑水直达邛都一线，交通十分通畅。这条线是秦汉王朝通西夷的主要路线，比西边的牦牛道、西夷道更加顺达[1]。汉武帝即位不久，"欲开南中，令蜀通僰、青衣道"[2]，为修筑由成都南下邛都（今四川西昌）的道路，西汉征用蜀地诸郡的租赋，征调了汉中、广汉、巴、蜀四郡的数万民工。"建元中，僰道令通之，费工无成……以道不通，执令，将斩之"[3]，僰道令也因此被送斩成都。汉王朝使者在元狩年间到了僰道，却被昆明所阻。但是后来在这里设置犍为郡之后，僰道就成为通西夷的大道，并逐渐发展为官道，成为"南方丝绸之路"的主要干道。

从以上文献记载我们可以看出，汉武帝元狩年间派出的使者是从蜀地向其东北的"駹""冉"，西边的"徙"，西南的"邛"和南部的"僰"四个方向去探寻前往"身毒国"的道路，但"其北方闭氐、筰，南方闭嶲、昆明"，没有到达"身毒国"。

虽然此次通身毒道并未成功，但到元鼎五年至六年（前 112 年—前 111 年），因南越相吕嘉叛乱中央王朝，汉武帝"使驰义侯因犍为发南夷兵"打击南越，平定南越后，"诛且兰、邛君，并杀筰侯，冉駹皆振恐，请臣置吏。乃以邛都为越嶲郡，筰都为沈黎郡，冉駹为汶山郡，广汉西白马为武都郡"[4]。原来阻止汉使探求"蜀身毒道"的氐、筰、嶲、昆明等部族都被纳入了西汉王朝的管辖之下。当时派出的"四道"，除了出"駹"、出"冉"的道路后来主要通往藏区，被称为"茶马古道"之外，从蜀地经过"徙"

---

① 龚伟：《战国至汉晋时期"邛、筰"及同中央王朝关系研究》，四川省社会科学院学位论文，2015 年。
② （晋）常璩撰，任乃强校注：《华阳国志校补图注》，上海古籍出版社 1987 年版，第 172 页。
③ （晋）常璩撰，任乃强校注：《华阳国志校补图注》，上海古籍出版社 1987 年版，第 172 页。
④ （汉）司马迁：《史记》，中华书局 1982 年版，第 2997 页。

（斯榆，今雅安）、"筰都"（今汉源）、"邛都"（今西昌）一直到叶榆（今大理）的古道被称为"灵关道"或者"牦牛道"；经过僰道（今宜宾）、南广（今盐津）、存䣇（今宣威）、朱提（今昭通）、堂琅（今巧家附近）、牧靡（今寻甸）、味县（今曲靖）的古道被称为"五尺道"或者"僰道"。五尺道与灵关道在羊苴咩城（今大理）交会。交会后向西的道路被称为"永昌道"。

汉武帝元封二年（前109年）和六年（前105年），武帝对抢劫汉朝使者的嶲、昆明部落两次用兵，还击败居今滇西地区的哀牢夷，在今永平、保山一带置嶲唐、不韦两县。由大理至保山要经过博南山，所以这段道路被称为"博南山道"，经过博南山道渡兰沧水（今澜沧江）一直向西就可到身毒。《水经注》中记载了当时修整这条路的士卒和民夫留下的"汉德广，开不宾。度博南，越兰津。渡澜沧，为他人"的歌谣。

到永平十年（67年），东汉政府增设益州西部都尉，治嶲唐（今云南永平西北）。永平十二年（69年），哀牢王柳貌率部众55万余人归顺，东汉在其地置哀牢、博南二县，割附近的六县合为永昌郡，治不韦（今云南保山）。永昌郡是东汉的大郡，辖今祥云以西云南省的西部与西南部，以及相邻的缅甸东北部。设置永昌郡后，经西南夷入今缅甸至印度，以及经西南夷南下沿伊洛瓦底江出海，沿途的障碍得以消除。魏晋时此道保持畅通，因货物从身毒和身毒以西诸国运抵永昌，蜀汉曾在永平以西的澜沧江渡口建竹索吊桥，直到唐代此桥仍存。从蜀郡、犍为郡通往西南夷的"四道"，为后来汉朝统治西南地区奠定了基础，也为后来历朝"南方丝绸之路"的道路通畅和贸易繁荣奠定了基础。

唐代以降南方丝绸之路的发展

一、南诏大理国时期古道的拓展

到了唐代，由成都经今汉源、西昌等地至大理的"灵关道"被称为"清溪关道"。据唐代樊绰的《蛮书》记载，自成都达南诏都城羊苴咩城（今大理）有两千七百二十里，其中由成都至嶲州（今西昌）俄准岭（在今四川德昌以南）有三十驿，为唐西川节度使管辖的地界；俄准岭以南至羊苴咩城为南诏的辖界，共设菁口、弄栋、云南、龙尾等十九驿。唐初至天宝战争唐诏失和期间，清溪关道是内地联系云南主要的交通线，唐人高适说："剑南虽名东西两川，其实一道，自邛关、黎、雅，界于南蛮也。"[①]

从僰道（今宜宾）向东南经今滇东北至拓东城（今昆明）的"五尺道"，在唐代称"石门关道"。得名的原因是戎州以南有石门关，现仍存遗迹。贞元十年（794年），唐廷拟遣使册封南诏主异牟寻，当时传说吐蕃将阻断清溪关道，西川节度使韦皋乃整修此道，并于沿途设置一些驿馆。以后唐使袁滋至南诏册封，即经修整后的石门关道。据《蛮书》记载，由戎州南下第九程至马龙县制

---

① （后晋）刘昫：《旧唐书》，中华书局1975年版，第3329页。

长馆，"始有门阁、廨字、迎候、供养之礼，皆类汉地"。由安宁西行至羊苴咩城，沿途有龙和、沙雌馆、曲馆、沙却、求赠、波大、白崖、龙尾诸处驿馆，这些驿馆均为唐朝前期所建。

从僰道向东南至夜郎（今贵州西部）还有一条道，被称为"夜郎道"或"牂柯道"。这条路从成都南下，再经西江至番禺（今广州），出南海转东南亚。《史记·西南夷列传》载："建元六年，大行王恢击东越，东越杀王郢以报。恢因兵威使番阳令唐蒙风指晓南越。南越食蒙蜀枸酱。蒙问所从来，曰：'道西北牂柯，牂柯江广数里，出番禺城下。'蒙归至长安，问蜀贾人。贾人曰：'独蜀出枸酱，多持窃出市夜郎。夜郎者，临牂柯江。江广百余步，足以行船。'"因道经夜郎国地，故称"夜郎道"，又因取道牂柯江（南盘江、西江），也称"牂柯道"。

"五尺道"从蜀地经宜宾、昭通、曲靖到达滇池（昆明）后，分为三道：一条叫"步头道"，先由陆路从五尺道至昆明、晋宁，再从晋宁至通海以南的步头，沿红河而下达越南。《蛮书》卷六载："通海城南十四日程至步头，从步头航行沿江三十五日出南蛮。"故名"步头道"。一条叫"进桑道"，从蒙自南下至越南北部出海。这条路是东汉建武十九年（43年）伏波将军马援奉命征交趾所走的路。据《水经注·叶榆水》记载，马援从泠水道出而进桑，至益州贲古县（治所在今蒙自县东南）。马援行经并以此运输军粮辎重的道路，因经过进桑关而称进桑道。进桑道的走向，是从滇池地区南下至今蒙自，沿红河经今屏边到达越南河内。唐朝时期，由交趾经云南达天竺的道路为"安南通天竺道"，这条道路的东段就是沿汉代的进桑道前行的。《新唐书·地理志》记载其走向为：

安南经交趾（郡治在今越南北宁省顺城县嬴娄）太平，百余里至峰州（今越南白鹤县南风）。又经南田，百三十里至恩楼县，乃水行四十里至忠城州（今越南富寿）。又二百里至多利州（今越南安沛），又三百里至朱贵州，又四百里至丹棠州，皆生獠也。又四百五十里至古涌步（今越南河口县西北），水路距安南凡千五百五十里。又百八十里经浮动山、天井山，山上夹道皆天井，间不容跬者三十里。二日行，至汤泉州。又五十里至禄索州，又十五里至龙武州，皆爨蛮安南境也。又八十三里至傥迟顿，又经八平城，八十里至洞澡水，又经南亭，百六十里至曲江，剑南地也。又经通海镇，百六十里渡海河、利水至绛县。又八十里至晋宁驿，戎州地也。又八十里至柘东城（今昆明）。①

宋熙宁七年（1074 年），四川商人杨佐受命去大理国联系买马。他在大云南驿（在今云南祥云县）见驿前有里堠碑，其上题"东至戎州，西至身毒国，东南至交趾，东北至成都，北至大雪山，南至海上，悉著其道里之详，审询其里堠，多有完葺者"②。从这段记载可知，这条路在大理国时期仍是云南联系内地和海外诸国的重要商道。

"五尺道"的第三条支道从曲靖至柘东城（昆明）后，"又八十里至安宁故城，又四百八十里至云南城，又八十里至白崖城，又七十里至蒙舍城，又八十里至龙尾城，又十里至大和城，又二十五里至羊苴咩城"③。这段路就是唐代时期"安南通天竺道"的西段。《新唐书·地理志》详细地记载了这条路的走向："自羊苴咩城西至永昌故郡三百里。又西渡怒江，至诸葛亮城（在今腾冲东南）二百里。"到达诸葛亮城以后，这条路又分为两道，其中向南的一条为：

又南至乐城二百里。又入骠国境，经万公等八部落，至悉利

---

① （宋）欧阳修、宋祁：《新唐书》，中华书局 1975 年版，第 1148 页。
② （宋）李焘：《续资治通鉴长编》卷 67，熙宁八年八月庚寅条引注。光绪七年浙江书局刻本。
③ （宋）欧阳修、宋祁：《新唐书》，中华书局 1975 年版，第 1149 页。

城七百里。又经突旻城至骠国千里。又自骠国西度黑山，至东天竺迦摩波国（今印度阿萨姆邦西部高哈蒂一带）千六百里。又西北渡迦罗都河至奔那伐檀那国（中心在今孟加拉国拉吉沙希及波格拉一带）六百里。又西南至中天竺国东境恒河南岸羯朱嗢罗国（在今印度比哈尔邦巴特那及伽耶一带）四百里。又西至摩羯陀国六百里。[①]

从以上记载可知，这条道路经云南永昌（今保山）、金齿（今云南德宏），到达江头城（今缅甸杰沙，元代称江头城），再经今拉因公、新古、曼德勒抵蒲甘，沿伊洛瓦底江南下至勃固，走水路或陆路沿伊洛瓦底江至孟加拉湾出海，再转达地中海沿岸，方铁先生称之为"大理入缅甸沿伊洛瓦底江出海道路"。宋代时此道仍是重要的国际商道。

向西的一条经云南保山、腾冲，入缅甸北达印度，再辗转达地中海沿岸：

自诸葛亮城西去腾充城二百里。又西至弥城百里。又西过山，二百里至丽水城（在今缅甸密支那以南）。乃西渡丽水、龙泉水，二百里至安西城（今缅甸北部孟拱）。乃西渡弥诺江水，千里至大秦婆罗门国。又西渡大岭，三百里至东天竺北界箇没卢国（在今印度阿萨姆邦西部）。又西南千二百里，至中天竺国东北境之奔那伐檀那国，与骠国往婆罗门路合。[②]

这条路通过陆路到达印度，方铁先生称之为"大理入缅甸至印度道路"。唐代时期，永昌道不仅是繁忙的商道，而且是重要的"军道"。南诏王阁逻凤西开寻传（云南德宏地区和毗邻的今缅甸克钦邦）、南通骠国（在今缅甸中部），再度出兵骠国，并攻破弥诺国和弥臣国（在今缅甸伊洛瓦底江口），又进攻昆仑国（在

---

① （宋）欧阳修、宋祁：《新唐书》，中华书局1975年版，第1149页。
② （宋）欧阳修、宋祁：《新唐书》，中华书局1975年版，第1149页。

今缅甸萨尔温江口），走的就是这条路。在今缅甸北部，南诏还建置一些城镇，如位于今缅甸八莫的苍望城。在南诏统治时期，此道成为南诏联系中南半岛的交通动脉。大理国时期，这条道路非常畅通，从大理国可以直达海外大秦诸国，宋人吴曾说："大秦国多璆琳、琅玕、明珠、夜光璧，水道通益州永昌郡，多出异物。"[①] 这些记载说明大理国通过此道与大秦国保持频繁的贸易往来。

二、元明清时期古道的繁荣

元明清时期，中原王朝极为重视西南地区交通设施的建设，沿着汉唐时期的古道，修建多条设置驿传的道路：

第一条是在至元七年（1270 年）于中庆至大理所开设的驿站，此道沿袭汉"永昌道"（唐"安南通天竺道"西段）旧道，设安宁、路品、禄丰、舍资、路甸、威楚、禄葛、砂桥、普润、普棚、小云南、白山石、河尾关、样备、打牛坪、永平、沙磨和、永昌、腾冲等 19 处驿站。至元十一年（1274 年）云南行省建立后，加强了对今缅甸北部的经营。至元二十四年（1287 年），云南王与诸王率军征缅，最终攻克缅国的都城蒲甘，驻扎重兵，在蒲甘以下的伊洛瓦底江河段亦遣兵戍守。

到了明永乐五年（1407 年）三月，设腾冲、龙川江、南甸、罗卜思庄 4 驿，隶腾冲千户所[②]。七月，设古剌驿，隶干崖长官司。永乐六年（1408 年）五月，设潞江驿，隶潞江长官司；设甸头驿，隶干崖长官司[③]。到万历十三年（1585 年）二月，置 6 驿 13

---

① （南宋）吴曾：《能改斋漫录》，上海古籍出版社 1979 年版，第 190 页。
② 《明太宗实录》卷六十五。"中央研究院"历史语言研究所校勘影印本。
③ 《明太宗实录》卷七十九。"中央研究院"历史语言研究所校勘影印本。

堡（堡主要为军事之用）。6 驿为：即小保场驿、老姚关驿、景永驿、邦曩驿、猛哈驿、蛮莫驿；13 堡是：小保场堡、老姚关堡、腊底堡、愠木堡、布领堡、戛赖堡、甸头堡、景永堡、邦曩堡、猛哈堡、蛮莫堡、盏达堡、海漫堡[①]。到了清代，这条道路仍然为中国西南地区与中南半岛经贸交往的重要通道。

第二条是在至元十二年（1275 年）自今昆明经晋宁、江川、通海、建水至蒙自县八甸南下至安南大罗城设驿站，走的是汉代"进桑道"（唐代"安南通天竺道"东段）旧道，元朝敕安南使者"以旧制籍户、设达鲁花赤、签军、立站、输租及岁贡等事谕之"[②]，至元十三年（1276 年）改蒙自为县，以其地近交趾，遂于舍资（今蒙自以东）设安南道防送军千户，隶于临安路。元明时由云南达越南北部的道路又分两道，一道由蒙自莲花滩（今越南河口县西北），另一道经蒙自河阳隘，入安南后分沿洮江（红河）两岸下行，交会于白鹤三歧江，前行渡富良江达大罗城。循洮江右岸道路地势平坦，为常行大道。

第三条是在至元十三年（1276 年）后，在中庆经乌蒙（今昭通）至叙州（今宜宾）道设驿，此道大致沿袭汉五尺道（唐石门关道）旧道，元朝增加若干支道并置驿站。由中庆赴乌蒙有两道，一道由今昆明经杨林、马龙、沾益等 11 站达昭通；另一道从今昆明经杨林、会泽等 7 站至昭通，会合后经今四川之盐津、高县、庆符诸站进抵叙州。至元二十八年（1291 年）又开通由叶稍镇至庆符设 5 站的新路，由乌蒙达叙州还可走金沙江、横江两条水路。

第四条是在至元十九年（1282 年）开通以建都（今西昌）为枢纽，联系滇蜀两地的道路，设 24 处驿站，此道沿袭汉"灵关道"

---

① 《明神宗实录》卷一百五十八。"中央研究院"历史语言研究所校勘影印本。
② （明）宋濂、王玮：《元史》，中华书局 1976 年版，第 160 页

（唐"清溪关道"）旧道。不久，因该道地形复杂险阻迭见被废。①

　　总之，从商代中晚期开始由蜀地商人披荆斩棘开拓出来的蜀身毒道，一直作为东亚与东南亚、南亚甚至西亚人员往来、物资交流的民间商道。在汉代武帝治理"西南夷"之后，成为历代中原政府着力经营的官方通道，其意义不仅只是商品的交换和人员的往来，学者王铭铭认为："南方丝绸之路沿线处于中央版图边缘地带，一方面跨境而居，与当地土著在物品上互通有无，语言上交流通畅；一方面受到中央王朝管控，遥远的王权管控远达于此，在政令上畅通有效，儒学传统文化远播于此，通过人员交流、物品交换，在上下一体的秩序中，核心、中间、海外三圈间文化出现了上下纵横勾连。"②他的这段论述为我们揭示了南方丝绸之路开通的重要意义。

---

① 参见方铁：《元代云南至中南半岛北部的通道和驿站》，《思想战线》1987年第3期；方铁：《简论西南丝绸之路》，《长安大学学报》（社会科学版）2015年第3期。

② 王铭铭：《经验与心态——历史、世界想象与社会》，广西师范大学出版社2007年版，第303页。

南方丝绸之路上的民族及其文化

一、南方丝绸之路上的民族迁徙

在南方丝绸之路上，目前主要分布着汉藏语系中的藏缅语族、壮侗语族和苗瑶语族三大族群和南亚语系的孟高棉语族的众多民族，他们的祖先就是中国古代文献提到的"氐羌""百越""三苗"和"百濮"。最早提出这个观点的尤中教授认为："到了新石器时代晚期，在祖国境内的很大一部分地方，出现了四个比较大的民族群体，即氐羌、百越、三苗和百濮。"[1] 这种情况至迟在秦汉时期即已形成。

据《华阳国志》记载："南中在昔，盖夷、越之地。"[2] 这里的"夷"主要是指"西南夷"，后被学术界称为"氐羌系民族"，包括秦汉时期的靡莫、劳浸、僰人、昆明、白马、摩沙，南北朝后期的乌蛮、白蛮、羌人诸部，元明清时期的罗罗、白子、么些、窝泥、栗些、俅人、怒子、西蕃、倮黑、峨昌等。他们发展到今天，成为云南汉藏语系藏缅语族的彝族、白族、哈尼族、纳西

---

[1] 尤中：《云南民族史》，云南大学出版社1994年版，第11页。
[2] （晋）常璩撰，任乃强校注：《华阳国志校补图注》，上海古籍出版社1987年版，第229页。

族、基诺族、景颇族、独龙族、阿昌族、普米族等民族；"越"主要指"百越"，后被学者称为"百越系民族"，包括秦汉时的滇人、勾町、漏卧、滇越、哀牢，唐宋时期的僚人诸部、白衣、金齿、银齿、绣脚、绣面，元明清时期的摆夷、侬人、沙人、仲家、土僚等，他们发展到今天，成为汉藏语系壮侗语族的壮族、傣族、水族、布依族等民族。

除了《华阳国志·南中志》提到的这两大民族系统外，西南地区还生活着被称为"濮"的群体，后来被学界称为"百濮系民族"，主要包括秦汉时期的苞满、闽濮，唐宋时期的朴子蛮、望蛮，元明清时期的蒲蛮、崩龙、卡瓦，他们发展到今天，成为南亚孟高棉语族的布朗族、德昂族和佤族。上述族群在汉武帝开边之前，就已经生活在这片土地上。尤中先生提到的"三苗"，来到西南地区主要是在秦汉以后，这个古老的族群的后裔就是现今苗瑶语族的苗族和瑶族，在西南地区分布很广，也是西南的主要民族。

事实上，这些民族并不是一开始就居住在这里，根据考古资料和历史文献，这些民族一直处于不停地迁徙和流动之中。而他们迁徙和流动的主要通道，就是形成于上古时期的"南方丝绸之路"。这条道路自古以来就是藏缅语族诸民族南下和苗瑶、壮侗、孟高棉语族诸民族西进、北上的交通要道。

藏缅语族的各民族的先民"氐羌"来自中国西北的甘青高原一带，他们迁徙到中国西南乃至中南半岛与印度，其基本走向是由北而南的。这些古代民族在中原王朝不断扩张的过程中一直向西南地区迁徙，现在主要居住在横断山脉及其以南地区，南方丝绸之路的"灵关道"是其迁徙的通道。灵关道主要经过的"藏彝走廊"地区，自古以来就成为众多民族或族群南来北往、频繁迁徙流动的通道，也是沟通西北与西南民族的重要通道。早在秦汉开通以前，"黄河中、上游的一些新石器时代、青铜时代的氏族、部落和部族，不断由我国西北地区通过横断山脉的河谷通道，向西南地区迁徙，带来了氐羌文化，与当地土著居民的固有文化不断交流、融合，产生了云南滇西北、洱海、金沙江中游地区这三种类型的新石器文化"[1]。现今藏缅语民族如藏、羌、彝、白、纳西、傈僳、普米、独龙、怒等大多具有迁徙的神话传说和文献记载。

现在的羌族是古代羌人的一支后裔。古羌人居住在中国的北部与西北部，春秋战国时，今甘肃、青海的黄河和湟水流域是其主要的聚居区之一。战国时期随着秦国的强大，古羌人自河湟向西南进行过一次大迁徙，"或为牦牛种，越巂羌是也；或为白马种，广汉羌是也；或为参狼种，武都羌是也"。武都羌在今甘肃南部，广汉羌在今四川西北，越巂羌在今川西南以及滇北的一带。羌族的史诗《羌戈大战》讲述了古代羌人由北向南的迁徙过程[2]，说明其南迁在历史上确实发生过。

彝族先民沿藏彝走廊南下的过程在很多文献中都有记载，《罗鬼夷书》说彝族的一世祖"孟遮（又译希慕遮）自牦牛徼外，入居邛之卤"[3]，所谓"牦牛徼外"指今凉山西部直至甘孜州一带，而"邛之卤"即今凉山州及滇东北一带。[4]彝族史诗《勒俄特依》也有彝族先民迁徙路线是从安宁河流域逐渐向金沙江两岸移动的说法。所以方国瑜先生认为："彝族是许多氐羌部落和别的部落经过长时期的融合而形成的，是在西南地区形成和发展起来的人们共同体。"[5]

现主要聚居于云南北部澜沧江、金沙江与雅砻江之间地带的

① 李昆声：《论云南与黄河流域新石器时代文化的关系》，《史前研究》1985年第1期。
② 罗世泽：《羌戈大战》，罗世泽搜集整理《木姐珠与斗安珠》，四川民族出版社1983年版。
③ （清）常恩修：《安顺府志·普里本末》，咸丰元年（1851）刻本，贵州省图书馆藏。
④ 余若瑛：《且兰考》，台湾联合报文献基金会《国学文献报》，1992年出版。
⑤ 方国瑜：《彝族史稿》，四川民族出版社1984年版，第6页。

纳西族，在汉文史籍中被称为"摩沙夷"。方国瑜与和绍武先生认为："摩沙夷来自河湟地带南迁的古羌人，与牦牛羌有亲属关系。"[①] 尤中先生也说："摩沙夷也是从氐羌中分化出来的一部分。"[②] 牦牛羌汉代时生活在越巂郡定筰县，可能就是阻止汉使西行的部族。纳西族的历史文献《丽江木氏宦谱》也记载：摩娑人居定筰即今盐源县，世为昆明总军官，传至唐武德时叶古年凡 17 世[③]。纳西族的《指路经》指引亡灵回归到北方祖地"斯布阿纳瓦"，"斯布阿纳瓦"意为祖先生活过的一座大黑山，在青海、甘肃、四川的交界处[④]。这说明纳西族也是从北方南迁的一个民族。

现主要居于怒江两岸的傈僳族，传说其远祖原居澜沧江以东的"诺矣比"地方，到十六七世纪时才迁到现居地。据《蛮书》记载："栗粟两姓蛮，雷蛮、梦蛮，皆在邛部、台登城，东西散居，皆乌蛮、白蛮之种族。"[⑤] 唐时的邛部、台登在今越西、冕宁一带，当时傈僳族居于今凉山州北部，后来逐渐南移，迁至金沙江两岸，此后又逐渐西迁，大部分定居于今怒江两岸。

景颇族的口传资料显示，其先民自青藏高原沿横断山脉南下，在距今一千余年前的唐代迁至今德宏州以北、怒江以西地区。当时这一带的民族统称"寻传蛮"，属南诏政权的丽水节度使管理。迄至 15 世纪，景颇人沿德文河流域向南迁徙到现在的德宏州一带。又据现在景颇族民间流传的父老死后的送魂路线，是先从现居地送至片马，然后程程相送，最终送至西北的昆仑山。[⑥]

---

① 方国瑜、和志武：《纳西族的渊源、迁徙和分布》，《民族研究》1979 年第 1 期。
② 尤中：《中国西南的古代民族》，云南人民出版社 1980 年版，第 49 页。
③ 《木氏宦谱》，丽江县图书馆，1958 年整理翻印。
④ 张泽洪、廖玲：《西南民族走廊的族群迁徙与祖先崇拜——以〈指路经〉为例的考察》，《世界宗教研究》2014 年第 4 期。
⑤ （唐）樊绰撰，向达校注：《蛮书校注》，中华书局 2018 年版，第 105 页。
⑥ 《景颇族简史》编写组：《景颇族简史》，民族出版社 1983 年版，第 8—27 页。

这说明景颇族也是逐步由北南迁至滇西一带。

先秦时期生活在"五尺道"北段的主要是僰人，也属于氐羌系民族，"川南的宜宾地区和凉山彝族自治州东部的马边、屏山、峨边等县，大致相当于汉代犍为郡的范围以内，是春秋战国时代僰族的集居地"①。秦汉时期僰人已南下并分布在今滇南、滇西一带。隋唐时期，东至滇中的僰人被称为"白蛮"。有史家认为："汉武帝开僰道，通西南夷，今叙州属县是也。故中庆、威楚、大理、永昌皆僰人，今转为白人矣。"②也就是说，僰族的后裔是现今主要居住在洱海一带的白族。虽然这个观点不完全准确，但白族的族源有僰人的成分是有一定根据的。

哈尼族也是氐羌系民族的一员，现主要聚居在红河哈尼族彝族自治州。据学者研究，哈尼族是由西北的青藏高原向四川盆地、云贵高原及中南半岛北部地区不断迁徙的，其传统史诗《哈尼阿培聪坡坡》（意为"哈尼族先祖的迁徙"）以哈尼族酒歌"哈八惹"的形式，系统地吟唱了哈尼族先祖历尽艰辛，从远古的"虎尼虎那"来到红河南岸定居的历史。③

壮侗语族民族的先民，至迟在公元前几个世纪已分布在长江流域以及中国南方，据《汉书·地理志》记载，今浙江、福建，经广东、广西至境外一些地区，"百粤杂处，各有种姓"④，其中在今浙江一带有大越⑤、于越⑥、东瓯越⑦；在福建有闽越⑧，广

① 童恩正：《古代的巴蜀》，重庆出版社2004年版，第69页。
② （元）李京撰，王叔武辑校：《大理行纪校注　云南志略辑校》，云南民族出版社1986年版，第86页。
③ 云南省少数民族古籍整理出版规划办公室编：《哈尼阿培聪坡坡》，云南民族出版社1986年版。
④ （汉）班固：《汉书》，中华书局1985年版，第1669页。
⑤ 《越绝书》卷八《外传记越地传》："大越故界浙江"，"滨海之民，独以鸟田"。
⑥ 《汉书·货殖列传》："辟犹戎翟之与于越，不相入矣。"
⑦ 《史记·东越列传》："孝惠三年（前192年），举高帝时越功曰：'闽君摇功多，其民便附。'乃立摇为东海王，都东瓯，世俗号为东瓯王。"今浙江温州一带。
⑧ 《史记·东越列传》："立无诸为闽越王，王闽中故地，都东冶。"

东和广西有西瓯越①、杨越②、南越③、骆（雒）越④，在云南则有滇越⑤。秦汉时期史家针对越民族群体分布广、支系多的特点将其统称为"百越"⑥。魏晋南北朝时期"五胡乱华"，黄河地区的汉族南渡长江来到岭南，百越民族就向西南地区不断迁徙，其基本走向是由东向西的。现在分布在中国广西壮族自治区、云南、贵州、广东、海南、湖南南部的壮族、布依族、傣族、侗族、水族、仫佬族、毛南族、仡佬族和黎族，不论是语言或者习俗，都与古代的百越族有一定程度的渊源关系。

百越系除了自东向西迁移外，其中一些部落已北上分布在蜀川乃至更北的地区⑦。百越系民族北上的路线有从江汉平原沿长江及其支流进入蜀川的，但南方丝绸之路"五尺道"（唐代石门关道）及其南下到今越南的"安南通天竺道"东段是他们迁徙的主要通道。据历史文献记载，秦汉时期从"僰道"向西南有"五尺道"通滇，向东南有"牂柯道"通南越。"南越"就是越人主要居住的地区。李星星认为"壮侗走廊"西端延伸部分与"藏彝走廊"南端延伸部分大致在云南交会⑧。所以壮侗语族民族也有一些可能通过灵关道进入藏彝走廊，如壮族、布依族，现已北上至凉山州南部会东及木里诸地。

除了壮侗语族通过这些道路北上之外，苗瑶语族的先民也在

---

① 《山海经》郭璞注："既在闽海中，郁林郡为西瓯。"《淮南子·人间训》说："（秦师）以与越人战，杀西呕君译吁宋。""西呕"当即"西瓯"，今广东西部及广西等地。
② 《战国策·秦策三》蔡泽说应侯："吴起为楚悼王……南攻杨越。"《史记·南越尉佗传》："秦时已并天下，略定杨越，置桂林、南海、象郡。"
③ 《史记·南越尉佗列传》："秦已破灭，佗即击并桂林、象郡，自立为南越武王。"
④ 《旧唐书·地理志》载郁江流域的贵州、播州为"古西瓯、骆越所居"。
⑤ 《史记·大宛列传》："昆明之属无君长，善寇盗，辄杀掠汉使，终莫得通。然闻其西可千余里有乘象国，名曰滇越。"
⑥ "百越"一词始见于战国后期吕不韦（？—前235年）命宾客写成的《吕氏春秋·恃君览》。
⑦ 徐松石于20世纪30年代著《粤江流域人民史》时即已提出了巴蜀境内在先秦已有百越系民族的说法；中华人民共和国成立后，童恩正著《古代巴蜀》及董其祥著《巴史新考》等书均对此有较确切的考述。
⑧ 李星星：《论"民族走廊"及"二纵三横"的格局》，《中华文化论坛》2005年第3期。

"五尺道""灵关道"留下了他们的后裔。据民国《马关县志·风俗志》记载："苗人，其先自湘窜黔，由黔入滇，其来久有。"苗瑶语民族的先民"三苗"主要生活在长江以南的洞庭湖和鄱阳湖之间。到战国时期，庄蹻入滇带来的将士可能就有"三苗"。此后三苗自长沙武陵地区大量向西南迁徙，成为西南的世居民族。其中有部分沿着古道北上，现在川南、滇西北的苗族就是他们的后裔。据调查，西南苗族老人去世在入棺之前，祭司吟唱《指路经》给死者指路，送亡魂回到祖先的发源之地。《指路经》以叙事的方式，委婉叙述苗族历史上迁徙的历程，有"苗族第一歌"之称。四川苗族《指路经》对祖先居住地的描述说："那里谷能熟，那里稗能生，那里粮能吃，那里粮能吞。"① 可能指的就是他们曾经生活过的洞庭湖和鄱阳湖地区。

由上述材料我们可以看出，五尺道和进桑道上既有氐羌系民族南下，也有三苗系、百越系先民北上。他们在漫长的历史岁月中不断迁徙，互相融合，形成今天这里藏缅语民族的彝族、哈尼族，苗瑶语民族的苗族、瑶族和壮侗语民族中的壮族、侗族、水族、仫佬族、毛南族、仡佬族、布依族等民族。

在南方丝绸之路"永昌道"经过地区生活的民族就更加多元，除了氐羌系民族中的阿昌族、景颇族、拉祜族和基诺族等是通过这条古道迁居到现居地滇西南，百越系民族傣族也从这条道路北上，在怒江河谷北上到保山地区与怒江州毗邻的地带；在金沙江河谷滇川交界的地区多有其踪迹；在雅砻江的支流安宁河谷则北上到西昌以及昭觉一带。②

此外，这条道路上还有百濮系民族的迁徙。百濮是我国古代

---

① 古玉林：《四川苗族古歌》，巴蜀书社 1999 年版，第 188 页。
② 李绍明：《傣族北上入川的实例——米易萨莲土司的几个问题》，《西南民族学院学报》1984 年第 3 期。

分布于南方的一大族群。文献记载其最早活动于长江以南地区。如《尚书·周书·牧誓》就提到："庸、蜀、羌、髳、微、卢、彭、濮人。"《疏》曰："此八国，皆西南夷也。"西周末年以后，随着楚在江汉地区的崛起，濮的活动范围逐渐缩小[①]，不断向其分布区的南方、西方、西南方迁徙移动，大量进入了今川、滇、黔。汉晋以后，关于百濮在西南地区的记载则大量见于文献。[②]到了唐代《通典》中记载濮人有"尾濮、木棉濮、文面濮、折腰濮、赤口濮、黑僰濮"等不同支系。现在大多数学者认为，生活在云南南部的佤、布朗和德昂是历史上"百濮"的后裔，如尤中先生认为："属于百濮即孟高棉的部落群体，便主要活动在西南地区。"[③]郭净等学者也认为："濮人又称'百濮'，他们中的一部分应为孟高棉语族的祖先，其分布区大体在云南南部与中南半岛相接的地带。"[④]申旭、刘稚也说："从语言系属来看……孟高棉民族源于百濮。"[⑤]

虽然近年来有学者认为，江汉之南的濮人及南迁之百濮与云南西南部之濮人是名同实异的不同的民族群体，前两种濮人大部分与百越相融合发展成为今天汉藏语系壮侗语族的民族[⑥]，云南孟高棉语族佤、布朗、德昂等三个民族的先民世居于云南西南部地区，在历史上被称为"苞满"和"闽濮"，此"濮"非江汉之南的"百濮"。[⑦]但是孟高棉语族与濮人有关是不争的事实。西南地区的"濮人"可能大多融合于汉族或壮侗语族其他民族，只有其中的"闽濮"和"苞满"等由于生活在西南极边地区，保留了古代的语

---

① 舒向今：《试探考古学上的濮文化》，《民族研究》1993 年第 1 期。
② 王文光、段丽波：《昆明族源流考释》，《贵州民族学院学报》2006 年第 6 期。
③ 尤中：《云南民族史》，云南大学出版社 1994 年版，第 11 页。
④ 郭净、段玉明、杨福泉：《云南少数民族概览》，云南人民出版社 1999 年版，第 6 页。
⑤ 申旭、刘稚：《中国西南与东南亚的跨境民族》，云南民族出版社 1988 年版，第 6 页。
⑥ 段丽波：《濮、越民族考——从考古学文化的视角》，《学术探索》2007 年第 3 期。
⑦ 段丽波、龙晓燕：《云南百濮考——一个需要重新思考的民族源流问题》，《思想战线》2009 年第 4 期。

言和文化，是现在佤、布朗、德昂三个孟高棉语族民族的祖先。百濮民族的迁徙也是通过"南方丝绸之路"来进行的。

经过漫长的历史变迁，到近代以后，基本上形成了目前南方丝绸之路氐羌系（藏缅语族）民族、百越系（壮侗语族）民族、三苗系（苗瑶语族）民族和百濮系（孟高棉语族）民族交错杂居的局面。虽然各民族形成了一定的聚居区，如现在行政区划的自治区、自治州、自治县，但同一区域内有不同民族交错杂居的情况是普遍现象。

古老的南方丝绸之路经过的地区，是现代中国乃至世界上民族最为复杂、文化最为多元的地区，上述民族除了在中国境内有大量分布外，汉藏语系的三个语族和南亚语系的孟高棉语族等民族在国外也有大量分布，成为跨境民族。

藏缅语民族中的彝族，在越南称倮倮族，居住在河江省的同文县和高平省的保乐县。哈尼族在越南主要聚居于莱州省孟碟县和老街省的巴沙县，莱州省的封土县也有少量分布。傈僳族是在中国、缅甸、印度和泰国跨境而居的民族。拉祜族作为跨境而居的民族，在缅甸、泰国、越南、老挝等国家有分布。景颇族在缅甸有大量分布，被称克钦族。阿昌族在缅甸也有少量分布，被称曼达族。怒族主要分布在缅甸克钦邦北部高黎贡山区及恩梅开江上游地区。珞巴族有超过 60 万人生活在麦克马洪线以南地区，另有部分珞巴人生活在尼泊尔、印度等国家。独龙族主要分布在缅甸江心坡、坎底及钦底西北广大地区，称为日旺人，与我国独龙族的经济往来和宗教联系较多。

壮侗语族在中南半岛多被称为泰语族或泰—卡岱语族。越南的岱依族和侬族与中国的壮族有着密切的亲缘关系。中国傣族与缅甸的掸族、老挝的主体民族佬族和泰国的主体民族泰族为同一民族，在印度的东北阿萨姆邦亦有分布。泰族是越南第二大少数民族。布依族也是越南的 54 个民族之一，分为布依、都依两个支系，居住在河江省官坝县和老街省孟康县。仡佬族在越南也有分布。京族是越南主体民族，占越南总人口近 90%。

苗瑶语族的苗族在越南称赫蒙族，分布在河江、宣光、高平、老街、莱州、山罗、北太等省的山区。越南瑶族有 48 万人，分布地域较广，沿越中、越老边界一直延伸到北部沿海的一些省份。

孟高棉语族中的佤族在缅甸境内超过 60 万人，主要分布于佤邦。另有部分分布于泰国，但数目不详。布朗族主要分布在缅甸、老挝等国。德昂族在国外称帕朗族或崩龙族。克木人主要分布在老挝、越南和泰国，在中国也有少量克木人，现在被划归布朗族。

从以上情况可以发现，南方丝绸之路不仅是货物贸易的通道，而且是民族迁徙的通道。这些道路的主道及其支线，织成了一张密密麻麻的交通网，不同的民族、不同的人员在这条路上东进西出，南来北往，不仅形成了现在西南地区多民族、多族群交错而居，多文化、多语言相互交融的分布格局，而且成为东南亚、南亚民族迁徙和文化交流的广阔舞台。

二、南方丝绸之路上的文化流动

考古学证据表明，中国古代文明经由西南地区与印度文明乃至近东文明之间的接触和交流，远在商代的时候就已经开始了，这种交流留下了大量的考古证据。段渝先生经过长期的研究发现：

四川和云南考古发现的来自西亚的石髓珠和琉璃珠，都证明中国西南与西亚地区的经济贸易和文化关系早已发生的事实。商代三星堆遗址出土的青铜雕像群和金杖、金面罩，由于上源既不在巴蜀本土，也不在中国其他地区，但却同美索不达米亚、埃及、印度等世界古代文明类似文化形式的发展方向符合，风格一致，功能相同，在年代序列上也处于比较晚的位置，因而就有可能是吸收了上述西方文明区域的有关文化因素进行再创作而制成。①

　　学者邱登成也提出三星堆的古蜀国得以接触近东地区附近的青铜雕像、黄金权杖、黄金面具并吸收它们的特点，从而形成自己独特的青铜文明，可以说"南方丝绸之路"的开通是古蜀三星堆青铜文明诞生的一个极其重要的因素②；肖明华《南丝路上的云南青铜文化》③、郭开云《姚安地区的青铜文化》④、霍巍《盐源青铜器中的"一人双兽纹"青铜枝形器及其相关问题初探》⑤、王黎锐《保山青铜器述略》⑥、江章华《对盐源盆地青铜文化的几点认识》⑦、李学勤《论繁蜀巢与西周早期的南方经营》⑧等研究都指出，早在青铜器时代，中国境内尤其是西南地区，出现了大量的具有南亚、西亚风格的器具、物品；颜信以古蜀和古印度贸易往来中的货币媒介"海贝"为切入点，认为通过"南方丝绸之路"，不仅使古印度地区的贸易货物输入古蜀王国，也使古蜀特产输出

① 段渝：《南方丝绸之路与中西文化交流》，《中国社会科学报》2014 年 8 月 13 日。

② 邱登成：《从三星堆遗址考古发现看南方丝绸之路的开通》，《中华文化论坛》2013 第 4 期。

③ 肖明华：《南丝路上的云南青铜文化》，段渝主编《南方丝绸之路研究论集》，巴蜀书社 2008 年版，第 356—361 页。

④ 郭开云：《姚安地区的青铜文化》，《南方丝绸之路文化论》编写组：《南方丝绸之路文化论》，云南民族出版社 1991 年版，第 204—211 页。

⑤ 霍巍：《盐源青铜器中的"一人双兽纹"青铜枝形器及其相关问题初探》，段渝主编《南方丝绸之路研究论集》，巴蜀书社 2008 年版，第 332—342 页。

⑥ 王黎锐：《保山青铜器述略》，段渝主编《南方丝绸之路研究论集》，巴蜀书社 2008 年版，第 362—373 页。

⑦ 江章华：《对盐源盆地青铜文化的几点认识》，凉山州博物馆、四川师范大学巴蜀文化研究中心、四川省文物考古研究院等《三星堆研究》（第二辑），文物出版社 2007 年版，第 145—157 页。

⑧ 李学勤：《论繁蜀巢与西周早期的南方经营》，段渝主编《南方丝绸之路研究论集》，巴蜀书社 2008 年版，第 3—5 页。

到印度南部地区 [1]；南方丝绸之路在古蜀对外关系中起到了桥梁作用 [2]；童恩正通过对石器时代至青铜时代的考古材料研究，发现云南和东南亚在许多文化因素上有类似的部分，反映出这两个相邻的地区在古代关系异常密切。他通过对蚀花肉红石髓珠、印度砂金等物品来源的分析提出：

中印古代交通的研究具有重大的学术价值，它关系到关于两大文明中心之间早期文化交流的研究。这两大文明不是传统上的印度文明和中国北方文明，而是印度文明和中国西南文明。[3]

当然，这种物质的流动是双向的，除了张骞在大夏发现蜀布、邛杖等蜀地的物品外，西方的考古发现证明，早在公元前5世纪希腊雅典凯拉米克斯一处公墓里就发现了5种不同的中国平纹丝织品。这些地中海地区发现的中国丝绸，便是来自古蜀地的产品。由此可知，中国的丝绸等物品在2500年前就已经从中国西南被运到印度，再从印度经巴基斯坦至中亚阿富汗，运到伊朗和西亚、欧洲地中海地区和北非埃及。

到了秦汉时代，中原王朝经营西南地区的目的，除了对这些地区的人民进行统治之外，更重要的是想要获取这些地区的物产，如汉武帝时代，中原对于西南夷的开拓，主要是基于"巴蜀民或窃出商贾，取其筰马、僰僮、髦牛，以此巴蜀殷富" [4] 的想象。据唐张说《大唐开元十三年陇右监牧颂德碑》记载，"贾死畜贮绢八万往严道，市僰僮千口，以出滞足人，其政七也" [5]，这就表明，中原的丝绸可以在严道（今四川荥经县）换取僰僮。据《后汉书·西南夷传》记载，永昌郡盛产铜铁、铅锡、金银、光

---

① 颜信：《南方丝绸之路与古蜀对外关系探研——以古蜀和古印度间经贸关系为例》，《中华文化论坛》2012年第1期。

② 颜信：《南方丝绸之路与古蜀对外关系探研》，四川师范大学学位论文2011年。

③ 童恩正：《古代中国南方与印度交通的考古学研究》，《考古》1999年第4期。

④ （汉）司马迁：《史记》，中华书局1982年版，第2993页。

⑤ （宋）李昉等：《文苑英华》卷八百六十九，中华书局影印本1966年版。

珠、虎魄、水精、琉璃、轲虫、蚌珠等珍物，其中一些来自永昌以外的地区，如蚌珠主要产自今缅甸丹老海岸。这些物品通过交易、朝贡等方式被源源不断送到中原地区，在《汉书·西域传赞》的最后，班固感叹道："自是之后，明珠、文甲、通犀、翠羽之珍盈于后宫，蒲梢、龙文、鱼目、汗血之马充于黄门，巨象、狮子、猛犬、大雀之群食于外囿，殊方异物，四面而至。"班固所说的明珠、文甲、通犀、翠羽等异物，便是来自东南亚等地。到了魏晋时代，从大秦东南通交趾，有水路通益州，"永昌郡多出异物"①，而这些异物，就是通过南方丝绸之路运送到中原地区，中原地区的人们才知道世界上有这些异物。

唐宋时期，南方丝绸之路成为重要的国际商道，物资的交流更加频繁。据记载，南诏与佛大国（今泰国北大年）、阿育国（今印度）、伽卢国（今印度中部）、大秦国（罗马帝国及近东地区）诸国均有贸易往来。其中的骠国（今缅甸中部），以江猪、白毡、琉璃罂与南诏相贸易②。南诏与大秦婆罗门国（今印度阿萨姆至恒河一带）、小婆罗门国（今印度阿萨姆西部）等也有往来。据《南诏野史》记载，宋崇宁二年（1103 年），居今缅甸北部的缅人、居今缅甸勃生的波斯、居今缅甸萨尔温江口的昆仑，分别向大理国进贡白象、香料等物，他们走的就是南方丝绸之路。另据《岭外代答》记载，南亚地区著名的王舍城天竺国与中印度，与大理国也有往来联系。

元明清以降，西南地区通过南方丝绸之路与南亚、西亚的物资、商品交流更加频繁。除了民间的商业贸易的种类和数量超过了前朝之外，不同国家与中原王朝的朝贡贸易更加频繁，据学者统计，在元朝统治的近百年间，元朝遣使至缅国 10 次，缅国入贡遣

① （北齐）魏收：《魏书》，中华书局 1974 年版，第 2276 页。
② （唐）樊绰撰，向达校注：《蛮书校注》，中华书局 2018 年版，第 233 页。

使至大都 30 次，缅国向元朝贡驯象 9 次，总计象 50 头以上；元朝遣使至占城 7 次，占城遣使贡物 21 次，元朝遣使至安南 44 次，安南遣使至元朝及进贡 63 次。[①] 据《元史·安南传》记载，至元十二年（1275 年），安南国王陈光昺上表元朝，请罢本国达鲁花赤并说："自降附上国（即元朝），十有余年，虽奉三年一贡，然迭遣使臣，疲于往来，未尝一日休息。"[②] 由此说可见当时朝贡之盛。

明清时期，宝石翠玉成为缅甸与中原贸易的大宗商品。据明代沈德符所撰的《万历野获编》卷三十《滇南宝井》记载：缅甸的孟艮、孟养诸夷俱产宝石，唯孟养所出称最，各井所出色类不一，价格亦悬殊，"有铢两即值千金者"。《滇略·产略》记载，宝石产自缅甸的猛密和木邦，及永昌以西皆有之，生山坳溪间注水之所，谓之宝井，色类不一，值亦悬殊。据清代《幻影谈·杂记》记载，缅甸产翠玉、碧洗、各色宝石、琥珀、象牙、缅燕、缅刀与缅布，种类繁多，"腾越、永昌商人往来其地，贩运入滇"。缅甸出产的宝石与翠玉，明清时大都销往内地市场。清人张咏的《云南风土记》记载，大理地区的点苍山之麓，每年三月举办盛大集市，延袤达数里，有不远千里赴市者，市上买卖皆珍异之物，如宝石、琥珀、翡翠、玛瑙、车渠、赤金、珍珠、风磨铜、缅锡、缅锦、珐琅、走乌白铜、象牙、象尾、五色石等，销售的鸟兽有孔雀、锦鸡、鹦鹉、秦吉了、桐花凤、麝麋、香狸獐与兔，成交商品日以万计。

往来于南方丝绸之路上的商贾，既有来自蜀滇的马帮，也有来自异国的商队。他们携带着大量的物资，人背马驮，翻山越岭，涉水渡江，冒着冬天山顶积雪严寒和秋夏山下盆地毒暑酷热，把商品运送到能卖高价的地方。其中最难翻越的是高黎贡山，拂晓

---

① 方铁：《简论西南丝绸之路》，《长安大学学报》（社会科学版）2015 年第 3 期。
② （明）宋濂、王玮：《元史》，中华书局 1976 年版，第 4637 页。

马帮从怒江边登山，迟暮方达高黎贡山顶。唐代河赕（今大理）羁留寻传（今德宏）的商客乃作歌："冬时欲归来，高黎贡上雪；秋夏欲归来，无那穹赕热。春时欲归来，囊中络赂（钱财）绝。"[1]

正是因为这些商人艰辛地奔波，所以在这条曾经繁荣兴旺的物资通道上，我们今天还能看到他们带来的大量物品，如四川炉霍卡莎湖石棺葬遗址出土的蜀锦[2]、西昌境内瓦打洛遗址出土的商代海贝、盐源出土的西汉海贝、西昌出土的宋元海贝、大理沙溪鳌凤山出土的春秋战国海贝，这些都来自"出齿贝"的大婆罗门（迦摩缕波国）和小婆罗门（南部印度地区的曼尼坡伊姆法尔）和骠国[3]。历史上，成都、雅安、西昌、大理、永昌、腾冲等地方都是贸易中心，如腾冲的商业十分繁盛，内地商人经腾冲至缅甸经商，沿途络绎不绝，缅人岁收商税达数十万。清嘉庆咸丰年间，大理一带出现三元、裕和等大型商号，光绪初年形成四川、临安、迤西三大马帮，在云南与缅甸等邻国间来往贩运。明代缅甸的江头城有商市大明街，常年有闽、广、江、蜀各地的商人及游艺者数万人，三宣六慰诸土司家属逗留其地，亦有数万。大明街有 12 门，为避免拥挤造成混乱，规定入东门者东出，入西门者西出，南北皆如之，出入不由故道者受罚。行 30 里可至摆古等温城。商市周围有走廊 3000 余间，以避天雨。[4] 这些地方还是加工中心。据《马可波罗游记》记载："云南用达摩的犀角造腰带，根据花纹的美观和做工的精细程度，一条在中国要价达到 3000 迪纳尔甚至更高。在达摩王国，人们用当地的货币齿贝来购买。"唐宋时野生犀牛主要分布在南亚、东南亚的缅甸、印度和越南地区，许多南诏大理商人将其转运到云南大理，在云南大理地区将

① （唐）樊绰撰，向达校注：《蛮书校注》，中华书局 2018 年版，第 41 页。
② 陈显双：《炉霍县发现"石棺葬"墓群》，《四川文物》1984 年第 4 期。
③ 张弘等：《试从南丝路沿线出土海贝探求古蜀海贝的由来》，《兰台世界》2009 年第 6 期。
④ （明）朱孟震：《西南夷风土记》，台北广文书局 1957 年版。

皮革加工生产，制成各种皮革制品后再转运卖到缅甸和印度。据明代文献记载，永昌之人善制作，以金银、铜铁、象牙、宝石、料丝、竹器、布罽制造的器物，皆好于他处。

这些材料说明，南方丝绸之路是一条文化流动的通道。

三、南方丝绸之路上的文化交融

南方丝绸之路经过的地区不仅是上述民族集团（同源民族）内部和不同民族集团（异源民族）之间文化交流的重要空间，而且是中国文化与东南亚文化、南亚文化交流的广阔舞台。

在民族迁徙的过程中，上述古代民族集团的文化开始互动。如氐羌系民族南迁的过程中，不断吸收土著民族文化元素，形成了南北文化交融的现象[1]。近年来考古发现证实了这种交融在新石器时代已经开始，如汶川姜维城和理县建山寨新石器时代遗址中发现的陶器，以泥质灰陶为主，夹砂陶次之，也有泥质红陶和部分橙胎彩陶，其纹饰与制作方法与甘青马家窑文化极为相似，明显是受到西北古文化影响所致[2]；在岷江上游的汶川、理县、茂县、黑水、马尔康诸县，大渡河及其支流青衣江流域的汉源、宝兴等县，雅砻江和金沙江流域的炉霍、雅江、木里、盐边以及巴塘等县，乃至滇西北横断山脉的高山峡谷区发现的石棺葬，与青海民和县发现的一批属于西周晚期至春秋前期的辛店文化甲组遗存石棺葬有着非常紧密的联系[3]。卡约、寺洼及辛店文化是以

---

① 李绍明：《论西南丝绸之路与民族走廊》，江玉祥《古代西南丝绸之路研究》（第二辑），四川大学出版社 1995 年版，第 89—102 页。

② 林向，童恩正：《四川理县汶川县考古调查简报》，《考古》1965 年第 12 期。

③ 童恩正：《试论我国从东北至西南的边地半月形文化传播带》，《南方文明》，重庆出版社 1998 年版，第 362—393 页。

羌人为主体的西戎部落的遗存①，古代氐羌系民族在南迁中沿藏彝走廊将这种葬式传播到西南地区。还有很多氐羌文化南移的例证，如在雅砻江支流安宁河流域发现的西昌礼州遗址，出土了一种双联罐，与甘肃临夏齐家文化的一种双联罐极为近似②。最典型的例证是位于西藏昌都的卡若遗址，距今约 4500 年—3800 年，是西藏高原上新石器时代文化的典型。从该遗址出土的打制石器、磨制石器以及陶器看，与甘肃、青海黄河上游的古代文化如马家窑、半山、马厂等时代相近的文化有密切的关系。童恩正先生据此推断："卡若文化中有土著文化与北来文化两种因素融合的现象，表明澜沧江在古代曾是民族迁徙的途径。"③ 分布于龙陵县怒江流域，昌宁、保山、澜沧江西岸福贡等地的"忙怀型"文化中所出土的石铲，则见于兰州、昌都、雅安等地，故推断此种文化应是当地土著濮人与南下的羌人所共同创造的。④ 对氐羌南迁及其与藏缅语族各民族的关系问题，格勒先生在其著作《藏族早期历史与文化》中有深入分析⑤，在此不再赘述。

这些材料说明，氐羌系民族在迁徙的过程中，不仅将自己的文化传播到了移居的地区，而且还吸收了当地土著文化的文化因子，形成了藏缅语族民族文化内核相同但文化表征有异的"同源异流"现象。

在民族迁徙的过程中，上述民族集团开始了族际的文化交流。在西南地区，除了发现北方文化通过藏彝走廊南下外，南方

① 俞伟超：《关于"卡约文化"与"辛店文化"的新认识》，《中亚学刊》（第 1 辑），中华书局 1983 年版。
② 童恩正：《试论我国从东北至西南的边地半月形文化传播带》，《南方文明》，重庆出版社 1998 年版，第 362—393 页。
③ 童恩正、冷健：《西藏昌都卡若新石器时代遗址的发掘及其相关问题》，《民族研究》1983 年第 1 期。
④ 耿德铭：《怒江中游考古综说》，《南方丝绸之路文化论》，云南民族出版社 1991 年版。
⑤ 格勒：《藏族早期历史与文化》，商务印书馆 2006 年版，第 200—248 页。

文化也通过藏彝走廊不断北上。如雅砻江支流安宁河流域考古发现一种大石墓，其分布北至大渡河流域的石棉、汉源，南至云南的姚安等地。据研究发现这种大石墓为战国至汉代濮人系统的居民所创①，根据前引学者"江汉之南的濮人及南迁之百濮大部分与百越相融合发展成为今天汉藏语系壮侗语族的民族"的观点，大石墓在安宁河、大渡河、金沙江流域的出现，证明了壮侗语族的先民由南向北迁徙的事实②。考古工作者还发现了"百越文化"的西移，在滇西南的梁河、潞西、瑞丽一线都有磨光双肩斧和夹砂印纹陶出土，出土陶器有鼎、豆、罐、钵等，这一地区生活的是滇越先民，与华南其他百越地区的考古文化非常相似③，说明了百越文化随着族群的迁徙一直影响到了中国西南极边地区。

由于族群迁移而形成的族际文化互动，在西南地区表现非常突出，在壮侗语民族的文化中，能发现氐羌文化的影子；同样在藏缅语民族中，也能发现百越文化的因素；甚至孟高棉语民族中，也能发现氐羌文化、百越文化的影响。④

更为重要的是，历史上的"蜀身毒道"东路"五尺道"和西路"灵关道"在大理会合后西行，从保山的腾冲或德宏的瑞丽进入缅甸克钦邦（Kachin），古称"永昌道"。然后经印度阿萨姆邦（Assam）进入恒河流域，经过巴基斯坦，在阿富汗与北方丝绸之路会合⑤；"五尺道"的延伸段"进桑道"和"步头道"，沿红河至越南河内，可从北部湾入海⑥；"五尺道"（"僰道"）向东至夜郎

---

① 参见江应樑：《傣族史》，四川民族出版社1984年版。
② 李绍明：《邛都夷与大石墓族属问题》，《西南民族学院学报》1981年第2期；李绍明：《凉山渡口瓮棺葬及其族属问题》，《四川文物》1984年第4期。
③ 耿德铭：《怒江中游考古综说》，《南方丝绸之路文化论》，云南民族出版社1991年版。
④ 李晓斌、龙晓燕、段丽波：《以濮人、孟高棉民族为中心的云南古代族际关系考释——结合少数民族遗传基因的多学科研究》，《学术探索》2007年第4期。
⑤ 参见伯希和《交广印度两道考》、梁启超《中国印度之交通》、方国瑜《云南与印度缅甸之古代交通》等著作。
⑥ 严耕望：《汉晋时代滇越道》，《香港中文大学中国文化研究所学报》1985年第1期。

的"牂柯江道"("夜郎道")继续向东沿北盘江与南岭走廊贯通，最后到达广州，与后来的海上丝绸之路会合[①]。这样南方丝绸之路就成为中国西南地区与南亚、东南亚文化交流的通道。

这种跨境的文化交流早在汉武开边之前就已经发生。如郭开云[②]、江章华[③]、霍巍[④]、王黎锐[⑤]、肖明华[⑥]、李学勤[⑦]、颜信[⑧]、邱登成[⑨]等学者的研究都指出，早在青铜器时代中国境内尤其是西南地区，出现了大量的具有南亚、西亚风格的器具、物品，证明了南方丝绸之路在中外文化交流中起到了桥梁作用。段渝先生经过长期的研究发现："商代三星堆遗址出土的青铜雕像群和金杖、金面罩，由于上源既不在巴蜀本土，也不在中国其他地区，但却同美索不达米亚、埃及、印度等世界古代文明类似文化形式的发展方向符合，风格一致，功能相同，在年代序列上也处于比较晚的位置，因而就有可能是吸收了上述西方文明区域的有关文化因素进行再创作而制成。"[⑩]还有学者认为："三星堆文化应是在本地文化的基础上，吸收了中原商文化和西亚古老文明因素而

---

① 纪宗安：《试论南方丝绸之路与海上丝绸之路的关系》，《中外关系史论丛》（第四辑），天津古籍出版社 1994 年版。

② 郭开云：《姚安地区的青铜文化》，《南方丝绸之路文化论》，云南民族出版社 1991 年版，第 204—211 页。

③ 江章华：《对盐源盆地青铜文化的几点认识》，凉山州博物馆，四川师范大学巴蜀文化研究中心、四川省文物考古研究院等：《三星堆研究》（第二辑），文物出版社 2007 年版，第 145—157 页。

④ 霍巍：《盐源青铜器中的"一人双兽纹"青铜枝形器及其相关问题初探》，段渝：《南方丝绸之路研究论集》，巴蜀书社 2008 年版，第 332—342 页。

⑤ 王黎锐：《保山青铜器述略》，段渝主编《南方丝绸之路研究论集》，巴蜀书社 2008 年版，第 362—373 页。

⑥ 肖明华：《南丝路上的云南青铜文化》，段渝主编《南方丝绸之路研究论集》，巴蜀书社 2008 年版，第 356—361 页。

⑦ 李学勤：《论繁蜀巢与西周早期的南方经营》，段渝主编《南方丝绸之路研究论集》，巴蜀书社 2008 年版，第 3—5 页。

⑧ 颜信：《南方丝绸之路与古蜀对外关系探研——以古蜀和古印度间经贸关系为例》，《中华文化论坛》2012 年第 1 期。

⑨ 邱登成：《从三星堆遗址考古发现看南方丝绸之路的开通》，《中华文化论坛》2013 年第 4 期。

⑩ 段渝：《南方丝绸之路与中西文化交流》，《中国社会科学报》2014 年 8 月 13 日。

形成的一种复合型文化。"① 学者李昆声先生发现，新石器时代云南的有段石锛、有肩石斧、有肩有段石锛对越南下龙文化（Ha Long Culture）有较多影响；春秋时期铜鼓在云南滇西至滇中起源后迅速传播到越南和泰国、印尼等东南亚国家；战国秦汉时期，已有南亚侨民居住在云南，并有来自印度的蚀花肉红石髓珠和"林伽"在滇池地区出现②。饶宗颐先生也认为，印度地区所发现的有肩石斧和有段石锛，是沿陆路从中国进入东印度阿萨姆地区和沿海路进入盘福加（今孟加拉国）的。印度河文明哈拉巴发现的束丝符号，与理塘和四川汉墓所见相同，据此可确认丝织品传至域外。③

除了这些物质文化的交流，精神文化的交流也日益深入。佛教传入中国，是南方丝绸之路上文化交流的重大事件。在佛教北传（通过北方丝绸之路）、藏传（尼泊尔北上进入青藏高原）、南传（从南亚传到东南亚地区，再北上传入我国西南地区）的三条路径中，南传的时间约为公元前 3 世纪初叶，比由北方丝绸之路进入中国的时间早了 3 个世纪④。大理是东西向西南丝绸之路和南北向茶马古道的交会点，这一地区南诏国时期就开始信仰佛教密宗（当地叫作"阿吒力教"）。虽然大理佛教密宗的传入路线尚有争议，有中原传入说⑤、印度传入说⑥和西藏传入说⑦等不同的观点。但不管从哪里传入，其起源地是在古代的印度，传入的路线都是经过古代丝绸之路。西双版纳、德宏等地傣族、布朗族、德

① 施劲松：《三星堆文化的再思考》，《四川文物》2017 年第 4 期。
② 李昆声：《中国云南与东南亚南亚的经济文化交流——自远古至战国秦汉时期》，《广西民族大学学报》（自然科学版）2011 年第 1 期。
③ 饶宗颐：《梵学集》，上海古籍出版社 1993 年版，第 353—355 页。
④ 郭来喜：《连接中原与南亚的西南古道》，（台湾）《大地地理杂志》1990 年第 10 期。
⑤ 李霖灿：《南诏大理国新资料的综合研究》，台北故宫博物院 1967 年版；蓝吉富：《阿吒力教与密教——依现存之大理古代文物所作的考察》，《云南大理佛教论文集》，（中国）台湾佛光出版社 1991 年版，第 168 页。
⑥ 陈垣：《明季滇黔佛教考》，科学出版社 1959 年版，第 2 页。
⑦ 周泳先：《凤仪北汤天南诏大理国以来古本经卷整理记》，李家瑞编《大理白族自治州历史文物调查资料》，云南人民出版社 1958 年版。

昂族信仰南传上座部佛教也是通过南方丝绸之路传入云南南部地区的。

佛教文化的传入，只是南方丝绸之路上中外文化跨境互动交流的一个缩影。通过这条古道，中国西南地区和东南亚地区、南亚地区、西亚地区，建立了广泛的经济、政治联系，开展了广泛的文化交流，学界普遍认为，"南方丝绸之路"促成了巴蜀文化、中原文化、滇南文化、印度文化、西亚文化等多种文化的交流，实现了中西方最早的相互了解。①

南方丝绸之路上的众多民族，在漫长的历史岁月里，创造了灿烂辉煌的文化。由于西南各民族文化渊源、生活环境、生产方式、社会发展各不相同，所以表现出丰富多元的特点，"西南各民族文化的内部差异性，以及同一民族内部各不同支系文化的内部差异性，又对应于独特的生态环境的不同"②。但是由于民族的迁徙、杂居所带来的文化互动和交融，各民族的文化又有很多共性，形成了"我中有你、你中有我"共生特点。这种差异性和共生性在西南民族节庆文化中有非常明显的表现。

节庆是民族文化的重要部分，它承载着丰富的民族文化内容，正如学者萧放所言："传统节日是一宗重大的民族文化遗产，它承载着丰厚的历史文化内涵，是民众精神信仰、审美情趣、伦理关系与消费习惯的集中展示日。"③南方丝绸之路上民族的节庆文化具有鲜明的民族特征，不同民族的节庆从内容到形式都打上了鲜明的历史烙印，表现出民族历史文化的不断积淀过程，与民族的宗教信仰、思维方式、认知观念有着内在的联系，表现出强烈的民族色彩。但同时，在民族发展的历史过程中，各民族的

---

① 李远国：《南方丝绸之路上的宗教文化交流》，《中华文化论坛》2008 年第 S2 期。
② 黄泽：《关于西南民族文化研究方法的探索》，《思想战线》1993 年第 6 期。
③ 萧放：《传统节日：一宗重大的民族文化遗产》，《北京师范大学学报》2005 年第 5 期。

节庆文化也互相渗透、影响、吸收和融合，从而使得许多节日风俗活动都有跨地区、跨民族、跨国境的共同特征。这是由于南方丝绸之路不仅是商品贸易、物质文化流动的通道，同时也是族群迁徙、文化流动的途径。在这样的流动中，文化不断互动、融合，生成了节庆的包容性、跨界性和共享性。丝绸之路上民族节庆的这个特点，可以视为"多元一体"的中华文化形成的一个缩影。

民族节日文化是人类文化遗产的重要组成部分，"我们传承民族节日就是传承民族文化遗产，传承民族文化遗产就是在保持世界文化生态的多样性，保持文化多样性就是为了人们健全的心智生活"[1]。我们期待这些节日文化能引导人们建设一个人和自然更加和谐、人与社会更加协调的"人类命运共同体"。本书以南方丝绸之路上民族节庆作为对象，希望通过节庆的描述来展现南方丝绸之路上民族文化的丰富性、多元性和共享性，同时也希望通过节庆的变迁表现民族文化的创造性发展和创新性继承。

---

① 萧放：《全球化语境下的民族节日走向——以当代中国节日为例》，《民俗研究》2007 年第 4 期。

第二章

灵关道上的民族节庆

灵关道是从蜀地（今成都）南出，过临邛（今邛崃）、青衣（今雅安）、筰都（今汉源）、邛都（今西昌），渡金沙江到青岭（今大姚），抵叶榆（今大理）的道路，由北段和南段组成。北段主要包括成都至邛崃的"临邛道"，经芦山、天全，沿青衣江而下至荥经称"青衣道"（或"始阳道"）。由荥经过汉源到西昌，汉称"灵关道"（又称

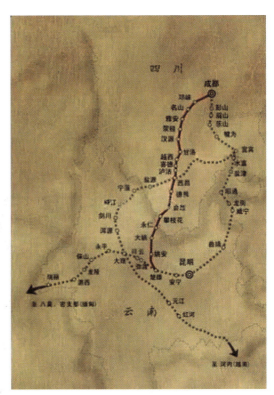

灵关道走向示意图

"牦牛道"），唐则称"清溪关道"。南段从西昌至会理进云南段，称为"建昌道"或"会同路"。这条古道大体相当于今川滇公路的西线，亦即后来所修的成昆铁路一线。除了这条主道外，还有密密麻麻的支线遍布于整个六江流域。

按照现在的行政区划，该道经过阿坝藏族羌族自治州、甘孜藏族自治州、迪庆藏族自治州、凉山彝族自治州、丽江市全境、怒江傈僳族自治州和大理白族自治州的一部分。目前，生活在这里的少

数民族主要是汉藏语系藏缅语族的居民，其中有说羌语支语言的羌族和普米族，有说藏语语言的藏族、门巴族和珞巴族，有说彝语支语言的彝族、纳西族、傈僳族，有说白语（语支未定）的白族。

这条古道上有很多遗迹，如被称为"灵关道上第一驿站"的邛崃市平乐古镇，水陆交通发达，在该镇骑龙山上，至今仍保存着完好的古驿道遗址，曾经出土过汉代"五铢钱"；位于雅安市雨城区北部上里古镇，初名"罗绳"，是灵关古道临邛进入雅安的重要驿站，也是唐蕃古道上重要的边茶关隘和茶马司所在地；灵关道一路向南，走进"凉山北大门"甘洛县，这一段路因穿越清溪峡在唐代被称为"清溪关道"。古道青石板上的马蹄印，凹痕深陷，记载着历史的痕迹。

灵关道经过的清溪峡（黄中　摄）

第一节

羌历年

古代羌人是南方丝绸之路上分布最广的群体，历史上灵关道、五尺道及其经过的整个藏彝走廊地区都留下了其迁徙的足迹，现在仍然是其后裔繁衍生息的地方。现代的羌族是古代羌人所保留下来的一支，自称"尔玛""日麦""麦""尔咩""玛"等。根据 2010 年第六次全国人口普查数据，共有 309576 人，主要聚居在四川省阿坝藏族羌族自治州的茂县、汶川、理县，绵阳市北川羌族自治县、平武县，其余散居在阿坝州松潘、黑水、九

羌历年

寨沟等县，在甘孜藏族自治州的丹巴县、成都都江堰市、雅安市，贵州省江口县、石阡县，陕西省汉中市略阳县，宝鸡市凤县部分地区也有少量分布。^① 羌族保留了很多古羌文化的传统，其中最具代表性的是由秋收后还愿的"祭山会"演变而来的"羌历年"。

一、羌族历史及其文化

早在夏商周时期，羌人就活跃在当时的历史舞台上。《史记·六国年表》说夏王朝的建立者禹"兴于西羌"；《艺文类聚》卷十一与《太平御览》卷八十二引皇甫谧《帝王世纪说》："伯禹夏后氏，姒姓也，生于石纽……长于西羌，西羌夷（人）也。"商把羌地的"方国"或部落称为"羌方"，"羌方"在商代方国中的地位很高，甲骨文中把它作为"四邦方"之一^②。据文献记载，在商代初年，羌与商王朝保持着密切的关系，《诗经·商颂》中记载"昔有成汤，自彼氐羌，莫敢不来享，莫敢不来王"。商王朝后期与方国矛盾激化，连年对羌用兵，大量的羌人沦为奴隶，或从事耕牧，或作为牺牲。公元前1088年，周武王以周人为主并联合了"庸、蜀、羌、髳、微、卢、彭、濮"^③等部组成军事联盟，推翻了暴虐的殷纣王朝。

春秋战国之后，以羌人为主体的诸戎大量地涌入中原地区，大部分逐渐融合于华夏族中，西部的羌人受到秦的挤压而向外迁徙，"忍季父卬畏秦之威，将其种人附落而南，出赐支河曲西数千里，与众羌绝远，不复交通"^④。进入藏北和雅鲁藏布江流域

① 叶健：《羌族节日研究综述》，《阿坝师范高等专科学校学报》2015年第3期。
② 周毓华：《羌族历史与习俗研究》，《西藏民族学院学报》2010年第5期。
③ 《尚书》，王世舜、王翠叶译注，中华书局2012年版，第139页。
④ （南朝宋）范晔撰，（唐）李贤等注：《后汉书》，中华书局2000年版，第2875页。

的"发羌""唐旄"，与当地土著融合，发展为吐蕃的先民；远徙至天山南路并发展为"诺羌"的组成部分；南徙的羌人被称为"越巂羌""广汉羌""武都羌"①。

最早生活在岷江上游的羌人部落，由秦汉及其以后从河湟一带迁来的羌人与当地原有土著居民融合而成。汉代以后，西北的羌人经过魏晋南北朝和隋唐时期两次较大的迁徙，定居在岷江上游，被称为"西山诸羌"。唐代由于吐蕃王朝向东扩展，河湟一带的羌人相继内迁，其中一部分到了岷江上游的茂州一带，《华阳国志·蜀志》载："汶山郡，本蜀郡北部冉駹都尉，孝武元鼎六年置。旧属县八……东接蜀郡，南接汉嘉，西接凉州酒泉，北接阴平。有六夷、羌胡、羌虏、白兰峒、九种之戎。"②这些人逐渐成为岷江上游羌族地区的主体居民。唐朝在今四川西北及甘、青交界的羌人居住区设置茂州都督府和松州都督府，唐茂州都督府管辖三十九州，十八县；松州都督府共辖十三州，四十二县。从此以后，羌人被纳入中央王朝的统治之中。③

宋朝基本上沿袭唐代的"羁縻州"制度，设茂州、威州，各辖两县、十几个羁縻州④。到熙宁九年（1076年）石泉县改隶绵州。元朝设"诸蛮夷部宣慰使司"，在岷江上游"松潘宕叠威茂州等处军民安抚使司，秩正三品。达鲁花赤一员，安抚使一员，同知一员，佥事一员，经历、知事、照磨各一员，镇抚一员，威州保宁县，茂州汶山县、汶川县皆隶焉"⑤。明朝洪武四年（1371年），建立茂州卫。十二年，将潘州并于松州的同时，"于南路设长宁安抚司与岳希、蓬州、陇木四长官司，俱隶茂州"，此外尚有叠

---

① （南朝宋）范晔撰，（唐）李贤等注：《后汉书》，中华书局 2000 年版，第 2875 页。
② （晋）常璩撰，刘琳校注：《华阳国志校注》，巴蜀书社 1984 年版，第 295 页。
③ 周毓华：《羌族历史与习俗研究》，《西藏民族学院学报》2010 年第 5 期。
④ （元）脱脱：《元史》，中华书局 1986 年，第 2214 页。
⑤ （明）宋濂、王玮：《元史》，中华书局 1976 年版，第 2197 页。

溪、郁郎两长官司，牟托、水草坪等土巡检[①]。对各级土司的官阶、品秩、赏罚、罢黜等方面都做了详细的规定。清初对明朝以来羌族地区的土司继续加以委任，前后共设有 20 余个。雍正以后实行改土归流，大部分羌人融入汉族中，但仍有部分偏远地区的羌人保留下来，成为今天四川茂县、汶川、理县、松潘、北川、马尔康等地羌族的祖先。

羌族有自己的语言，属汉藏语系藏缅语族羌语支，分为南北两大方言。南部方言大都有声调，声调有区别词义和形态的作用；北部方言没有声调，但有较为丰富的复辅音韵尾。羌语北部方言主要分布在黑水县的大部分地区，松潘县南部的小姓乡、镇平乡、白羊乡以及茂县北部的赤不苏区、校场区，中部的沙坝区，有镇平、曲谷、回龙、黑虎、渭门、维古、茨木林、麻窝、芦花等 9 种土语，方言内部差别较小；南部方言主要分布在理县、汶川县和茂县的南部地区，分为雁门、龙溪、绵虒、蒲溪、木卡、桃坪等 6 种土语。[②]

羌族以农业为主，以畜牧业为副，以狩猎和多种副业为辅助。悠久的历

羌族山寨

① （清）杨迦怿等修：《茂州志》，道光十一年（1831 年）刻本。
② 王海燕、陈安强：《四川羌族语言文字应用调查研究》，《阿坝师范学院学报》2017 年第 2 期。

史与长期闭塞的生活环境，使羌族文化保留了不少古代遗风。羌区至今仍保留原始宗教，盛行多神崇拜。除火神以锅庄（火塘）为代表外，其余均以一种白色石英石（羌语称阿渥尔，意为白石神）为象征，被广泛加以供奉。供奉于屋顶正中最高处的白石神即为天神木比塔。历史上羌族地区有着各种节庆，如正月上九会、龙王灯会，二月观音会，三月娘娘会，五月防虫会，六月龙王会，十月牛王会或者羌历年等，其中以祭山会、瓦尔俄足节（歌仙节）、羌历年最为重要。①

祭山会，羌语叫"苏布士"，也叫"塔子会"或者"山王会"，一般在羌寨的神林中举行。神林中用白石垒成一个塔形石堆，在上面立上巨大的白石作为神祇。也有在羌寨周围的山坡上，专辟一块平地为祭祀坪。②祭山会前，羌族的祭司释比要派人在石塔前供奉祭器、祭礼、香烛等用具，林子周围遍插五色彩旗。布置祭坛时，参加祭山会的人都穿上节日盛装，携带事先准备好的刀

祭山会

---

① 叶健：《羌族节日研究综述》，《阿坝师范高等专科学校学报》2015 年第 3 期。
② 钱安靖：《羌族的祭山会》，《宗教学研究》1983 年第 4 期。

头肉、白酒和三角形或新月形的面馍，还要捎带一些柴火和白石，安放在祭祀坪白石神塔前。同时，会首要准备好一头黑色公羊、一只红公鸡、一坛酒、一个大三角形的馍馍、一斗粮食等物。祭山会开始，会首在祭祀塔前"煨桑"祭天，随后人们也将随身携带的松柏枝、五谷杂粮抛进煨桑炉里，把白酒也倒进去。释比先在白石神塔前燃香点蜡，供奉祭品，接着手敲羊皮鼓，口唱"开坛解秽词""还愿词"和"消灾免祸经"，为所有到会的人消灾免祸。之后唱"请神经"，请神莅坛降福，民众杀鸡、山羊祭神。最后众人吃馍吃肉，喝咂酒，唱酒歌，释比唱"长寿永生词"。

祭山会上，释比还要代表天神、山神把美好的祝福送给到会人群，祈求风调雨顺，人畜兴旺；代表始祖神，将一节节白色羊毛线系在每个人的头发或纽扣上，借此祝福到会人员长命百岁，吉祥如意；还要把向山神求得的青稞种子，分给与会村民，意为"天神赐福"，确保来年五谷丰登，牛羊兴旺。祭山会结束，释比念经送神。同时，组织众人抬着"白石神"，遍游全寨，意为驱走污秽，迎来吉祥。这时候，羌族群众手持五色三角小旗，尾随驱邪祈福的队伍，一边跳跃一边吆喝，鞭炮声、火炮声也此起彼伏，预示着来年牛羊兴旺，山寨昌盛。[1]

羌族"瓦尔俄足节"，在不同地方发音略有差异，如茂县西部和北部地区称"俄尔俄足"，汶川龙溪等地称"维洛俄甲"，意为"五月初五节"。[2]这个节日于每年农历五月初五举行，分为两个阶段，前一天制作祭祀萨朗女神的供品，舅舅开坛祝词，供品放上神龛。在节日当天女性前往女神祭台祭拜、敬献牺牲；舅舅唱经酬神、领歌引舞；老妈妈讲述萨朗姐的故事和传统美德；男人

① 钱安靖：《从羌族祭山会看原始宗教的基本特征》，《宗教学研究》1985 年第 S1 期。
② 喇明英：《关于依托传统节庆构建民族文化保护与传承平台的思考———以羌族"瓦尔俄足节"为例》，《西南民族大学学报》2010 年第 4 期。

们一旁烹饪伺候、唱歌跳舞。该节日在大多数羌族原生态文化保存较好的地区，村寨男女老少全体参与，向各种自然神、道教神灵和佛教菩萨等祈福还愿，然后举行跳萨朗歌舞、竞技比赛等娱乐活动，是全民性敬神暨歌舞娱乐节。[①] 由于羌族地区有不少地方深受汉文化影响或居民包括大量汉人移民，因而"端午节"在羌族地区也十分盛行。由于"瓦尔俄足节"与汉民族的"端午节"都在农历五月初五，过节形式和过程与内地"端午节"大致相同，呈现出羌族传统的"瓦尔俄足节"与"端午节"民俗融合的现象，羌族地区也普遍将"瓦尔俄足节"用汉语称为"端午节"。

"羌历年"羌语叫"日麦吉"或"尔玛吉"，是整个羌族地区大型的节日。在节日中人们庆祝丰收，祈神还愿，互祝新年诸事顺利，平安幸福。虽然在历史上，不同地区的羌族过节的时间不完全相同，但现在大部分地区于每年农历十月初一举行庆典，少则三五天，多则七八天，是一个集民间祭祀、艺术表演、社区宴会为一体的节日。[②]

二、羌族信仰及"祭山会"的起源

"羌历年"来源于古羌人的"祭山会"，与原始宗教有着密切关系。20世纪50年代以前，羌族虽然受到苯教、道教和佛教的一些影响，但多数羌族仍然信仰原始宗教。[③] 羌族认为万物有灵，自然界的一切都是崇拜的对象，尤其是与人们生产、生活关系密切的天、地、水、太阳、树、牛、羊以至门、锅等物，皆被认为具有神灵而受到羌人的普遍尊崇；同时，因自然环境的差异和聚

① 王一凌：《茂县羌族瓦尔俄足节调查报告》，《当代音乐》2017年第13期。
② 李治兵、杨杰、肖怡然：《节庆旅游与民族传统节日变迁——以羌历年为例》，《阿坝师范学院学报》2018年第2期。
③ 孔又专、吴丹妮、田晓膺：《羌族宗教文化的历史渊源初探》，《西藏大学学报》2012年第2期。

居村寨的不同，各地的羌人还各自崇拜一些称谓不一的山神、寨神等地方神。羌族崇敬的神灵大致可分为四大类：

第一类为自然神，如天神或太阳神、地神、山神、树神、火神、羊神、牲畜神等。其中天神、山神、羊神最受崇拜。在自然界众多的神灵中，天神的地位最高。它是万物的主宰，能福佑人畜。因此，羌人不但将其供奉在每家的屋顶，还将其供奉在村寨附近的"神林"中。

第二类为家神，主要为祖先神，因神位设在屋角，又称"角角神"。祖先崇拜在羌族民间信仰中占有显著的地位，每个羌族人家一般供有家神。各地家神的类别、数量有差异，但都供奉传说中的人类祖先木姐珠（亦称"木吉卓"，意为"天仙女"）和斗安珠（亦称"燃比娃""热比娃"等，意为"野人"）及男祖宗神、女祖宗神、男保护神、女保护神等。一些群众还奉祀历史传说中的民族英雄和有功于民者，如阿爸白构和龙山太子、黑虎将军等；羌族每家"火塘"内的铁三角上系有三个小铁环，即火神（包括灶神）、铁匠及家神；有的人家还在火塘右上角外框留一小穴或立一石板，进餐前须用饭献祭。铁三角不能随便移动或敲击。每月初三、十三、二十三点香祭告，祈求保佑全家无难。

第三类为行业神，是羌人崇拜工匠的反映，又称"柱柱神"，如铁匠神、石匠神、木匠神、建筑神等。家中有从事特殊行业者，供奉行业祖师神，如石匠家里供奉石匠神，铁匠家里供奉铁匠神，木匠家里供奉鲁班，猎人家里供奉猎神，释比家里供奉"猴头祖师"等。

第四类为寨神及地方神，有石羊、牦牛等，有些地方的寺庙或寨门雕刻石狗。[1]

---

① 肖燕：《羌族民间信仰及其社会价值功能》，《西南民族大学学报》2015年第3期。

概括起来说，羌族原始宗教最主要的特点是崇拜以白石为象征的各种神灵。白石既是天神和祖先神的象征，也是一切神灵的象征。[①] 山上石塔顶上的白石，代表天神或寨神；田边的白石，代表田神或土地神。有时并排放着三块或四块白石，每块白石则分别代表着宅神、家神、神仙神、五谷神。羌族村寨的房顶"塔子"上的五块白石，可能分别代表天神（木比塔）、地神（树不瑟）、山神（赤黑瑟）和山神娘娘（瑟）以及关帝圣君（色窝）。

关于羌人崇拜白石的原因，羌族民间史诗《羌戈大战》中有这样的解释：

远古时候，羌人曾有一次大迁徙，其中一支来到岷江上游，遇到一支被称为"戈基人"的土著居民。他们身强力壮，羌人与"戈基人"作战，屡战屡败，准备弃地远迁，幸而在梦中得到神的启示，才用坚硬的白云石和木棍作武器，并在颈上系羊毛线作为标志，终于战胜了"戈基人"，此后人民得以安居乐业。[②]

另一种《羌戈大战》的版本说：

羌族在往岷江上游迁徙中，受到魔兵的追击，伤势惨重，眼看全族面临覆灭的危急关头，多亏天神阿爸木比塔相助。从天空扔下三块白石，白石落地，立即变成三座大雪山，挡住魔兵前进之路，才使羌人化险为夷。[③]

这些传说告诉我们，羌族的白石崇拜，既有自然崇拜的孑遗，又有天神崇拜的色彩，还有祖先崇拜的成分。在许愿会或者还愿会上，释比请神作法，都是在神林中的白石塔子前进行，并把石塔上供奉的白石，当作天神、山神代表，虔诚祭拜。释比在为人家从事各种祭祀活动时，也都在他们家屋顶上的白石塔

[①] 邓宏烈：《羌族的宗教信仰与"释比"考》，《贵州民族研究》2005 年第 4 期。
[②] 彭述贤：《"羌戈大战"与"羌人"和"戈人"的关系》，《四川大学学报》2013 年第 1 期。
[③] 李明：《羌族文学史》，四川民族出版社 2009 年版，第 47 页。

前，或堂屋神龛上供奉的白石神前，念经作法，降魔祛邪，祈吉纳福。

释比是羌语对民间祭祀者的称谓，他们自称为"许"。羌族在禳灾纳福、驱疫解厄以及婚丧嫁娶、生老病死等活动中，必须要请一位德高望重、知识渊博的释比主持祭祀，他们擅长占卜，能驱鬼祛邪，并且能歌善舞，唱诵经典，能将各种神祇、先祖、民族英雄事迹编演为诗歌、传说和戏剧。据《羌族释比经典》讲：

释比遇事总分明，分天分地分公母。千师万祖在前领，谆谆教诲记在心。一分来把群山分，二分来把树木分。三分来把坪坝分，四分来把岩石分。五分来把沟壑分，六分来把山梁分。七分大坪与小坪，八分路途有远近。九分村寨村连村，十分城池开四门。分天分地已分清，开口来请诸神灵。天地神灵都已请，释比还愿会敬神。恭请神灵佑凡民，神牛鸡羊已献过。归位再把神灵请，赐福凡民皆太平。①

"释比"在不同地区叫法不同，如汶川县绵虒称"诗卓""什比"或"比"，龙溪一带称"比""诗卓"，理县薛城一带称为"诗谷"，汶川县雁门一带称为"比"。②学者研究认为："释比是羌族宗教祭司，是羌文化的传承者。释比文化是指由释比参与推动的社会生产、经济活动、精神生活、文化艺术、行为习俗乃至人生礼仪等所表现出的文化现象，是羌族宗教文化的核心内容。"③"释比"受到羌族社会的普遍尊重与爱戴，他们传承的文化是各地羌族认同的基础。

关于释比由来的说法颇多，据羌族民间传说讲：

① 四川省少数民族古籍整理办公室：《羌族释比经典》（上卷），四川民族出版社 2008 年版，第 125 页。
② 邓宏烈：《羌族的宗教信仰与"释比"考》，《贵州民族研究》2005 年第 4 期。
③ 邓宏烈、高彩虹：《文化象征符号视域下羌族释比文化可持续性保护研究论析》，《阿坝师范学院学报》2018 年第 1 期。

释比原本是天神木比塔家的祭司与卜师，名叫木纳。木纳法力无比，上天能驾驭一切飞禽，下地可降伏一切凶猛野兽和妖魔鬼怪，同时能掐会算，预知吉凶。天神木比塔的三女儿叫木姐珠，因与凡间牧童斗安珠相恋成亲，木姐珠执意与斗安珠到凡间生活，天神特指派祭司木纳，陪木姐珠下凡，祛灾解厄，驱赶邪魔，发展生产，还要维系天规礼仪。因此，木纳奉命来到凡间，充分施展其法力神术，确保羌寨五谷丰登，人畜兴旺。①

羌族释比

但是，学者通过研究释比来源的传说之后认为："古羌部落中，释比的职司由酋长（头人）一身兼施。部落酋长，一方面执掌部落行政、军事、生产等行政事务，同时，又主持部落中一切祭祀礼仪、婚丧嫁娶活动，在思想领域里起着精神领袖的作用。"②随着历史的发展，释比从酋长的职能中逐渐演化分离为专事祭祀的祭司、操作巫术的巫师，成为羌族历史文化的继承者和传播者。

"释比"除少数为父子相承外，一般要经三年拜师学艺，学习过程全凭身授口传。"释比经典"涉及羌族的宗教信仰、社会历史、生产生活、民风民俗、文化艺术等各个方面，可谓羌族人民的百科全书，释比称之为"刷勒日"③。据调查，羌族释比经书主要有上中下三坛，上坛为神事，共十二部类，主要用于祭山、还

---

① 转引自于一：《羌族释比与丧葬》，《阿坝师范高等专科学校学报》2003年第4期。
② 于一：《羌族释比与丧葬》，《阿坝师范高等专科学校学报》2003年第4期。
③ 张犇：《羌族释比图经"刷勒日"的艺术价值解析》，《民间文化论坛》2016年第2期。

愿、建房等法事；中坛为人事，也是十二部类，主要用于婚丧、驱邪治病、招财进宝等法事；下坛为鬼事，共有三部类，主要用于赶鬼驱魔，为凶死者招魂除恶[①]。这些经典由师傅口授，弟子反复背诵，数年后才能熟记于心。除能念诵经书，弟子还要学习踩烧红的铁锅、舔烧红的铧头、喝滚开的清油喷火、用火炭洗脸、从油锅中捞石子等巫技。出师后，由师傅送给一套法器即可行业。其法器有猴皮帽、竹帽、羊皮鼓、神棍、师刀、猴头、铜鼓、金牌、兽牙骨卦、羊角卦等，这些法器不容别人摸弄。做法事时，释比身穿短褂或披豹皮，腰围白裙，头戴猴皮三角帽，用猴爪、猴头骨作法器。

祭山会是羌族最重要的祭祀活动。据羌族释比上坛经典《木姐珠》记载，天神木比塔的小女儿木姐珠执意下凡与羌族青年斗安珠结婚，临行时父母给了树种、粮种和牲畜作陪嫁，"荆棘种子作奁礼，杉木种子也赠你，羊角花种随嫁带，柏木种子赏三斗"[②]。木姐珠来到凡间后，很快繁衍了人类，所种树木成林，粮食丰收，牲畜成群。木姐珠不忘父母的恩泽，便在冬至节那天把丰收的粮食和肥壮的牲畜摆在祭坛上，向上天祝祷。

羌人的祭祀中多以羊为牺牲。据《风俗通》记载："羌，本西戎卑贱者也，主牧羊。故羌字从羊、人，因以为号。"《后汉书》卷八十七《西羌传》记载，羌人"所居无常，依随水草，地少五谷，以产牧为业"。羊是羌族人民衣食来源，他们以羊毛、羊皮为衣，以羊肉、羊奶为食，晒干的羊粪为其燃料。所以《旧唐书》卷一百九十八《西戎传》记载：党项羌"三年一相聚，杀牛羊以祭天"。这种传统一直延续到现在，祭祀活动中仍然以羊为主要的牺牲，被羌族人民视为沟通人、神、鬼三界的使者。

① 徐君：《羌族宗教经典〈刷勒日〉浅析》，《宗教学研究》1997年第1期。
② 茂县羌族文学社整理编辑：《西羌古唱经》，内部资料2004年。

祭山会是羌族敬神祈丰的活动，分为春祭和秋祭两种。春天的祭山会是向神灵许愿的祭祀仪式，因各地气候和农事稍有差异，春季祭山会的日期也不相同，如北川羌寨大多是在农历四月初八、十二日祭山许愿。秋天的祭山会是向神灵还愿的活动，时间多为农历十月以后，传统上时间也不固定。现在人们把许愿的活动叫作"祭山会"，而还愿的活动是在秋末时节。这时候，庄稼收割入仓，家畜下山归圈，人们经过了一年辛苦劳作，终于可以歇息了。所以近年来在周边共生民族文化的影响下，将其称为"羌历年"。

三、"羌历年"的仪式展演和文化变迁

历史上各地举行秋季"祭山会"的时间并不一致，根据气候情况，自南向北举行，一些地方在八月份举行，一些地方在十月份举行，还有一些地方在正月举行。现在多为农历十月初一前后举行。有学者系统调查了传统"祭山会"祭祀仪式，包括家庭祭祀和村寨祭祀两部分：

家庭祭祀从农历九月二十九日早晨开始，村民打扫卫生、布置神龛，准备祭祀物品，包括长条凳一个、托盘一个、盛有玉米的木制方格香炉一个、香蜡纸钱若干、饭碗一个、盘子两个、酒杯两只、猪膘肉一块、蒸烧白一块、白酒一瓶、鞭炮一挂、筷子一双。晚上家中长老燃香，念诵《获芭经》，在大门门框两侧四角烧一圈纸钱，希望驱除秽气。接着在神龛前跪献米饭、蒸烧白、猪膘肉和豆腐等祭品，邀请家神前来享用，然后在香炉上插香，在火塘的四角敬献纸钱。这些请神仪式结束之后，家庭成员按照长幼之序分别向家神行三跪三拜之礼。最后家中长辈唱诵释比经

典，家人燃放鞭炮，共同享用团圆宴。

村寨祭祀仪式分为两个阶段，第一阶段是在农历九月二十九日晚上。村民们结束家宴之后，来到祭祀地点，释比在村寨的山神庙或者"塔子"正前方放置两个香炉，插上蜡烛和白旗。村民将象征神灵的白旗插在空地上，把祭祀所用的柴火平放在祭祀台中央点燃，然后点燃香烛，祭祀山神、释比祖师、羌族祖先后，释比戴上猴皮帽，手持铜铃、羊皮鼓，念诵祭祀经典。唱经完毕，释比向山神等神灵敬献酒菜，然后参加祭祀典礼的所有人员分享神灵享用过的酒菜，传统的仪式要持续至次日早晨才宣告完成。

南方丝绸之路研究丛书 民族节庆卷

村寨中的祭祀活动

第二阶段是在第二天早晨举行。羌语称为"果若"，意为"和天神说话"，"给天神送愿物"。早餐后，村民燃放鞭炮，点燃香烛，献上太阳馍馍或月亮馍馍，燃烧纸钱，口诵"感谢诸位神灵一年来对家人的祝福与庇佑，请你们前来领受祭品"，在场的人分享神灵享用过的祭品。接下来，村民将杀好的猪放在祭坛，准备好的三只鸡（一公两母）也被带到祭坛，神羊被牵到祭坛。释比在山神庙前的香炉里插上猴头杖，然后与助手敲鼓诵经，内容主要是迎请寨神、山神、土地神、天神、太阳神，讲述古代羌人的起源、婚姻、天地断裂、释比来源等。在释比诵经的同时，村民宰杀羊、鸡，将猪头砍下，供奉在正对山神庙前的青石上。杀牲祭祀完毕，释比和助手吟歌颂神灵功德、感谢诸神护佑的经典。"果若"仪式结束后，参加祭祀的村民一人举一根神树枝，拿回各自家中，插在自家的田地里。最后，村民们在祭台一起享用"坝坝宴"。晚上村民跳"莎朗"、唱"古歌"，通宵达旦。①

历史上"祭山会"习俗曾广泛流行于整个羌族地区。20世纪50年代左右，"祭山会"被认为是封建迷信而被禁止举办，出现了较长时间的停滞。直到20世纪80年代才开始慢慢恢复。1986年，在国家民委等相关部门的大力支持下，首届在京羌族同胞"羌历年"庆祝大会在中央民族学院举行，这是第一次出现"羌历年"的提法。1987年11月21日（农历十月初一），四川省民委举行庆祝羌历年大会。此后，每年十月初一成为羌族"羌历年"节庆的统一时间。1988年10月，阿坝州人民政府在《关于羌历年放假的通知》中决定羌历年全州放假两天，"羌历年"被确定为法定节日。自此，羌历年得到官方确认和有效保护。1988年—1991年，茂县、汶川县、理县、北川县四县联合，先后举办了四次规模盛大的羌历年庆典活动。在1990年理县活动期间还举办了羌学研究活动，贵州省羌族同胞首次派代表参加。2006年，修订之后的《阿坝藏族羌族自治州自治条例》第七十一条规定，羌历新年休假三天，再次肯定了羌历年法定节日的地位。紧接着，在2007年3月四川省人民政府将羌历年列入第一批《四川省省级非物质文化

---

① 叶健：《羌历年祭祀仪式与艺术——以汶川县绵虒镇羌锋村为例》，《成都大学学报》2014年第5期。

遗产名录》。①

虽然政府采取了各种措施予以保护，但由于受到全球化、城镇化、信息化的影响，尤其是在外来文化的影响下，羌历年处于逐渐衰落的状态。汶川大地震之前，羌族地区能够按照传统方式完整地举行羌历年活动的村寨不足 20 个，加之村寨中大量青壮年男子外出务工，参加祭山活动的村民大大减少。即使有个别村寨还有过羌历年的习俗，但也仅在一些自然村落中甚至是个别人家中举行，跨越村寨的大型活动非常少见，传统的酬神报恩活动大部分省略简化，羌历年的现实状况不容乐观。

汶川大地震后，羌族聚居区文化生态和文化空间破坏严重，羌历年的保护与传承遭遇了前所未有的困难。羌历年所依托的文化空间，如神山、祭祀塔、碉楼等祭祀场地受到严重破坏，主持羌历年祭祀还愿的多位释比遇难，与羌历年相关的法器、服饰、表演用具等严重损毁，大量与羌历年相关的珍贵实物、文字资料、图片、音像资料散失。羌历年作为羌族最重要的文化遗产之一，面临着失传的危险，保护与传承的任务就非常迫切。

近年来，在社会各界的努力下，羌历年活动逐步恢复举办。其中政府部门的参与起了主导作用，提供了一系列的政策支持和资金扶助，这是羌历年复兴的关键因素。2008 年 6 月，国务院第二批《国家级非物质文化遗产名录》公布，羌历年被列入其中；2008 年 11 月，"羌族文化生态保护实验区"正式授牌开始建设，成为我国第四个国家级文化生态保护区②；2009 年 9 月，联合国教科文组织将羌历年列入首批急需保护的非物质文化遗产名录。2011 年颁布实施的《中华人民共和国非物质文化遗产法》和《阿坝

---

① 任萍：《羌族传统节日景观的复兴与流变——以羌历年为例》，《贵州民族研究》2015 年第 7 期。
② 《羌族文化生态保护实验区在京授牌》，《四川日报》2008 年 11 月 15 日。

州非物质文化遗产保护条例》等一系列法律法规都在实践中为羌历年的保护和传承提供了依据和保障。

　　在政府部门的主导之下，羌历年的活动现状及影像资料得以重新调查、制作、保存，一批羌历年传承人得到认定。在文化和旅游部民族民间文艺发展中心的委托下，西南民族大学师生对整个羌族地区，包括地震之后的羌族移民社区的羌历年状况进行了全面翔实的调查，完成了《羌历年节》的撰写工作。同时对汶川县雁门乡羌历年实况进行了现场摄录，保存了珍贵的影视资料。四川省文化厅"羌族文化抢救保护工程"——《羌族文化传承人纪实》记录了 46 位传承人的基本信息。从 2009 年开始，国家财政每年

北川县举行的羌历年庆祝活动

对羌历年代表性传承人实施资助，保障他们的基本生活，使他们能更好地传承这个文化传统。除此之外，为了提供羌历年传承所需的祭祀场所，地方政府与援建单位、工商企业等联合起来修缮、加固甚至重建祭祀塔、碉楼等羌族建筑景观。

　　近年来羌历年赖以生存的文化语境发生了重大变化，传统羌历年被赋予了新的时代特色。① 从 2009 年开始，城镇举办的羌历

① 邹莹、王明利：《羌历年节日志——以汶川县绵虒镇羌锋村为例》，《阿坝师范高等专科学校学报》2014 年第 4 期。

年如茂县凤仪镇、北川县永昌镇非常热闹，参与人数成千上万，除了羌族同胞以外，各族群众都踊跃参加。

羌历年是中华民族珍贵的非物质文化遗产，对它的保护也就是对独特的文化基因、文化传统和民族记忆的保护。目前作为羌族传统节日和文化遗产，羌历年的宗教色彩、艺术展演和娱乐活动对旅游者有着较强的吸引力，各地政府将羌历年视为促进地区旅游发展的重要手段而加以重视。无论是在繁华的城镇还是偏僻的乡村，羌历年都吸引了四面八方的游客。在继承传统活动的同时，各地政府围绕羌历年举行系列活动，包括摄影书画展、群众沙朗比赛、羌族非物质文化遗产民间技艺展示、羌餐厨艺大赛等，羌历年的外延愈加丰富。这是在现代背景下，少数民族传统文化的创新性继承的具体表现。

第二节

火把节

南方丝绸之路上的彝、白、纳西、哈尼、傈僳、拉祜等彝语支民族中，都有举行火把节的习俗。其中，彝族的"火把节"最为隆重、盛大。彝族多数自称诺苏、纳苏、聂苏，"诺""纳""聂"为各地彝语方言"黑"之意，"苏"为人群、家族之意。中华人民共和国成立后，经民族识别，并按照彝族群众的共同意愿，以"彝"作为统一的民族名称。彝族主要分布在四川、云南、贵州、广西

彝族火把节

壮族自治区四个省区。云南彝族主要分布在楚雄彝族自治州、红河哈尼族彝族自治州，在石林、江城、宁蒗、巍山、南涧、漾濞、寻甸、元江、新平、禄劝、宁洱、景东、景谷、镇沅、峨山等 15 个自治县也有分布。四川彝族主要分布在凉山彝族自治州、峨边彝族自治县、马边彝族自治县、雅安石棉县、甘孜泸定县、甘孜九龙县等地。贵州彝族人口主要分布在毕节市、六盘水市、黔西市等。广西彝族人口主要分布在隆林各族自治县和那坡县的部分村寨。彝族也是一个跨境而居的民族，在老挝、越南各有 2000 人，当地称之为"倮倮"，这两个国家的彝族人口，主要住在靠近中国边境的地区。①

一、彝族历史及其文化

学界普遍认为，彝族是先秦时期活跃在中国西北地区的氐羌族群，如方国瑜先生认为"彝族渊源出自古羌人"②，徐嘉瑞

---

① 方铁：《云南跨境民族的分布、来源及其特点》，《广西民族大学学报》2007 年第 5 期。
② 方国瑜：《彝族史长编》，油印本，1960 年。

先生也认为"羌人即是乌蛮，也即是今天的彝族"①。大约在距今 3000 年前，彝族迁徙到西南地区。在秦汉之际，彝族先民已广泛分布于云贵高原和横断山脉，在历史文献中被称为"越巂夷""昆明""劳浸""滇""靡莫""叟""濮""邛都""夜郎"等。据《史记·西南夷列传》记载，滇、夜郎、邛都"此皆魋结，耕田，有邑聚"，说明当时彝族先民由古"羌人"的游牧生活进入"耕田，有邑聚"的农耕阶段。也有学者认为彝族与古"濮人"有渊源关系，彝族自称中的"濮""泼""拔"等，是古"濮人"之"濮"在彝族文化（自称）中的延续。② 这些说法都有一定的依据，说明彝族有可能是氐羌系民族和百濮系民族融合的结果。

068

东汉、魏晋时期，西南各民族泛称为"夷"。诸葛亮平定南中大姓和夷帅的叛乱后，设立庲降都督府统领南中七郡。晋以后，南中大姓爨氏家族依靠"乌蛮"各部落首领的支持割据云南数百年。这期间，彝语支民族的先民被称为"爨"和"乌蛮"。凌纯生先生认为："唐代的乌蛮为今之罗罗及广义的藏缅族。"③ 马曜先生认为："乌蛮的大部分是今天彝族的祖先。一部分由于地域分割和社会经济的不同特点，从分化走向定型，发展成为新的不同民族集团。"④ 这个观点也得到彝文古文献的证实。据记载，彝族先祖"笃慕"在云南东北部建立强大的奴隶制政权后，其六子，分为武、乍、糯、恒、布、默六支，向四周发展，征服了贵州西部、四川南部及云南大部分地方。

公元 8 世纪前后，在云南哀牢山北部和洱海地区出现了六大乌蛮部落集团，史称"六诏"，其中"蒙舍诏"首领皮逻阁于公元

① 徐嘉瑞：《大理古代文化史稿·重印自序》，中华书局 1978 年版。
② 李相兴：《彝族与古濮人关系论析》，《云南民族大学学报》2003 年第 3 期。
③ 凌纯声：《唐代云南的乌蛮与白蛮考》，《人类学集刊》1938 年第 1 卷第 1 期。
④ 马曜：《云南简史》，云南人民出版社 1991 年第 2 版，第 15 页。

783 年统一"六诏"，建立以彝族为主体，包括白、纳西等民族先民在内的"南诏国"。[①] 同一时期，在贵州彝族地区也出现了"罗甸国"奴隶制政权。[②] 而在凉山境内，北有落兰部势力，中有屈部，南有绛部，不相统属，各自为政。唐天复二年（902 年），南诏王朝覆灭。公元 937 年，段思平在乌蛮 37 部的支持下建立大理国。彝族首领接受大理王的封号，成为世袭地方官，并开始向封建农奴主转化。两宋 300 多年中，戎（宜宾）、泸（泸县）、黎（汉源）3 州的彝族先民，处在宋王朝与大理政权的相互争取之中，出现了奴隶制经济相对繁荣的局面。

元宪宗三年（1253 年），蒙古骑兵自四川分三道进攻云南。由于经过彝族地区，使得处于分裂状态的各彝族地区，出现统一于"罗罗"族称之下的比较松散的反蒙古联盟。蒙古贵族为了获得各地彝族"兹莫"（贵族）的支持，在彝族地区建立土司制度，任用彝族首领为土官，统治当地百姓。据史书记载，1263 年—1287 年，元相继在今越西、西昌、屏山、大方、昭通、威宁等地设立彝族土司。这种土司制度一直延续到明清时期。明清两朝又在彝族地区进行军屯和民屯，采取了一些发展农业生产的措施，彝族的社会有了较快的发展。

彝族世代居住于云贵高原和横断山区的高山河谷间。由于山川相间，峡谷纵深，地形复杂，不同的自然条件形成不同的经济文化类型，既有水稻、玉米、荞麦、土豆、小麦等作物种植，也有牛、羊、马等牲畜牧养，还有狩猎、采集等生计方式。直到中华人民共和国成立之前，各地的社会发展也处于不同的阶段，有的还有奴隶制残余，有的已经进入封建制阶段。

---

① 张锡禄：《张锡禄学术文选——南诏与白族文化》，云南人民出版社、云南大学出版社 2015 年版。
② 王燕玉：《辨罗甸国与罗氏鬼国》，《贵州社会科学》1984 年第 1 期。

彝族传统服饰

除了前述的自称外，因方言、支系、地区的不同，彝族还有不同的自称和他称。四川、云南大小凉山、滇东北和黔西的彝族自称为诺苏泼，"泼"是"人"或"族"之意，云南哀牢山、无量山及开远、文山、马关一带的彝族自称密撒泼、腊苏泼、罗罗泼、濮拉泼等，滇东南、滇南和滇西一带部分彝族自称为改苏。此外，还有苏拉培、图拉拔、撒尼泼、阿细、阿哲、扑拉、拉乌苏、撒马等数十种自称。过去，彝族的他称很多，如罗罗、彝家、卜拉、撒梅、山苏、阿细等。[①] 彝族有自己的语言，属于汉藏语系藏缅语族彝语支，分北部、东部、南部、东南部、西部和中部 6 大方言[②]，各方言内部还分许多次方言和土语，方言间差别较大，基本上很难相互通话。彝族还有自己古老的文字，汉文文献称之为"爨文""爨字""爨书""倮倮文""韪文""夷经"，彝族称之为"诺苏补玛""乃苏讼纳""聂苏索""尼斯""阿哲苏""纳苏缩"等，是一种音节文字，通称老彝文。[③] 历史上，彝族先民用老彝文撰写了卷帙浩繁的文献典籍和大量的金石铭刻，内容涉及历史、文学、宗教、医学、天文、历算、伦理、礼俗、

① 沙马拉毅：《中国彝族及东南亚各国倮族之比较研究》，《天府新论》2003 年第 2 期。
② 朱文旭：《彝语方言学》，中央民族大学出版社 2005 年版。
③ 黄建明：《彝文文字学》，民族出版社 2003 年版。

谱牒等方面，是中华民族珍贵的文化遗产。

在历史上，彝族形成了一种以祖先崇拜为核心，集自然崇拜、图腾崇拜、灵物崇拜为一体的传统信仰，由于各种祭祀仪式和巫术活动是由拥有特殊技能和文化素质的"毕摩"与"苏尼"主持的，因此有学者称之为"毕摩教"①。由于长期与许多民族杂居，彝族信仰中还吸收了道教和佛教的某些成分。19世纪以后，基督教、天主教在部分彝族山村也产生了一些影响。

彝族先民为了更好地进行农业生产，从事畜牧或狩猎活动，创造了自己独具特色的历法——"十月太阳历"。这种历法的基本结构是：（1）一年都分为上下两个半年，每隔半年过一次新年；（2）一年都分为土、铜、水、木、火五季，每季都分为公母两个"特补特摩"（意为时节），每个特补特摩包括三十六天，相当于一个月；（3）一年十个月，共三百六十天，其余五至六天都作为过年日，不计在月内；（4）都用十二生肖纪日，每月三周，一年恰为三十个十二生肖周。②

"十月年"是彝族的传统节日，在农历十月（公历11月）内举行，③节期一般为三天。第一天叫"库什"（过新年）。清晨，男女老少都换上节日的盛装，妇女们忙着煮饭、做荞麦饼。男人们则集中起来，簇拥着杀猪能手，从寨中辈分最高的人家开始，挨家逐户地宰杀过年猪，而孩子们则欢呼着尾随大人，一家一家地割猪蹄。随后是用所杀的"猪"作为牺牲举行祭祖仪式，待祖先"饱餐"之后，一家人才开始吃年饭。酒足饭饱，男女老少各自组建成数十人的队伍，一家一家地去唱丰收歌，说祝愿词，而主人家会献上各种美食美酒。第二天被称为"多博"（尽情欢乐）。

① 周芸芳：《彝族宗教祖灵观的文化分析——以当代彝族诗歌为中心》，《宗教学研究》2018年第1期。
② 王先胜：《十月太阳历溯源》，《贵州民族研究》2012年第6期。
③ 邱运胜：《彝族十月年的历史与变迁探析》，《毕节学院学报》2010年第1期。

彝族十月历文化园

这一天也是彝历年快乐的高潮。孩子们带上自家的砣砣肉、荞麦饼等食物到野外进行"威什那古"（集体野餐）活动。成群结队的男人们挨家挨户串门，大块吃肉、大碗喝酒，向主人以及外来的客人祝贺新年。第三天则被称为"阿甫博基"（送祖归天）。人们在凌晨鸡叫时准时起床，煮好祭品、做好炒面，为祖先敬上食盐和各种佳肴，男主人念诵祭词："神祖在上，保佑全家幸福安康，保佑来年五谷丰登、六畜兴旺。"人们怀着最虔诚的心欢送祖先的灵魂。欢送仪式举办得越早越好，以便让祖先的灵魂归途平安。

"插花节"也是彝族民间的传统节日，流行于部分彝族地区①。每年农历二月初八日，青年男女身穿节日盛装，成群结队地上山采马缨花、杜鹃花、山茶花。他们认为这些花是吉祥幸福的象征，因此把采来的这些鲜花插在门上和房子周围，有的还把

---

① 祁树森、李世忠：《楚雄彝族的节日文化与习俗》，《民族艺术研究》1996年第5期。

鲜花绑在牛羊的头角上。节日期间，山寨一些主要道路上搭起华丽的彩棚，上面也插满鲜花。老年人用鲜花互相祝贺人寿年丰；小伙子把鲜艳的山茶花插在姑娘的包头上，姑娘把马缨花插在小伙子的芦笙上，以插花为定情礼。

彝族还有"丰收节""汤牛节""跳歌节""拜本主会""密枝节"等节日，但是在不同的地区、不同的支系中举行。火把节是在所有彝族地区、所有支系中都要举行的节日。

二、火把节的起源传说

有关火把节的最早文献记载，应为元代李京的《云南志略》，其中有"每岁以腊月二十四日祀祖，如中州之上冢之礼。六月二十四日，通夕以高竿缚火炬照天，小儿各持松明火，相烧为戏，谓之驱禳"的记载。明朝嘉靖年间，李元阳的《云南通志》亦有记载："六月二十五日，束松明为火炬，照田苗，以火色占农。"也是从明代开始，有人认为火把节即星回节，如明代谢肇淛《滇略》卷四《俗略》说到六月二十五日的节日，"谓之火把节，又谓星回节"；同时代杨慎认为星回节即火把节，如他的诗中有"忽见庭花折刺桐，故园珍树几然红。年年六月星回节，长在天涯客路中"的句子；明代曹学佺的《蜀中广记》卷一五《名胜记》中记载："每岁六月廿四日为星回节。"到了清代，学者师范在《滇系·杂载》还认为"火把节即星回节，六月二十五日，农民持炬照耀畎亩以祈年，通省皆然"。在他的著作中，记载了当时火把节起源的三个传说：

第一个传说认为火把节与三国武侯征南有关。说诸葛亮南征擒得孟获，夜间入城，城中父老高举火把欢迎。第二个传说认为火把节与汉代云南酋长曼阿奴的妻子阿南之死有关。据道光《昆明县志》记载："汉之时有夷妇阿南，其夫为人所杀，南誓不从贼，即以是日（六月二十四日）扑火死，国人哀之，因为此会。"[①]第三个传说认为火把节与唐代六诏邓赕诏王的妻子慈善有关，说"南诏皮逻阁会五诏于松明楼，将诱而焚杀之，遂并其地。邓赕诏妻慈善，谏夫勿往，夫不从，乃以铁钏约夫臂，既往，果被焚，慈善迹钏得夫尸以归。皮逻阁闻其贤欲委擒焉，慈善闭城死，滇人以是日燃炬吊之"。[②]

但是在清代也有人认为火把节和星回节不是一回事。如清人许印芳在《星回节考》中就提出星回节非火把节，二者不能混淆，然而影响有限。直到民国期间，西迁喜洲的华中大学学者游国恩的《火把节考》对火把节起源进行了深入的考证，认为火把节与星回节绝非同一节日，"考旧历六月二十四日，本西南各族一大节日，初不关于历史之任何传说"，"星回节者，乃南诏岁终之节日，与旧历六月二十四或二十五日之火把节绝不相蒙"，"火把节者，却为滇中年节，犹汉族蜡腊之类"[③]。从近年来学者的研究来看，火把节是星回节的说法主要流传在云南彝族、白族地区，确实有待考证。

在四川凉山彝族地区，火把节叫"都则"（或者"都者"），直译为汉语是"火赔"，布拖县彝族民间有一个这样的起源传说：

从前天上有个叫额史阿约的天神到地上收租税时，死于地上的大力士呷博热之手，天神之主知道后，声言要派天兵天将报仇。呷博热率众烧掉了连接天地的铜梯和铁梯，天神之主见梯子被烧毁，天兵天将无法到地面报仇，便决定放害虫吃掉庄稼，把

① （清）戴絅孙纂：《昆明县志》，清道光二十一年（1841）修，光绪二十七年（1901）刻本。
② （清）师范：《滇系》，云南通志局，光绪十三年（1887）出版。
③ 游国恩：《火把节考》，《旅行杂志》民国三十一年（1942）第11期。

地上的人饿死。呷博热知悉后为了保庄稼，与天神之主谈判了结了这桩命案：即每年农历六月二十四日（额史阿约死的日子），地上的人都要以一定的形式赔额史阿约的命。从此以后，到了每年的六月二十四日这天，"富人杀牛者（赔），穷人杀羊者（赔），单身汉杀鸡者（赔），寡妇用荞粑者（赔）"，形成了都者（火把节）。①

　　另外在美姑县发现的彝文手抄本中，也有一个关于火把节来源的传说：

　　从前地上有位夫提神人摔跤很有名气，天神之主恩提古子的大儿子不服气，派尔一天神到地上与夫提比试，比试结果，尔一死于夫提之手。恩提古子的大儿子声言要报仇争脸面，最先天上德古来调解，三天说到黑，三夜说到亮，但是调解无效果。最后地上德古来调解，草原上的云雀来调解。调解罢干戈，调解定协议：一年赔一次命，用火照着赔。协议定得明：头人用牦牛者（赔），黑彝用阉牛者（赔），白彝用羊者（赔），穷人用鸡蛋者（赔），单身汉用鸡蛋者（赔），寡妇用荞粑者（赔），每家每户都要者（赔）。年年赔命从此定，这就是"都者"（火把节）的来源。②

　　从这两个故事可知，四川凉山彝族火把节的起源是为了祭神赔命。在凉山州普格县的日都迪散，也有一个类似的传说：

　　远古时候，天王恩梯古兹对人类不满，相继派出天神斯惹阿比、斯惹阿番、斯惹拉也施魔法用瘟疫、洪水与天虫作恶人间，彝族英雄惹地豪星组织人类奋勇反抗，先后撕碎斯惹阿比、战死斯惹阿番、火攻斯惹拉也，取得三战三捷。当夜幕降临，时值盛夏新年第一天的北斗星围绕北极星转回来的日子（农历六月二十四日），日都迪散及周边的彝人高举火把，簇拥英雄，涌向

---

① 转引自罗曲：《历史视野里的彝族火把节》，《楚雄师范学院学报》2011年第10期。
② 转引自罗曲：《历史视野里的彝族火把节》，《楚雄师范学院学报》2011年第10期。

高原草场日都迪散，杀牲饮酒，由于绑扎火把是用枯蒿草秆，可以烧死许多害虫，熏除了人间污秽。这一年庄稼大丰收，人间少病灾，久之便形成了彝人一年一度驱邪除灾、祈福纳祥、祝祷丰年的传统佳节——彝族火把节。[①]

这个传说中的火把节不是祭神赔命，而是庆祝人类英雄战胜天神后举行的庆祝仪式。这样的传说还有很多，在不同的地区传说不同，但是前述师范所记载的云南火把节起源与四川凉山传说中火把节的起源都与"火"有关。所以我们可以认为，火把节与彝族甚至彝语支先民的火崇拜有关。

火崇拜是彝语支民族最显著的特征，尤其彝族，是一个最为崇拜火的民族，他们生于火又逝于火，对于火有着与其他民族不同的情感。如彝族阿细人史诗《阿细的先基》中说：

火

天上打起雷来，有一样红彤彤的东西，打进树去，打雷是红彤彤，打进老树去，进树里去了。我们这些人嘛，这样好看的东西从未见过，这样漂亮的东西再没有了。旁边树篷根子上，折根小棍子，姑娘儿子们，用小棍撬大树，撬着撬着，撬出火来了。人已经有了，火也有了。火有了嘛，生肉可以煮熟了，已经会煮熟肉了；生果子也会煮成熟果了，熟籽吃得的也会煮了。[②]

---

① 《迷人的凉山彝族火把节与火文化》，新华网，http://www.yn.xinhuanet.com/travel/2004-06/22/.
② 中国作家协会昆明分会民间文学工作部：《云南民族文学资料》(第十八集)《阿细的先基·开天辟地》1963年版，第13—14页。

在此则神话中，火种是从天上掉下来的，是天神的恩赐。彝族先民甚至认为彝民族起源于火，如彝文古籍《勒俄特依》记载：

远古的时候，天庭祖灵掉下来，掉在恩杰杰列山，变成烈火在燃烧，九天烧到晚，九夜烧到亮，白天成烟柱，晚上成巨光。天是这样烧，地是这样烧，为了创造人类燃，为了诞生祖先烧。[1]

这表明彝族的"火崇拜"是从远古时期就流传下来的。在彝族地区，"火塘里的火长年不能让它熄灭，故称之为'万年火'。如因为人被惊吓失魂或者因病需要叫魂时，首先都要把魂叫到火塘边来，然后才有可能附到人的身上去；如果'魂'回不到火塘边，更不可能再回到人的肉体。除此之外，在彝族地区，还有不同程度地以火塘来区别大、小家庭的情况。更有趣的是，彝族姑娘出嫁时，都必须由自己的亲人背着绕火塘三圈，以示向家族和娘家告别。在有的地方，迎接新娘时也需要在村外烧上三堆火以示敬重，表示姑娘从此参加了这一氏族的生活，成为这一氏族的成员了"[2]。

正因为彝族认为人的生命来源于火，最后也应该归于火，所以自古以来彝族盛行火葬。据《太平御览》卷五五六引《永昌郡传》记载："建宁郡葬夷，置之积薪之上，以火焚之；烟气正上则大杀牛羊，共相劳贺作乐；若遇风，烟气旁邪，而乃悲哭也。"[3]流传于云南路南的《指路经》也详细讲述了彝族先民的火葬历史：

九十九代时，你们祖先世，用火来焚化。八十八代时，到了你妣世，同样用火焚。七十七代时，到了你舅世，你舅用火焚。六十六代时，到了你父世，你父用火焚。五十五代时，到了你母世，你母用火焚。四十四代时，到了你姐世，你姐用火焚。三十三代时，到了你兄世，你兄用火焚。二十二代时，将到你儿

---

[1] 云南省民族民间文学红河调查队：《阿细的先基（阿细民间史诗）》，云南人民出版社1978年版，第45页。
[2] 朱文旭：《彝族火把节》，四川民族出版社1997年版，第13页。
[3] （宋）李昉等撰：《太平御览》（第3册），中华书局1960年版，第1515—1516页。

世，同样用火焚。今日轮到你，到了你时代，烈火熊熊烧，你将火中葬。①

正因为如此，学者研究认为："在彝族先民看来，火是生命的起点，也是生命的终点，死后连同躯体一起归还于火，因此，彝族人死后必行火葬，否则灵魂便回不到祖先发祥地去。"② 这种认识概括出了"火"在彝族文化中的重要意义。另外，学者周红在《彝族火把节的文化解析》中提到：火把节"一是以火占色，祈年丰收。二是祈除病免灾，驱逐晦气。彝民认为火炬可以驱灾除邪，故点燃火把后，还要挨家挨户走，边走边往火把上撒松香，人们谓此为'送祟'"③。这样看来，除了为了祭祀火、祭祀祖先，火把节还有祈求丰收和驱邪等功能。

由以上材料我们可以发现，火把节源于彝族先民原始信仰中的火崇拜，后来逐渐发展为既有自然崇拜，又有祖先崇拜，还有驱邪性质的祭祀仪式。

三、火把节文化的传承和嬗变

火把节是彝语支民族在漫长的历史岁月中形成的节日，其表现形式和文化内涵始终处于不断变动和丰富的进程中，在不同时代和地区形成了具有一定差异的仪式形式。清代的《西昌县志》就记载了当时凉山彝族的火把节活动：

阴历季夏六月二十四日，为倮族火把节。火把者，松柴细竹野蒿所制之火炬也。大者数围，长数尺，或及丈，植地上。小者

---

① 果吉·宁哈、岭福祥：《彝文〈指路经〉译集》（云南路南篇），中央民族学院出版社1993年版，第578—579页。
② 杨甫旺、杨琼英：《彝族火葬文化初探》，《云南师范大学学报》2000年第6期。
③ 周红：《彝族火把节的文化解析》，载杨甫旺主编：《楚雄民族文化论坛》（第二辑），云南大学出版社2007年版，第331页。

彝族火把节上的祭祖（王观远　摄）

可以手执之。倮夷于此节每村共醵金购老牛一，于先一日夜半椎杀之，椎时每家出小火把一环围呼叫，至过节日烹其牛，合村聚宴，吹箫管，弹月琴，唱歌跳舞为乐，谓之跳锅庄。日夕每家出大火把一，植门外燃之，另执较小者，行绕所耕种之田地间，且行且舞，以祈丰年。至第三日，则扫集火把之炭渣，以酒肉送之。①

　　文献描述了清代一些主要活动，如集体聚宴、歌舞和祈年活动，到现在仍然还保留着。在大部分彝族地区，传统的火把节仍然要举行三天。第一天主要是祭火。这天人人穿着自己的民族服装，高高兴兴地参加活动。每个村寨都会宰牛杀羊，准备宴席，包括各种酒肉美食。夜幕降临时，临近村寨的人们会在老人们选定的地点搭建祭台，以传统方式击石取火并点燃圣火，由毕摩诵经祭火。然后，大人小孩都会从毕摩手里接过用蒿草扎成的火把，游走于田边地角，以火驱虫。第二天主要是传火。这天家家

---

① 朱文旭：《彝族火把节》，四川民族出版社1999年版，第45页。

彝族火把节上的"打跳"（王观远　摄）

户户都聚集在祭台圣火下，举行各式各样的传统节日活动。小伙们要效仿传说中的英雄，赛马、摔跤、唱歌、斗牛、斗羊、斗鸡。姑娘们则效仿传说中的阿诗玛，身着美丽的衣裳，撑起黄油伞，唱起《朵洛荷》，跳起达体舞。夜幕降临，一对对有情男女，在山间，在溪畔，在黄色的油伞下，拨动月琴，弹响口弦，互诉相思。第三天主要是送火。这是火把节的高潮。夜幕降临时，人人都会手持火把，竞相奔走。最后人们将手中的火把聚在一起，形成一堆堆巨大的篝火，欢乐的人们会聚在篝火四周尽情地歌唱、舞蹈，场面极其壮观。

云南彝族地区受外来文化或文化变迁的影响，传统火把节的内容和形式别具一格。比如在禄丰县火把节有祭祖、开光、祭天、耍火把、扫邪驱鬼、送火把等内容；双柏县火把节有椎牛祭天神、祭谷神、除祸害、送火把、祭土主等仪式。另外歌舞的形式有多种，如巍山有"打歌"，弥勒、宜良有"阿细跳月"，楚雄有"打跳"，石林有"大三弦"，红河有"罗作舞"等，形式和内容都有一定的差异。

到了当代，随着社会转型和文化变迁，火把节除了在乡村还保留着祭火、传火、送火的传统形式外，各级地方政府也积极参与和组织火把节活动，形成了不同的地域模式，如四川"布拖模式""普格模式""西昌模式"，云南的"楚雄模式""红河模式""石林模式"，贵州的"威宁模式""大方模式""水城模式"等①。节日所蕴含的宗教祭祀功能正在不断淡化，而作为文化资本所具有的经济功能和民间习俗所具有的娱乐功能正在不断增强。

西昌火把节之夜

在凉山彝族地区，政府组织的有乡、县、州三种不同层面的火把节，如普格县洛乌乡日都迪散的火把节属于乡级火把节，由洛乌乡政府主办、县政府协办。活动分为开幕式、领导讲话、唱《朵洛荷》并表演一些传统歌舞，重头戏放到传统活动斗牛、斗羊、摔跤和选美中。普格县螺髻山镇火把节由县政府举办，火把

---

① 王明贵：《传承核心内容创新发展模式——凉山彝族自治州火把节"布拖模式"的思考》，《四川民族学院学报》2016 年第 1 期。

节的名称也被称为"螺髻山文化旅游火把节"，在庆典活动上，各区、乡、县级机关和事业单位都要表演精心编排的节目；凉山彝族自治州政府组织的火把节从 1994 年开始，每三年举办一届，庆典活动包括彝族式摔跤擂台赛、彝族农民文艺演出、斗牛、斗羊、赛马、选美等内容；2003 年在西昌市举行火把节活动中出现了物资交易会，是以火把节为"戏台"的经济贸易活动。2006 年 5 月 20 日，经国务院批准，彝族火把节被列入我国第一批《国家级非物质文化遗产名录》，同年 11 月 15 日，国家相关部门联合组织评选"中国十大民俗节"的活动，将火把节评选为中国十大民俗节之一。①

　　近年来，由凉山州人民政府主办"中国·凉山彝族国际火把节"，是所有火把节活动中规模最大、参与人数最多、气氛最热烈的庆典。主会场设在西昌市，普格、昭觉、布拖等县设立分会场。为了举行这个活动，西昌市修建了凉山民族文化艺术中心及火把广场。在火把中心广场的入口，是象征着彝族尊严和精神的虎群雕，广场上耸立着五十六根巨大的红砖大柱，象征 56 个中华民族兄弟大团结。柱子用当地产红砂岩砌筑而成。柱上阴刻着民族传统纹样。火把节举行时，在柱顶点火，于是就有了 56 根火炬。凉山州主办的火把节的活动主要有文化活动、学术交流活动、体育活动与商贸活动四大类共十项。第一类文化活动包括开幕式、"五彩凉山"花车嘉年华巡游展演、"格莎啰"火把狂欢夜、彝族传统选美、彝族服饰展演、中国凉山民族艺术节、"凉山记忆"非物质文化遗产项目（手工艺）展演等内容。第二类学术交流活动借助火把节契机，邀请国外国内专家、学者，围绕"古彝文化""火文化"主题，从历史与现实、传承与发展的角度进行

①《"凉山彝族火把节"荣获中国十大民俗节殊荣》，凉山州网 www.liangshanzhou.com/news-id-159758.html.

深入探讨和学术交流，搭建学术平台，形成和打造凉山自己独特优势的学术品牌，推动凉山民族文化资源变为民族文化资本。第三类体育活动以民族传统体育为主，现代竞技体育为辅，民族传统体育即"斗牛斗羊、射箭、射弩、摔跤"等项目，而竞技体育包括"环邛海亚高原轮滑全国邀请赛"和"邛海之滨全国自行车环湖冠军赛"。第四类旅游商贸活动是国际火把节的重头戏，以推出旅游精品路线、开展商贸洽谈会等实现"节庆活动搭台、旅游经济唱戏"的目的。从上述情况可以看出，"举办火把节庆典更像是一种文化生产。……在过去，这种生产旨在满足当地消费，在当地促发家庭、社区团圆、欢聚和交流，祛除灾害、祈盼丰年等意义……然而，如今这种生产更像是一种商品生产，它的目的不仅在于满足当地社会需求，而且在于对外流通，吸引外地游客"①。

虽然国务院批准的非物质文化遗产项目为"彝族火把节"，但是南方丝绸之路上各彝语支民族都举行火把节，其表现形式和文化内涵在不同的民族和地区表现出地域性、时代性、变异性等特征。如大理白族火把节，白语称为"夫汪舞"，意为"六月狂欢"。节日期间，每个村寨都竖起用一棵高五六丈的火把树制成的大火把，通体用柴火或竹子捆扎，插满五颜六色的小三角旗、红香，再挂上梨串、苹果、海棠等，顶端还要饰以"连升三级"的"升斗"，上书"国泰民安""风调雨顺"等字样。竖火把之前，先由老人们以"三牲九礼"祭祀，行"三跪九叩"之礼。暮色降临时，由德高望重的老人在唢呐鼓乐队的护送下从本主庙取来火种将火把点燃。当熊熊烈焰升起之时，男女老少便绕着火把树载歌载舞，孩子们争抢着烧落下来的火把果，意为迎祥纳福。青少年们个个手中舞起小火把，不断扑撒松香，飞出团团烈焰，互相追逐

---

① 潘蛟：《火把节纪事：当地人观点？》，《民族艺术》2004 年第 3 期。

喷洒以示祝福，然后高举火把巡游田间。村里村外，人声鼎沸，火光璀璨，正如元代诗人文璋甫所写："万朵莲花开海市，一天星斗落人间。"丽江纳西族也过火把节，有"此也库使得，若也塞

大理周城的白族火把节（王观远　摄）

厄得"（冬天新年为大，夏天火把节为大）的民间谚语。

　　此外，生活在南方丝绸之路上的拉祜族、傈僳族和哈尼族也举行火把节活动，起源传说与彝族、白族不同，但活动内容基本相同。火把节甚至还走出了国门，如 2008 年 8 月 14 日，美国海外中华少数民族联合会在洛杉矶举行首届"火把节"开幕剪彩仪式。这次火把节，也是以"祭火""传火""送火"为内容举办了三天。

　　虽然作为传统的火把节不断被再生产，不再单纯是民众祭祀、娱乐和社交的活动，而成为在政府主导下展示民族文化特色、发展旅游经济、促进地区社会发展的"狂欢节"①，但是对

---

① 陈曦、王旭阳：《凉山彝族传统火把节：一个山地民族的狂欢节日》，凉山新闻网，2018-08-05.

彝族以及举办火把节的其他民族而言，火把节与民众最深刻的自然、生命、生活认知有关，都是他们自然崇拜、祖先崇拜、英雄崇拜的情感表达和身体实践。这也正是在官方举办火把节热热闹闹吸引八方游客的时候，村寨民众仍然固执地按照自己的方式，在自己选定的时间，在自己的家园，以世代延续的神圣方式举办"都则"（都者）的原因。

第三节

藏历年

藏族自称为"蕃"（bod），是青藏高原及其周边地区的土著居民。按照藏族传统的地理概念，藏族聚居的地区，可分为卫藏（乌思藏）、安多、康区三大地理区域。卫藏是指今拉萨、

藏历年

山南、日喀则等西藏自治区的大部分地区；安多则主要是指今青海省大部、四川的阿坝藏族羌族自治州北部以及甘肃省的藏族地区；康区是"康巴藏区"的简称，又叫"康藏"，是指今四川省甘孜州和阿坝州的一部分、西藏的昌都地区、青海省的玉树州和云南省的迪庆州等地区，大致包括西藏丹达山（夏共拉）以东、大渡

河以西、巴颜喀拉山以南、高黎贡山以北的一带地方。在藏区流传着这样的谚语："卫藏法区，康巴人区，安多马区。"即是说最好的宗教来自卫藏，最好的人来自康巴，最好的马来自安多。汉武帝时代派出的"出駹""出冉"的使者就是想打通从这里前往身毒国的道路，虽然未能成功，但这是开拓南方丝绸之路通向藏区支线的最初行动，后来因这条道路上主要进行茶马贸易而被学界称为"茶马古道"。这条道路经过的康巴藏区，是藏彝走廊的核心地区，也是历史上"众多民族南来北往、频繁迁徙和活动的场所，同时也成为西北与西南古代各民族进行经济文化交流的孔道"[1]。

一、康巴藏族历史与文化

根据考古发现，距今约 5 万—1 万年前的旧石器时代，青藏高原就已经有人类活动，他们是西藏最早的土著居民。最早生活在康区的居民，也与古代的西羌部落有紧密的联系。根据考古发现，康区的历史大约可上溯到距今 4000—3000 年前的新石器时代[2]。这些考古文化，无论是史前原始文化，还是战国秦汉时代的石棺墓等文化，都表现出十分强烈的复合文化特征。如 20 世纪 70 年代考古工作者在昌都发现的卡若遗址，带有较浓厚的地方色彩，"这种文化不同于当前已知的任何一种考古文化"[3]，但是这种文化"已受到黄河上游马家窑、半山、马厂文化的强烈影响"[4]。这种现象说明，北方黄河上游的居民不断地向藏彝走廊迁徙，"其迁徙的起始时间是从西周中后期寺洼文化逐渐消失之

---

① 石硕：《试论康区藏族的形成及其特点》，《西南民族大学学报》1993 年第 2 期。
② 林向、童恩正：《四川理县汶川县考古调查简报》，《考古》1965 年第 12 期。
③ 童恩正、冷健：《西藏昌都卡若新石器时代遗址的发据及相关问题》，《民族研究》1983 年第 1 期。
④ 吴彦勤：《清末民国时期川藏关系研究》，云南人民出版社 2007 年版，第 1 页。

后，一直到春秋中期'秦霸西戎'之际"①。这些居民一直迁徙到川西、滇北地区，甚至到达云南的西南部地区。考古发现，在迪庆藏区中甸县（现香格里拉市）尼西乡克乡村发现的石棺墓青铜文化与西北地区的齐家、辛店等文化有联系，考古工作者认为："中甸石棺墓的主人，可能属于古代氐羌系统的民族。"② 不仅如此，童恩正先生还发现，西南民族地区战国秦汉时代的文化"既与北面黄河上游甘青地区的文化有密切联系，也与其南面地区的考古文化有渊源关系，甚至还带有长江中游地区的某些文化因素"③。长期从事藏学研究的格勒先生认为，中华大地上存在着三大考古文化和民族系统：中原地区的旱作农业系统和氐羌民族系统、长江中下游和东南沿海地区的稻作农业系统和濮越民族系统、北方草原地区的游牧经济系统和胡民族系统。藏族及其文化的起源和发展过程本身就是一个吸收和融合中华大地上三大民族系统的文化成分的过程。④

中国古代历史文献也表明，"远溯春秋时代，'散处河、湟、江、岷间'的古代西羌部落大约有150种，其中最为僻远的'发羌''唐旄'被认为是最早出现在西藏的部落"⑤。从远古迄至隋唐以前，曾经有氐羌系民族在康区一带频繁活动和迁徙过，并留下了他们各自的痕迹⑥。当时康巴地区生活的"诸羌"，种类繁多，不相统属。如"牦牛羌"就是其中的一支，因汉武帝元鼎六年（前111年）在安宁河流域及雅砻江下游置越巂郡，所以又称为越

① 杨铭：《从岷江上游的石棺葬说到"氐羌南迁"——"藏彝走廊"早期民族迁徙研究》，袁晓文、李锦主编《藏彝走廊东部边缘族群互动与发展——平武县各民族历史、文化、民族关系及民族政策研讨会论文集》，民族出版社2006年版，第78页。
② 云南省文物考古研究所：《云南中甸县的石棺墓》，《考古》2005年第4期。
③ 童恩正：《近年来中国西南民族地区战国秦汉时代的考古发现及其研究》，《考古学报》1980年第4期。
④ 格勒：《藏族早期历史与文化》，商务印书馆2006年版，第85页。
⑤ 《藏族简史》编写组：《藏族简史》，民族出版社2009年版，第4页。
⑥ 石硕：《试论康区藏族的形成及其特点》，《西南民族大学学报》1993年第2期。

雟羌①，与今天的康巴藏族有一定的关系；再如"白狼羌"是汉代比较有影响的羌人部落，《后汉书》载白狼生活的区域在"汶山以西"，《北史》称在"附国南"，有学者考证，今康区藏族与白狼有渊源关系。②

隋唐时期，这里出现了一些大的部落联盟，主要有党项、白兰、东女国以及后来形成的西山八国等，还错落分布着众多的小部落，"无大君长，不相统属"③。7 世纪初，崛起于雅砻河谷的悉补野部在首领松赞干布率领下，降服古苏毗（今西藏北部及青海西南部）、羊同（今西藏北部）诸部，将首都迁至逻些（今拉萨），正式建立吐蕃王朝。贞观十二年（638 年），吐蕃向东部的"诸羌"之地发起进攻，"进兵攻破党项及白兰诸羌，率其众二十余万，顿于松州西境……遂进攻松州"④。松州之战是吐蕃势力向康区扩张的开始，"吐蕃初与唐接，自松州始，其军往来皆从康区"⑤。至公元 670 年，唐蕃大非川战役之后，吐蕃"尽收羊同、党项及诸羌之地，东与凉、松、茂、雟等州相接"⑥，统治区域向东推进到今岷江上游、大渡河上游及中游一带。唐永隆二年（681 年），吐蕃在今云南丽江塔城境内设立了神川都督府和"铁桥节度"，屯兵万余，与唐朝开展拉锯战，争夺洱海地区。公元 763 年，吐蕃大军攻陷长安。在从长安撤出后，吐蕃大军又南下联合南诏军队，先后攻破唐雟、松、维、保等地，占领了剑南西部的大片地区。公元 783 年，唐蕃双方订立清水会盟，规定沿岷江、大渡河划界，以东属唐朝，以西属吐蕃。唐贞元十年（794 年），吐蕃与南诏之间爆发神川之役，吐蕃军惨败，南诏乘胜攻

① 范文澜：《中国通史》（第四册），人民出版社 1978 年版，第 4 页。
② 康定民族师专编写组：《甘孜藏族自治州民族志》，当代中国出版社 1994 年版，第 18 页。
③（唐）李大师、李延寿：《北史》，中华书局 2003 年版，第 3194 页。
④（后晋）刘昫：《旧唐书》，中华书局 1975 年版，第 5221 页。
⑤ 任乃强：《羌族源流探索》，《民族研究通讯》1980 年 1 期。
⑥（后晋）刘昫：《旧唐书》，中华书局 1975 年版，第 5224 页。

克铁桥等 16 座城池。吐蕃王朝瓦解后，其本土爆发了王室后裔之间为争夺王权的内乱，原吐蕃东部疆域将士"无所归，共相啸合数千人，以'嗢末'自号，居甘、肃、瓜、沙、河、渭、岷、廓、叠、宕间"①。这次起义"初发难于康，寝而及于全藏，喻如一鸟凌空，百鸟为从，四方骚然，天下大乱"②。

吐蕃时期康区诸羌部落受到吐蕃文化的强烈影响，尤其是吐蕃王朝末年，因朗达玛灭佛而遭迫害的吐蕃僧人纷纷向边远地区逃亡，有不少僧众逃亡到康区。当时逃往康区的僧人中以章饶色、约格迥、玛释迦牟尼三位最为有名，他们带来了重要的佛教经典③，从而最终使康区居民与卫藏地区居民在文化、心理素质和语言上趋于一致。到宋代时"河、秦、邈川、青唐、洮、岷水至阶、利、文、政、绵、威、茂、黎、移州夷人，皆其遗种"④，"在黎州（今四川汉源）过大渡河外，弥望皆

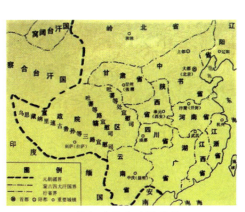

元代行省及宣政院辖地

是蕃田"⑤。从公元 7 世纪开始一直到 12 世纪，康巴藏区经过漫长的"吐蕃化"过程才终于形成⑥。所以学者林俊华认为，康区藏族是"吐蕃文化与康区诸羌部落文化相互融合的结果。而这一融合过程是伴随着吐蕃的军事扩张而开始，并随着藏传佛教在康区

---

① （宋）欧阳修、宋祁：《新唐书》，中华书局 1975 年版，第 6108 页。
② 刘立千译：《续藏史鉴》，成都华西大学，华西边疆研究所 1945 年版，第 1 页。
③ 张云：《论吐蕃文化对西夏的影响》，《中国藏学》1989 年 2 期。
④ （北宋）邵伯温撰，李剑雄、刘德权点校：《邵氏闻见录》，中华书局 1983 年版，第 144 页。
⑤ （清）徐松：《宋会要辑稿》（《蕃夷二之五记》），上海大东书局影印 1935 年版。
⑥ 康定民族师专编写组：《甘孜藏族自治州民族志》，当代中国出版社 1994 年版，第 18 页。

的不断传播和渗透而完成"①。

元朝开始在康巴藏区实施土司制度。中统元年（1260年）到至元十一年（1274年），元世祖招抚黎（今汉源）、雅（今雅安）、碉（今天全）、鱼通（今康定鱼通）、岩州（今泸定岚安）等地藏族部落，分别授以宣慰使、宣抚使、长官司等职。至元十四年（1277年），在康区设置鱼通路万户府、鱼通军民安抚司、长河西里管军镇万户府、长河西里管军招讨司、长河西军民安抚司。至元二十五年（1288年），忽必烈设立宣政院，下设"乌斯藏纳里速古鲁孙等三路""吐蕃等处""吐蕃等路"三个"宣慰使司都元帅府"，康区属于"吐蕃等路宣慰使司都元帅府"管辖。

明清两朝继承了元代的土司制度，但明代迪庆藏区被丽江木氏土司势力占领。到了清朝初年，蒙古和硕特部南下，木氏土司势力退出迪庆。雍正二年（1724年），迪庆藏区在行政区划上被归入云南省。到了清朝中后期，许多土司地区的社会矛盾逐渐尖锐，于是雍正接受"欲安民必先制夷，欲制夷必改土归流"②的建议，于1727年颁布命令全面推行改土归流。但由于康区情况复杂，清政府暂时放弃了对康区诸土司的改流，直到1905年"巴塘事件"后，晚清政府在康区全面推行改土归流。

藏族有自己的语言，藏语属汉藏语系藏缅语族藏语支，有三大方言区：卫藏方言、康方言和安多方言。虽然方言各异，读音不同，但藏文通用于整个藏族地区。康巴藏族日常交流中使用康方言，书面语使用藏文。由于康区以"诸羌"先民为主体，各部落居住分散，支系众多，不相统属，所以在文化上存在着相当大的差异。就语言来说，现在康区藏族中有讲嘉绒语的嘉绒藏人，讲木雅语的木雅藏人。此外，还有讲道孚（尔龚）语的藏族自称"布巴"，

① 康定民族师专编写组：《甘孜藏族自治州民族志》，当代中国出版社1994年版，第18页。
② 赵尔巽等：《清史稿》卷五百二十，上海联合书店影印本1942年版。

分布于甘孜州的丹巴、道孚、炉霍、新龙等县；有讲贵琼语的藏族自称"贵琼"，分布于甘孜州康定、泸定县的大渡河两岸；有讲却域语的藏族自称"却域"，聚居于甘孜州的雅江和新龙县等。

康巴藏区的宗教也非常多元，既保留了藏族的斯巴苯教，也保留藏传佛教宁玛派、萨迦派、噶举派、格鲁派等各个流派，甚至在西藏已近绝迹的觉朗派在今康区（壤塘、阿坝等县）仍得以保存并有较大影响。历史上康区还存在过噶当、希解等教派。

康巴藏族节庆很多，几乎每月都有一个节日。如藏历年、酥油花灯节、沐浴节、雪顿节和望果节，此外还有达玛节、赏花节、上九节、郎扎热甲节、俄喜节、驱鬼节、香浪节、转山会等富有地域特色的节日。其中规模最大、参与人数最多的是正月藏历年、五月赛马会、七月转经会、十月跳神节等，都是这里僧俗群众共庆的节日。

赛马会是康藏高原一年一度最热闹的节日。各地举行的时间不一，如迪庆是在冬去春来、春和景明的五月举行。这时候各地的人们相约来到林荫树下、杜鹃丛中，搭起帐篷，备好野餐，邀约亲朋，尽情游乐。赛马比赛开始前，通常要举行煨桑祭神仪式，比赛项目有藏族传统的马术、马技、速度赛、拾哈达等。除此之外，还举行各种文艺表演，如跳锅庄、跳弦子、跳热巴舞等。理塘赛马会是在每年的公历8月1日举行，规模盛大、项目众多、场面惊险刺激，堪称藏区之首。随着近年来当地经济社会的迅速发展，赛马节已由单

理塘赛马会

纯的观赏骑射、踏青郊游变为展示民族文化、开展经济交流、促进旅游发展的一大盛会。

跳神节是藏传佛教寺院专门组织的一种跳神驱鬼的活动。各寺院的时间不一，如松赞林寺在藏历冬月二十六日至二十九日举行，二十六日为跳神预演，在寺院内进行；二十七、二十八日为诵经法会，也在寺院内进行；二十九日跳神面具舞，面具多种多

跳神节

样，有马、鹿、猴、牦牛、狗、乌鸦、虎等，舞蹈有唢呐、鼓、钹等器乐伴奏，寺院附近的藏民纷纷前来观看，形成僧俗大众共同参加的民族盛会。

传昭大法会藏语称"默郎钦波"，意为"正月十五供奉"。从藏历正月初六到正月二十日期间，康巴藏区各地较大的寺院要举行传昭大法会，同时举行酥油花展，以五色酥油塑造各种人物、动物、花卉，高者数尺，小者数寸，制作精美，形象逼真。附近群众倾家出动，纷纷到寺院与院中僧侣一起举行迎佛、转经等活动。

藏历元月初一是藏历年，是藏族一年中最重要的节日，相当于汉族的春节。

二、藏族历法与藏历年的起源

藏历年的确定，与藏历的使用有密切关系。从有关文献史料及国内外研究成果来看，在吐蕃王朝建立以前，藏族已经拥有历法。藏族先民早期的天文历算是对太阳、月亮、五星、北斗和

二十八宿的运行变化规律、动植物顺应节气变化规律和风云雷电雨雪等自然气象规律进行长期的观察后总结出的一套历法，现在的文献统称为物候历。[1] 当时的历法有：观测鸟与木的"山南历"，观测星和风雪的"羌塘历"，观测山、湖、畜的"岗卓历"（羊卓雍湖），观测日月运行的"苯象历"（阿里）。[2] 据传说，每当庄稼成熟收获的时候，藏族先民们就会载歌载舞，欢庆丰收。时间长了，他们就把麦子成熟的时候作为一年的开始。所以《旧唐书·吐蕃传》说："不知节候，麦熟为岁首。"而《新唐书·吐蕃传》则说"其四时，以麦熟为岁首"。直到现在西藏林芝地区秋后麦子收获以后人们欢庆节日，就是这种物候历影响的延续。

据藏文史料记载，公元前 100 年左右的恰赤赞普时期，西藏有自己的历算法，当时是以月亮的圆、缺、朔、望来计算月份的。在西藏山南雅砻地区发现的《山南雅拉香波纺织老妇人之月算》基本上是按日月天象以计时的阳历，其中提到的 7 天为一周的计时段，对藏族天文历算影响非常大。敦煌藏文文献中，记录了七曜的名称：日曜、月曜、火曜、水曜、木曜、金曜、土曜，是藏族至今通用记月的藏文名称。[3] 在藏族古史《亚桑的故事》中讲述了"纺织老人月算"的方法：

每月按 8、15、22、30 号开头分为 4 部分，每月的 8 号上弦半月半夜亮、15 号满月彻夜月光明、22 号下弦半月半夜亮、30 号天空无月夜，此三合按顺次，第一称为暖风起（春天），第二称为雨水降（夏天），第三称为果实熟（秋天），第四称为寒风起（冬天）。[4]

这个故事清楚地记录了月相的变化，以及四季更替情况。《象雄老人口算》也以谚语形式首次阐述了一年共有 365 天，当时人

---

① 索郎桑姆、格朗：《藏族传统天文历算的形成与发展》，《西藏大学学报》2013 年第 3 期。
② 阿旺次仁：《古代物候历观测与西藏历法》，《中国藏学》1988 年第 1 期。
③ 傅千吉：《敦煌藏文文献中的天文历算文化研究》，《西藏大学学报》2015 年第 2 期。
④ 英巴：《藏族天文历算学入门》（藏文版），民族出版社 2000 年版，第 19 页。

们可以根据天体的运动来推断位于北半球的青藏高原冬至日点昼最短、夜最长，夏至日点昼最长、夜最短的天文特性，以及地球的公转周期和基本规律。但是该历算中并没有出现月份的概念，而是将日期与自然界动植物的生态变化联系起来。[①]这些物候历中的民间历法谚语在 17 世纪末第巴·桑杰嘉措编纂的《白琉璃》中有系统的收录，沿用至今。该书中收录的谚语如：

冬至过后再一个月又零七天，红嘴鸟开始筑巢，再过一个月又零八天大雁至，再过十五天，到春分并大地回暖，鹞鹰再次回到西藏，再过二十一天水鸥至，再过七天为播种日，春分过后再三个月到夏至，再过两个月，西藏大地不再听到鸟叫声，再过三十天到秋分。[②]

这些民间物候谚语其实是藏族先民在对大自然长期观察的基础上形成的，非常科学，一年的时间被精确分成冬至、春分、夏至以及秋分 4 个季度，并且已经出现了月份的概念。

公元 641 年，文成公主进藏，她带去了大量天文星算经典，其中的《月光密诀五行推算法》讲述了五行运算与十二生肖的配合运算，十二生肖与十二时辰的关系等计时计年等历法；松赞干布于公元 643 年也派人到内地学习天文历算学，内地天文历算家也多次来到西藏。这一时期汉藏两地人员往来较以往频繁，五曜、八卦、九宫、七曜和二十八宿等天文知识，也是在这一时期相继被翻译成藏文在藏区传授，并融入西藏传统物候历法中。这一时期也出现了大批天文历算家和大量的天文历法著作以及一些天文仪器。[③]由于吸收了中原内地汉族的天文知识，青藏高原有了欢度新年的习俗，是以现藏历十一月一日为新年。直到现在日喀则

① 阿旺次仁：《古代物候历观测与西藏历法》，《中国藏学》1988 年第 1 期。
② 英巴：《藏族天文历算学入门》（藏文版），民族出版社 2000 年，第 27 页。
③ 索郎桑姆、格郎：《藏族传统天文历算的形成与发展》，《西藏大学学报》（社会科学版）2013 年第 3 期。

地区一些地方，也还按照这种推算法过年。

到了公元 9 世纪，吐蕃政权瓦解，此时的汉地也进入唐末五代分裂割据时期，吐蕃地区与汉地的往来几乎停止，现成的汉文历书难以得到。在这种情况下，许多印度的梵文文献被翻译成藏文，梵文经中的《时轮经》就属于这一时期最风行的密宗中的无上瑜伽，并且能推算日月食的完整天文历算体系，正适合当时藏区的需要。[①] 到 9 世纪初期，由藏族天文学家桑杰益西、坚赞贝桑等人以内地的夏历和印度的时轮历法及古老的物候历法为基础，创制出藏族的传统历法。

公元 1027 年前后，藏族大译师吉觉·达瓦悦色将印度密教的《时轮摄略经》翻译为藏文，同一时期被翻译成藏文的还有白莲法王所著《时轮经无垢光广释》、释迦室利跋陀罗所著的《时轮历算法秘笈》《日月食推算法》及《五星位置算法秘笈》等天文历算著作。[②] 因此，时轮历逐渐被当时的西藏社会所接受。这年天上正好是阴火兔年，藏族先民对 1027 年雅称为第一"绕迥"，意为胜生年，把这一年定为藏历新年的第一个年头。

到了元朝，藏历完全成熟，确定一年为十二个月，大月三十天，小月二十九天。每一千日左右，便有一个闰月，用来调整月份和季节的关系。藏历把天体分为白羊、双鱼、金牛、摩羯、双子、狮子、巨蟹、宝瓶、人马、室女、天蝎、天秤等十二宫，用十二地支属相子鼠、丑牛、寅虎、卯兔、辰龙、巳蛇、午马、未羊、申猴、酉鸡、戌狗、亥猪，配以五行木、火、土、金、水来纪年，这与中原农历的天干、地支纪年法相似。从那时起过年的仪式也固定下来，一直沿袭到现在。

清朝初期颁行的时宪历于康熙五十年（1711 年）便完成了蒙

① 黄明信：《西藏的天文历算》，青海人民出版社 2002 年，第 20 页。
② 琼那·诺布旺典：《唐卡中的天文历算》，陕西师范大学出版社 2007 年版，第 44 页。

语翻译工作。乾隆初年，有一位雍和宫的蒙古喇嘛把它进行简化改编，不久有人用藏文写下来，题为《汉历中以北京地区为主之日月食推算法》，通称为《马杨寺汉历心要》，从此《马杨寺汉历心要》就成为藏传时宪历的祖奉。[①] 随后又传到甘肃南部的拉卜楞寺，1879 年在喜金刚院设立这种汉历的传习课程，每年自己编制"皇历"，直到 1958 年，八十年间没有中断过。时宪历在 20 世纪初才传到拉萨地区，并在藏医院里设立了传习课程，这种方法对日月食的推算结果更加精确，推算的结果也常常被载入每年编制的藏文年历里面。

现在的西藏天文历算基本是以物候历为基础、印度时轮历为主体、五行运算和时宪历以及周边其他地区历法为补充的一种历算方法。目前，西藏所有的节日都按藏历计算；青海、云南、四川藏区一般按中原农历推算，所以藏区的新年举行的时间不完全相同。如四川阿坝藏族羌族自治州的藏历年定为每年二月一日举行，藏语称为"索纳罗沙"，意为农历新年，与内地的春节相似，为期一个星期左右，但是活动内容与其他藏区类似。节日头三天，村寨里的人一般不外出，大家聚集在一起看"跳神"。跳神是一种具有宗教色彩的舞蹈，参加者头戴面具，身穿法衣，在铙、钹、锣、鼓、海螺的伴奏下，跳一阵，休息一会，又跳一阵，直至跳完。历史上日喀则地区年楚河流域农区是以藏历十一月一日为新年，其节日民俗也与其他藏族地区相异。在年节期间，仆人们不参加劳动，穿戴起豪华奢侈的服装，受到了他们主人的尊重，主人向他们赠送礼物，并设酒肴宴请他们。[②]

藏历距今已有近 1000 年的历史。同中原农历一样，藏历也把元月定为孟春，把元月一日定为新年之始。藏族称藏历年为"阿

① 黄明信、陈久金：《藏传时宪历源流述略》，《西藏研究》1984 年第 2 期。
② 宁世群：《藏族传统节日》，《青海社会科学》1990 年第 2 期。

达拉斯"，意思就是僧侣新年。节日从藏历正月初一开始，一般延续一个星期。

三、康巴藏历年的仪式过程

各地藏族过藏历年，一般都是藏历十二月开始准备的。要准备很多年货，尤其是面食、糯米和肉等。在康巴藏区，迪庆的藏历年是最为隆重的。学者取宗对迪庆藏族自治州德钦县燕门乡赤尼村的藏历新年活动进行了细致的观察，可以为我们展示康巴藏区藏历年活动的基本仪式与结构。据他的文章描述，该村过藏历年有这样一些仪式和活动：

藏历年的准备工作一般在前一年的十二月初就开始了。除购置吃喝玩乐的年货外，十二月份下旬就开始家庭的清洁工作，当地藏语称之为"古夏东"，"古"为九，意指二十九日，"夏"为打扫、扫除之意。每个家庭要进行一次彻底的大扫除，房屋里外、角角落落都要搞干净，包括擦家具、洗衣服，这项工作可能需要两三天，甚至四五天。在这个过程中，打扫厨房里的神龛、火炉的日子需谨慎挑选，必须是除去所有家人生肖日子的吉祥天。

除夕之前，每家都要派人去山上背一桶泉水，在过年的时候用来洗漱、煮肉和做汤，当地藏族认为干净的泉水不仅能够洗掉身上的污秽以及病痛，而且能洗掉心灵的污垢，让内心变得纯洁。每家还要派一名成员上山砍伐一些松柏树枝回来，以备初一早上煨桑用。煨桑一是除污驱邪，二是祭祀献供。家里的牲畜在藏历年期间也会得到厚待，尤其是农耕地区的牛，要喂以家里最干净的水以及比平时多两倍的粮草和盐巴。

背水姑娘（黄冑　作）

除夕之前，最重要的除了背泉水和砍煨桑用的松柏枝外，还要制作"切玛"。家家户户都要在绘有彩色花纹的木盒里盛放炒麦粒和酥油拌成的糌粑，上面插上青稞穗和酥油塑制的彩花，这个藏语叫作"切玛"，还要用水浸泡一碗青稞种子，使其在新年时节长出一两寸长的青苗。"切玛"和麦苗供奉在神案正中，祈祷来年五谷丰登。节前妇女还要制作"卡赛"，这是一种酥油炸成的面食，分为耳朵形、蝴蝶形、条形、方形、圆形等各种形状，涂以颜料，裹以砂糖，既是装饰神案的艺术品，又是款待客人的佳肴。"卡赛"的品种、花色常常成为女主人勤劳、智慧和热情的象征。

藏历十二月是小月，只有 29 天，因此二十九日往往就成了除夕。当天上午，家庭成员可以自己安排，临近中午十二点开始准备晚饭。首先蒸米饭，要足够晚上自家人和第二天来家里的客人吃。其次煮一大锅肉，包括各种香肠、里脊、猪肝、猪尾巴、猪舌头等。据说在传统上当天的晚饭必须要凑齐猪的九个部位，所以称之为"古突"，"古"藏语中是"九"的意思，表示二十九日，"突"是"突巴"的意思，是用牛羊肉、萝卜、面团及其他佐料做成的一种带汤的食品，与汉族的年饭相似。其中面团要捏成太阳、月亮、经卷等各种具有象征性的形状，比如太阳象征威武，月亮象征声誉，经卷表示智慧。吃晚饭前，村子里各家各户都要放鞭炮。在妇女们准备"古突"的同时，男人孩子把买好的山水画、人物画、动植物画贴在屋墙上，还要在各个门口贴上藏文或者汉文写的对联，营造出浓烈的节日气氛。

制作古突

除夕的晚饭前还要在墙面上画"吉祥八宝"，在大门上用干面粉画上象征吉祥的"卍"字，有的还在房梁上画很多白粉点，表示粮食满仓。晚上吃完饭后，等着寺院法事活动的结束，村民与僧人一起把自家已经清理出来的垃圾还有要丢弃的衣服，扔到村外的垃圾场去。回来时不能回头，口中还要念诵经咒，表示祛邪除灾，将疾病灾难等扔掉。

新年初一天不亮，妇女们到河边、井边背回"吉祥水"，藏语称之为"夏曲"，这跟其他藏区的习俗相同。藏族认为第一桶水里有雪狮的奶，喝上能健康长寿、幸福吉祥。家庭主妇要在神龛上面摆放各种水果和零食，作为献给神灵的供品。天刚蒙蒙亮，家中的男子到当地的神山上插经幡、烧天香，祈求新的一年全家

祭祀天上、地下和人间的神灵

插经幡

幸福平安、六畜兴旺，还要在房顶上挂上五种颜色的经幡，分别象征蓝天、白云、红火、绿水、黄土，上面印有藏语经文，祝愿在新的一年里风调雨顺、好运连连。全家人起床后换上新衣服，按辈分排定座次，母亲便端起吉祥双斗，向全家祝福："扎西德勒彭松措！"家人抓一把糌粑抛向空中，回祝道："阿妈巴珠贡康桑！"仪式结束后，便吃突巴和酥油煮的人参果，互敬青稞酒。

吃完早饭，晚辈们打扮得漂漂亮亮去拜年。初一拜年的主要对象是当地寺院里的活佛。活佛们回赠各种"甘露"、画像、唐卡、哈达等；初二是给同村的长辈或者亲戚中的长辈拜年。拜年的时候要带上礼物，包括"布鲁"（点心）、粉丝、酒、肉等，表示对长辈的尊敬和爱戴。初三以后一般就是村内各家之间互相拜年。东家出来，西家进去，每个人都兴高采烈。尤其是孩子，这一天是最高兴的，因为可以得到长辈们表示祝福的红包。

从初三开始，每天晚上，村民都要举行篝火晚会，男女老少围着篝火跳热烈奔放的弦子舞和锅庄舞，热闹非凡，通宵达旦。那些民族的传统文化，就在这样的歌舞中一代又一代地传承下去。

初四这天，全村大小人等要集中会餐。一些村子每年都由多个家庭轮流组成"古玛"，负责这年村里的大小事务，尤其春节的时候要准备全村人聚餐的菜肴美酒。虽然菜肴的品种不多，但是气氛非常热烈，全村人聚在一起，吃饭喝酒，聊天娱乐，增强村民的凝聚力。

初五这一天被认为是牛的节日，要举行"斗牛"活动。上午，全村的牛尤其是身强体壮的公牛都会出动，在一块比较大的空地上互相顶，全村的男女老少都会聚集在一起，一边看斗牛比赛，一边喝酒聊天。最后，谁家的牛胜出了，就会得到村民的热烈祝贺，赞扬他家的牛喂养得好。下午全体村民回到操场，唱歌跳舞，游戏娱乐。

初六这一天被认为是马的节日，要举行"赛马"活动。上午各家都把马刷洗得干干净净，打扮得漂漂亮亮，然后牵到空地上，让孩子们做骑手，展开马术、速度、拾哈达等比赛，胜出的马还要披上绸缎，骑手也获得众人的夸赞。下午继续举行娱乐活动。

初七村民举行拔河、篮球比赛。这是近年来兴起的活动，可由青年、中年、老年人分别组队，是大人小孩最开心的日子。赛

节日里的歌舞

场上加油声、呐喊声直冲云霄，嬉戏声、欢呼声不绝于耳。这种比赛没有严格的比赛规则，所以比赛的过程，甚至一些故意的犯规动作都让人笑得合不拢嘴。

村民自由活动两天后，村庄里的法事活动从初十开始，叫作"贡松东"。在藏族文化里"十"是最殊胜的日子，每月的初一、初五、初十都是吉祥的日子。当天，村民都要到寺院、康参、白塔举行法事活动，念诵经文。在这之前，每个家庭都有"松东"，为了满足村民法事活动的需要，村中寺院里的僧人一部分去其他村中诵经祈福，还有一部分留在村里分成两三个小组，每个小组去几户人家，每天最多可以在四户人家举行驱邪除鬼、诵经祈福的法事活动。①

有些村子在藏历年时还有一些具有地域特色的活动，如迪庆奔子栏村每年举行"拉斯节"，是当地每年最盛大的节日。"拉斯"原名"纳柔"，即"弓箭"之意，"纳柔"起源于历史上的军事活动。当号角吹响之时，所有的成年男性要迅速骑马挎枪集结，迅速完成从民到兵的转变。军事集结以后，登上山顶占领军事制高点以抵御敌人的侵袭。军事活动完成后便烧香祭祀，感谢山神的保佑与庇护。妇女们则在村头载歌载舞迎接凯旋的勇士。②

正月十五，康巴藏区各大寺庙还要举办传昭大法会，如松赞林寺每年都要举行迎接强巴佛的祈祷法会，这是藏传佛教格鲁派重要的佛事活动之一。当日凌晨，寺里的僧人就开始诵经，早上9点钟，迎佛仪式开始。等待朝佛的信众聚集在松赞林寺大门前。法会仪仗队伍顺时针绕寺院一周，上万信教群众一路诵经尾随其

① 取宗：《试论藏族新年的民俗价值——以迪庆藏族自治州德钦县燕门乡赤尼村为例》，《四川民族学院学报》2017 年第 3 期。
② 李志农、乔文红：《传统村落公共文化空间与民族地区乡村治理——以云南迪庆藏族自治州德钦县奔子栏村"拉斯节"为例》，《学术探索》2011 年第 8 期。

后。信教群众纷纷把手里的哈达敬献给强巴佛像，并祈愿新年吉祥、平安、如意。

随着时代的变迁，藏历年的习俗也在发生着变化，比如原来的"布鲁"现在代之以面条、粉丝和酒等，有时候是方便面。以前长辈们只会给第一次来这个家拜年的新人红包，但现在去拜年的孩子基本都会得到一份祝福。

藏历年是藏民族在长期生产生活中，不断总结和积累天文历算以及民俗活动的基础上形成的，以物候历为基础，借鉴汉地农历、印度时轮历后得到了进一步的发展和完善，并且渐渐地形成了独具地方特色的年节文化。康巴藏历年是一项综合性民间节庆活动，它展现了浓郁的宗教、习俗、服饰、歌舞、饮食等民族特色，保存和延续了传统的民俗活动，较完整地反映了藏族文化，体现出了康巴藏族独特的地域文化色彩，是南方丝绸之路上最具特色的民族节庆之一。

三朵节

　　纳西族是生活在南方丝绸之路灵关道上的一个古老民族。因生活地域不同，有"纳""纳日"（"纳汝"）、"纳恒""纳罕""纳西"等不同自称的支系，五种自称中的"纳"，是"黑"的意思，引申为"大""厚重"的意思，而"西""恒""罕""日（汝）"都是"人"的意思，所以"纳西"可理解为"厚重伟大的民族"之义①。中华人民共和国成立后，根据民族自己的意愿，被定

欢庆三朵节

① 杨福泉：《关于藏彝走廊中的纳文化》，《西南民族大学学报》2017年第2期。

名为纳西族。据 2010 年全国第六次人口普查数据，纳西族现有人口为 326295 人，主要分布在滇、川、藏三省毗邻丽江、迪庆、凉山、甘孜、昌都、攀枝花等州市。绝大部分分布在滇西北，其中丽江市古城区和玉龙县占全国纳西族总人口的 64.4%。

一、纳西族历史及文化

纳西族先民是我国远古氐羌族群的后裔，最早生活在甘青高原，先迁徙至岷江上游地区，又向西南方向迁徙至大渡河与雅砻江流域，再向南迁徙至金沙江上游两岸地区。秦汉以降，纳西族先民生活在越巂郡和汉嘉郡，据《后汉书》记载："忍季父印畏秦之威，将其种人附落而南……与众羌绝远，不复交通。其后子孙分别，各自为种，任随所之，或为牦牛种，越巂羌是也。"《三国志》载："蜀汉时单是汉嘉郡界有牦牛夷种类四千余户"。到了晋代，牦牛羌中的一支被称为"摩沙夷"。《华阳国志·蜀志》记载，他们生活在越巂郡定笮县，"县在郡西，渡泸水（即雅砻江）宾刚徼，曰摩沙夷"。文献中的"牦牛种""摩沙夷"被学者认为是纳西族的祖先，如方国瑜先生认为"摩沙"即后来文献中的"麽些"，"麽些之些字，当时音读如娑，至今称其族为摩梭，英文译音作 Moso，法文译音作 Mosso，是知其族之名称，自古未改也"[1]。纳西族自己的历史文献《木氏宦谱》也记载：摩娑人居定笮（即今盐源县），世为昆明总军官，传至唐武德时叶古年凡 17 世。在《元史·地理志》中有关"柏兴府"（即今盐源、盐边等地）的记载也证明这种说法："昔摩沙夷所居。汉为定笮县，隶越巂郡，唐立昆明县、天宝末没于吐蕃，后复居南诏，改香城郡。元

---

[1] 方国瑜：《麽些民族考》，《民族学研究集刊》1944 年第 4 期。

至元十年，其盐井摩沙酋、罗罗将獞鹿、茹库内附。"另外，纳西族人死后为死者开路，路线是永宁→四川前所→瓜别→木里丫口→溪龙→斯波安那瓦，斯波安那瓦在今四川松潘地区。这条祭祀路线与纳西族先民由北向南迁移的路线相吻合。

到了唐、宋、元、明、清时，纳西族先民被称为"麽些"，近代则被称为"摩梭"等。唐朝时期纳西族先民已经生活在今天纳西族分布的地区，在樊绰《蛮书·名类·第四》记载："磨蛮，亦乌蛮种类也，铁桥上下及大婆（今鹤庆）、小婆（今永胜）、三赕（今丽江）、探览（今永宁）、昆池（今盐源）等川，皆其所居之地。"自唐调露二年（680 年），吐蕃向南发展势力，置神川都督于铁桥城。贞元十年（794 年）南诏异牟寻破吐蕃于神川，收铁桥以东十六城垒，设铁桥节度，管辖区域包括今丽江、鹤庆、宁蒗、永胜等县。这些纳西族先民还是以游牧为生，"土多牛羊，一家即有羊群"。两宋时期，吐蕃政权瓦解，南诏为大理所取代。"故南诏以后，麽些之境大理不能有，吐蕃未能至，宋亦弃其地，成瓯脱之疆，自为治理，经三百五十年之久。"[1] 在这种形势下，分散的各部于宋仁宗至和年间（1054—1056 年），"更主摩挲大酋长，段氏虽盛，亦莫能有"[2]。大理国时期，纳西族先民自为治理，势力也很强大。

1253 年，忽必烈率军从滇西北攻入云南，经四川木里到永宁日月和一带驻扎，从今丽江奉科乘革囊渡金沙江，据《元史·世祖本纪》记载："丁酉，师至白蛮打郭寨（今丽江大具），其主将出降，其侄坚壁拒守，攻拔杀之，不及其民。庚子，次三甸。辛丑，白蛮送款。"忽必烈授纳西首领"茶罕章管民官""茶罕章宣慰司"等职。1274 年，元廷正式设置"丽江路军民总管府"，由纳西族首领麦良任

---

① 方国瑜：《麽些民族考》，《民族学研究集刊》1944 年第 4 期。
② 云南省博物馆：《木氏宦谱》（影印本），云南美术出版社 2001 年版，第 8 页。

宣抚司之职，其子孙世袭。纳西族聚居之地，从此被称为"丽江"。1285年，更置"丽江军民宣抚司"。1381年，朱元璋派遣傅友德、沐英、蓝玉率30万大军进军云南，元丽江宣抚司土司阿甲阿得"率众首先归附，总兵官傅友德奏闻，钦赐以'木'姓"。[1]洪武十五年（1382年）设丽江府，后改置军民府。明代是丽江社会经济快速发展的时期。1723年，清廷在丽江实行"改土归流"，将木氏知府降为通判，改设流官，从而结束了木氏400多年的土司统治。

纳西语属汉藏语系藏缅语族彝语支，处于彝语支与羌语支的交结点上，以无量河（水洛河）、金沙江相连成线为界线，分为东、西两个方言区。东部方言区毗邻汉藏语系藏缅语族羌语支地区，以宁蒗、永宁为代表，在语音和词汇上差异较大，永宁、瓜别、北渠坝地区互相通话还有一定困难。西部方言区多与彝语支地区接壤，以丽江城为中心，方言内部比较一致，语音和词汇上虽有差异，但仍可互相通话。

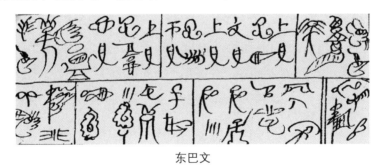

东巴文

纳西族传统宗教的祭司称为"东巴"。东巴用于抄写经书的文字有两种，一种是图画象形文字，纳西语称之为"斯究鲁究"（"木石上的痕迹"或"木石之痕迹"的意思），东巴多用其抄写经书，故今人称其为"东巴文"；另一种是标音文字，纳西语称为"哥巴"（格巴）文。东巴经书是纳西族文化的百科全书，其文字

---

[1] 云南省博物馆：《木氏宦谱》（影印本），云南美术出版社2001年版，第14页。

是世界上唯一活着的象形文字。方国瑜先生于1933年开始对东巴古籍进行了科学的分类编目，他把东巴经分为祭天、解秽、祭龙、祭风、替生（消灾）、求寿、赶瘟症、解死厄、祭释理（东巴祖师）、燃灯、祭老姆女神、开路（开丧）、荐死、祭帅崩、零杂（派生）、"左拉"共十六类经，并编目394册。[①]

纳西族人民的节日有许多与汉族相同，如春节、清明节、端午节、中秋节等，但活动内容与汉族不完全相同，具有浓厚的民族特色。春节在纳西语中叫"由本吉正"，又叫"库市"，意为"新年"。同西南许多彝语支民族一样，纳西族也过火把节，纳西语称此节为"川美生恩"，时间也是农历六月二十四至二十六日。农历正月十五，纳西族还要过传统节日，民间称之为"棒棒会"，标志着春节庆祝活动的结束，春耕生产的开始。七月骡马会也是纳西族的节庆活动，在农历七月中下旬举办，为期一至二周，以骡马、牛等大牲畜为主，因此又叫"七月骡马会"。

祭天会是纳西族东巴教最大的仪式之一，也是纳西族民间最大的传统节日。纳西人自称"纳西美本若"，意为"纳西是祭天的人"；又说"纳西美本迪"，意思是"纳西以祭天为重"。[②]按传统习俗，一般每年举行两次祭天仪式，第一次是在阴历二月初八，称为大祭天；第二次是在阴历七月，称为小祭天，其中尤以二月初八的大祭天为重，如中甸（现香格里拉市）三坝乡的纳西族祭天仪式在东巴圣地白水台举行，每年的农历二月初七和初八共活动两天。初七主要由波湾村的村民在白水台举行祭祀活动，初八是当地整体民众的节日，东巴主持包括除秽、祭自然神、祭天、顶灾、祭战神、祭村寨神、向神灵忏悔赎罪等仪式。初八那天，附近所有村民都要穿上民族盛装集中到白水台，以纳西人为主，

① 方国瑜等：《纳西象形文字谱》，云南人民出版社1995年第2版，第597—645页。
② 杨福泉：《纳西族祭天仪式的功能和特点》，《云南社会科学》2009年第4期。

纳西族祭天仪式

也有周边的汉、藏、彝、回、傈僳、普米等族的人，还有慕名而来的远道客人，以家族为单位到各自固定的火塘烧火准备野炊，同时人们都要到圣泉边的煨桑塘进行烟祭，男人到圣泉边杀鸡血祭。这一天也是放牧者祭祀牲畜神和过节的日子。[①] 其他村寨的祭祀仪式也大体相同。

　　生活在泸沽湖的纳西族支系摩梭人有一个盛大的"转山节"，当地语言称"俄过"，"俄"为山，"过"为转的意思，主要是祭祀山神。这天摩梭人都要穿上民族服装，带上丰盛的美酒、佳肴前往格姆山，烧香祈祷、敬献祭品，跳狮子舞、牛头马面舞和凤凰舞，然后举行赛马、荡秋千、打跳、对歌等民俗活动。[②]

　　在这些节日中，每年农历二月八举行的"三朵节"是纳西族法定的民族节。

① 和继全、和晓蓉：《传统节日的文化传承与多元民族宗教和谐功能——以香格里拉白地纳西族传统节日"二月八"为例》，《思想战线》2009 年，人文社会科学专辑。
② 李红营：《泸沽湖摩梭人传统节日之"转山节"》，《天津中德职业技术学院学报》2016 年第 4 期。

二、"三朵神"的演变和"三朵节"的形成

三朵节的形成与祭祀三朵神有关。关于三朵神，纳西族民间有很多种传说。第一种传说讲"三朵神"是一块"白石"，是猎人阿布高丁从玉龙雪山背来的：

古时候有个勇敢的纳西猎人名叫阿布高丁，他力大无比。有一次阿布高丁在玉龙雪山打猎时追赶一只白獐，白獐跑到一块白石后就消失了，他就将这块奇异的白石往回背，走到白沙乡的玉龙村时，石头变得格外沉重，怎样也背不动。纳西人认为这是玉龙山神显灵，就在这块白色石头上修建"三朵阁"（汉语又称为玉龙祠）以供奉。①

这个传说在光绪《丽江府志》也有记载：

北岳庙，一名玉龙祠，旧址在府城北三十里雪山麓。唐时建。相传昔时有人于山中得异石，负而归，至此少憩，遂重不可举，乡人神之，为异石祠，及南诏封为北岳，即以此石为神庙，元世祖征大理时，特经此，敕封为"大圣北岳定国安邦景帝"，至今二月八城乡祀之。②

三朵庙里的阿布高丁像

历史上祭祀"三朵神"的北岳庙正殿两侧有几尊塑像，据说就是"三朵"的家将阿布高丁、克什将军等。这个传说在乾隆《丽江府志略》中也有记载：

南方丝绸之路研究丛书 民族节庆卷

---

① 赵红梅：《场域视野下的纳西族"三朵节"再认识》，《贵州社会科学》2016年第9期。
② （清）陈宗海、冒沅修：《丽江府志》，光绪二十二年（1896）稿本。

麦琮常游猎山中，见一獐色如雪，以为奇。逐之，变为白石，重不可举。献猎人所携石，祝之又举，其轻如纸。负至今庙处少憩，遂重不可移。因设像立祠祀之。[①]

这个麦琮是木氏土司的先祖，在《木氏宦谱》中有关于他的记载。"他生七岁，不学而识文字"，"及长，旁通百蛮诸书"，且"谙禽兽等语"，是木氏祖先中开疆辟土、奠定基业的人。还有人说，"三朵"在白沙与外族人的战斗中身负重伤，是阿布高丁将"三朵"背回来的。

第二种说法认为，"三朵神"来自西藏，是玉龙雪山的山神。

据清朝同治贡士杨品硕在《丽江北岳神考》一文中考证，"三朵"是西藏桑莺寺（桑耶寺）的护法神之一，护法神一共有兄弟三个，"相传神行三，同两兄自西域而南过缅国，转北到丽（江），两兄旋逆金（沙）江归西域，神止于白沙里雪山"[②]。民间也流传着他定居丽江后在丽江、鹤庆、剑川、中甸、西藏传教助民、济贫行医、深得民心的传说。还说吐蕃进逼南诏以雪神川铁桥之辱的时候，丽江的百姓惶恐，四处逃避。三朵挺身而出，利用藏族身份，说服吐蕃统治者放弃其军事计划。

这个说法也得到语言学上的证实，"三朵"在纳西语里没有确切的解释，但在藏语中意为"老三居住的地方"。唐人樊绰所撰《云南志》里首次出现丽江地区的藏语名称"三探览"（即"三赕"），至今藏语里仍保留丽江的这个名称：藏语里称丽江为"三赕"（Sadam），称纳西人为"三赕娃"，"三朵"即是三赕的纳西读音。

第三种说法认为"三朵神"是一个元朝将领。

据和汝恭先生在《恩溥三多》（三多即三朵）一文中说，"三

---

① （清）管学宣修，万咸燕纂：《丽江府志略》，乾隆八年（1743）刻本。
② 转引自赵红梅：《场域视域下的纳西族"三多节"再认识》，《贵州社会科学》2016年第9期。

多"是元朝忽必烈革囊渡江时在丽江阵亡的一个军官，被封秩在丽江，后被丽江木氏土司尊为保护神。因为军官职位没有木氏土司为元所封的光禄大夫高，所以木氏土司对三多神祭而不拜。另外，庙门内两侧的 12 个人物塑像就是元代马队，而且庙门所塑"三多"像身穿蒙古装束。

从这些民间传说和文献资料中，我们发现"三朵神"的来历比较混乱，有白石、山神、蒙古将领等不同的说法。但是通过这些故事我们可以发现，三朵信仰有一个不断的再生产过程。

据史料记载和传说，三多神首先是一块白石，化身为一个面如白雪，穿白盔白甲，手执白矛，骑白马，身着白衣的将军。[1]"白石"应该是"三朵"崇拜的原始样貌。纳西族的祖先是羌人中的一支，"羌文化以白石崇拜为标识，白石是天神、祖先神乃至一切神的象征"[2]，传说的地点都在丽江玉龙雪山，都是背来了"白石"立祠祭祀。所以纳西学者木丽春认为，"三多"信仰是源于东巴教中的白石崇拜[3]。准确地说，应该是来自纳西族先民古羌人的"白石"崇拜。

这一点还可以从"三朵神"属羊的民间传说得到印证。《说文解字》对羌的解释是："羌，西戎牧羊人也，从人从羊，羊亦声。"古羌人是一个以养羊为主的游牧民族，把羊作为自己的图腾，以羊祭山是古羌人的重大典礼，所供奉的神全是"羊身人面"。在羌族的传说中，白石帮助羌人战胜了戈基人，而纳西族中的三朵神也总是在战斗中帮助纳西人战胜敌方。纳西东巴文化仍然存在着对羊的崇拜，很多典籍都记载了纳西族与羊的关系。[4]纳西族东巴经和许多民族学资料也反映出纳西先民的尚白习

① 周源：《纳西族神祇"三朵"考》，《云南师范大学学报》2002 年第 3 期。
② 钱安靖：《试论以白石崇拜为表征的羌文化》，《宗教学研究》1988 年第 4 期。
③ 木丽春：《白石图腾崇拜与阿普三多》，《丽江志苑》1989 年第 6 期。
④ 周源：《纳西族神祇"三朵"考》，《云南师范大学学报》2002 年第 3 期。

俗^①。综上所述，三朵崇拜应该是纳西先民古羌人白石崇拜的遗存。

那么，白石头为什么又成为玉龙山神呢？这跟藏文化的影响有关。唐调露二年（680年），吐蕃占领滇西北地区，在今丽江塔城设神川都督府和"铁桥节度"，很多麽些部落聚居在此辖区内。在宗教方面，唐代吐蕃的苯教对纳西人影响很大，公元8世纪吐蕃上层统治集团扬佛灭苯，苯教在西藏失势后，很多苯教徒就被流放或逃亡到滇川康与西藏交界的纳西族地区。古羌部落原有的原始宗教相同因素以及早期的藏族苯教、后期的雍仲苯教等与纳西族的原始宗教（本土宗教）相融合，就逐渐形成了集纳藏本土古代宗教文化因素于一体的东巴教。^②在苯教信仰中，山神崇拜是最普遍的，也是最重要的。所以古羌人的白石就变成了苯教中的山神，著名纳西学家约瑟夫·洛克（JosephRock）早就发现了这一点。在其著作《中国西南古纳西王国》一书中说："三朵这个神灵不是一个本地的，却是以遥远地方，即西藏东部的草地为其起源，纳西族人在汉朝末期就是从那里南迁到丽江的，因此，纳西人就这样把'三朵'这个名称（藏语喊三赕）带到丽江来，很可能最初以它为丽江雪山的名字，然后把三朵神作为山神和纳西族移民的保护神。"^③学者杨福泉也认为："至于藏语'三赕'亦指称丽江，那应当是当三朵神成为丽江的守护神之后，成为丽江的代称所致。"^④

为什么又会出现三朵神是蒙古军官的说法呢？这与蒙古大军占领丽江有关。元宪宗三年（1253年），元世祖忽必烈率十万铁骑从四川木里、盐源一带进入丽江宁蒗永宁，驻跸日月和。据光

---

① 杨福泉：《纳西族东巴经中的"黑""白"观念探讨》，《世界宗教研究》1986年第2期。
② 杨福泉：《略论纳西族和藏族的历史关系》，《云南民族大学学报》2004年第3期。
③ ［美］约瑟夫·洛克：《中国西南古纳西王国》，刘宗岳等译，云南美术出版社1999年版，第121页。
④ 杨福泉：《外来与本土宗教思想的融合——云南丽江纳西族巫师桑尼所用的一幅卷轴画考释》，《云南社会科学》2014年第6期。

绪《永北直隶厅志》记载："厅属永宁界，有地名日月和，元世祖驻跸处。元军在丽江当地曾建筑一桥，取名为'开基桥'，意为开基帝业。"元军在丽江永宁稍事休整后，革囊渡江，占领了丽江坝区。作为这一地区统治者，他们不仅从政治上要治理民众，而且从思想上也要改造观念，所以祭祀的对象就由山神变成了蒙古族的军官。

到了明代，木氏土司成为这一地区的实际统治者。为了彰显祖先的丰功伟绩，木氏土司对祖先进行了神化。这样，发现白石的人就变成了木氏的祖先，而原来的猎人就成为他手下的大将。在南诏时期，异牟寻自称"日东王"，僭封"五岳四渎"①，玉龙雪山被册封为"北岳"；1253 年，忽必烈南征，革囊渡江，路过丽江，尊北岳庙所供神灵为"北岳神"，封号"大圣雪石北岳定国安邦景帝"。木氏祖先继承了这种传统，于 1535 年重修北岳庙，在《重修北岳庙记》中说道：

夫北岳即玉龙也，玉龙即雪山也，巍巍乎！雪山乃一滇之所望也，然雪山之灵者，神也，神即雪山之气也，气爽则神灵，神灵则人杰也。况我木氏，世守丽江，此非岳之钟而神之毓者乎。景帝即岳神之檀号也，然所目建庙于岳麓之下，其官长齐民，卑躬肃祀，求而无所不灵，祷而无所不验。②

从这段文字中可以看出，祭祀玉龙雪山，是为了彰显木氏土司的"岳之钟和神之毓"，也就是凝聚了玉龙山灵气，孕育着优秀的人物。由于木氏土司的地位是中原王朝所封赐的，所以木氏统治者按照中原文化的特点，再次强调玉龙雪山为北岳，用于昭示国家之威。

---

① 据光绪《丽江府志·建置志·沿革》记载，唐德宗兴元元年（784 年），异牟寻僭封五岳四渎，以国内点苍山为中岳，东川界江云露松外龙山为东岳，银生部日界蒙乐山为南岳，永昌腾越界高黎贡山为西岳；以澜沧江、黑惠江、金沙江、潞江为四渎，各建神祠及三皇庙，四时致祭。

② 潘宏义：《玉龙雪山古籍文献考释》，云南大学出版社 2011 年版，第 11—12 页。

南方丝绸之路研究丛书·民族节庆卷

这样，一个古代羌人自然崇拜的"白石"到唐宋时期变成藏族苯教文化的山神"三赕"，再到元代的蒙古将领，直到有明一代，终于被木氏统治者改造为与祖先有关的神灵，在这个过程中，政治的影响使得宗教信仰不断地处于再生产中。

三朵是纳西族千百年来笃信的保护神，在民间被视为玉龙雪山的山神，又被认为是战神。纳西人凡出远门都要到三朵阁祭拜，求三朵神保佑；出征的战士更是要祭拜三朵神；各地纳西人在每年大年初一祭祀三朵神。尤其是每年农历二月八日和八月的第一个属羊日，纳西族四乡民众到三朵阁来烧香拜神。每逢此日三朵阁人山人海，男女互对民歌。清代纳西诗人和让曾作诗描述当日情景："玉龙宫殿雪山前，烟火迷蒙二月天。土人爱听土人曲，万声齐唱喂蒙达。"①

三、三朵节的祭祀对象和仪式过程

祭祀三朵神最早是在北岳庙举行。北岳庙也叫"玉龙祠"，位于丽江古城北十三千米的玉龙雪山脚下，现在白沙乡新善行政村下辖玉龙村内。这里是祭祀玉龙雪山山

20 世纪 20 年代的三朵庙（洛克　摄）

神的地方，也是"三朵"的祖庭。据史料记载该庙始建于唐代，至

---

① 喂蒙达，是一种纳西民间文艺形式，以唱、跳为主，无乐器伴奏与专门指挥人员，但自然保持抑扬顿挫的音律与整齐划一的舞步、身姿。

元年间北岳庙只存庙基①。1535 年，土司木公重修"北岳庙"，撰写《重修北岳庙记》一文并刻碑以记。"三朵"信仰复兴于明朝，此后一直存续于民间。

北岳庙现存建筑重建于清代晚期。全寺三进院落，由山门、花厅、厢房、鼎亭、大殿、后殿组成，占地 2329 平方米，大门悬有"玉龙祠"匾，两耳房塑有战马，第二院天井中置有铜质香炉，正殿大门上方写"恩溥三朵"②四个大字，庙内原有的"三朵"神像，端坐正殿，蒙古装束，约塑于元朝，庙里还有阿布高丁的塑像，是此人把白石背到"三朵"座像的位置。③现在庙里神龛中的三朵塑像是近年来重塑的，高 2.4 米，宽 1.6 米，身着龙袍，腰贯金带，手执鹅毛扇，目光炯炯，形象威武，不再是原来的蒙古人形象。旁塑妻二：左为

三朵庙中的三朵神及"藏族夫人""白族夫人"塑像

藏女，衣着厚重，右臂挂哈达；右为白族女，薄衣裙，花披肩，花围腰。除白沙北岳庙外，凡"三朵"曾涉足过的地方都建有庙，除纳西族聚居区外，还远及藏区和白族地区。

除一年一度的"北岳庙"会期外，纳西人逢远行、别居、灾难、升迁、发财等事宜，皆祭拜"三朵"，祈请庇佑。

明清以来，"北岳庙"庙会的主要内容即为祭祀"三朵"、踏青郊游、歌舞娱乐，还有很多人会打卦占卜一年来的吉凶。传统上，主持三朵神祭祀仪式的人叫"桑尼"。纳西族本土宗教有两种

---

① （元）孛兰肸等编纂，赵万里校辑：《元一统志》，中华书局 1966 年版，第 562 页。
② "恩溥"是纳西语"爷爷"的尊称。
③ 周源：《纳西族神祇"三朵"考》，《云南师范大学学报》2002 年第 3 期。

南方丝绸之路研究丛书 民族节庆卷

形式，一种是东巴教，其宗教专家称为"本补"，是藏语苯波的音转，民间称之为东巴，学术界因此称之为"东巴教"。另一种本民族的传统巫文化，类似于萨满教，宗教专家称之为"吕波"，民间称之为"桑尼"或"桑帕"[①]。桑尼没有用文字写成的经书，其职位多为神授，没有世袭制。要成为桑尼者，首先会进入癫狂状态，疯狂地边舞蹈边走向"三朵"庙。进庙后会继续在"三朵"神的塑像前狂舞。如果原来悬挂在"三朵"塑像上方一根绳子上的红色长条布落在他身上，他马上停止狂舞，把这神赐的红布缠绕在头上，人们认为他从此成为一个桑尼。

20世纪20—40年代美国人约瑟夫·洛克旅居白沙时，发现北岳庙已十分破败，常有些藏族人家寄居在庙里，庭院中摆着一个青铜大香炉，是木氏家族在明朝万历年间（1573—1620年）捐送的，人们在香炉里焚烧松木来祭拜"三朵"。[②]洛克还收集到一幅纳西族桑尼巫师在举行巫术仪式时所用的卷轴画。这幅画的正中绘着三朵神，身着白色长袍，坐在莲花座上，右手拿着一把汉式的扇子，头缠下垂的布条，与桑尼缠布条头饰相类似。脸上有三缕胡须，看上去很像一个汉式神祇。左右两边都是女性神祇：右边的神骑着一头马鹿，头戴一顶海螺状的帽子，洛克认为她是

洛克搜集到的三朵神卷轴画

---

① 杨福泉：《外来与本土宗教思想的融合——云南丽江纳西族巫师桑尼所用的一幅卷轴画考释》，《云南社会科学》2014年第6期。

② ［美］约瑟夫·洛克：《中国西南古纳西王国》，刘宗岳等译，云南美术出版社1999年版，第121页。

"嗯鲁盘世日"，意思是"白雪山的山神"；左边是"达勒乌莎咪"，骑着一头山骡。① 现在三朵神塑像两旁的"藏族夫人"和"白族夫人"的塑像，就源于历史上的这两个女神，只不过祭祀"三朵"的信众中，除了纳西族外，还有居住在附近的白族和藏族，所以民间就将这两位女神变成了三朵神的白族和藏族夫人，也体现了民间的民族团结的智慧。

在这幅卷轴画的上方，从左到右分别描绘着创物神美利董主、东巴教祖师东巴什罗、道教神祇城隍。图下方的神祇从左至右分别为：盘祖萨美女神、桑尼巫师的保护神之一突赤优麻、骑着一匹白马的巫师。盘祖萨美女神在东巴教中是位赫赫有名的女神，掌管着所有的占卜经书和方法；突赤优麻是东巴教的保护神，是协助各种神祇镇鬼降怪的战将，其在东巴教卷轴画中一般被绘为全身白色，身披虎皮，身长翅膀，狮头，腰系虎皮，左手持鹰爪状的三叉戟，右手持剑，周遭火焰环绕的形象。据洛克的调查，优麻也被称为"瓦麻"，可能来自苯教的战神威玛尔。② 最右边那个骑着白马的女性巫师形象，洛克认为她是姜子牙的妹妹（或姐姐），是纳西巫师桑尼信奉的"祖师"，有些像东巴教的祖师东巴什罗。东巴教有一个叫"三朵恒颂别"（said do heiq sul biuq，祭三朵神）的仪式和一本用象形文字写成的名为《三朵恒颂》的经书，只有东巴会咏诵，但语言不是纳西语，东巴解释不出其具体含义，可能是来自藏语经书，只知道其中提到三朵的妻子、儿女及部将等，经书以大段巫术咒语结尾，所以这个信仰可能与藏族的苯教有关。该画最下面所绘的形象是：左面是一个头缠红布巾的桑尼（桑帕）巫师在舞蹈；往右是两个鬼怪，一个长鸡

① 杨福泉：《外来与本土宗教思想的融合——云南丽江纳西族巫师桑尼所用的一幅卷轴画考释》，《云南社会科学》2014 年第 6 期。
② ［美］Rock, J.F.*The Na-khi Naga Cult and Related Ceremonies*.Roma：M.E.O，1952.Plate LVIII：136.

头，一个长虎头。① 学者杨福泉对这幅卷轴画研究后认为：

> 从这幅卷轴图中，可以看到"三朵"是桑尼神祇体系中最大的神，是纳西族信众众多、影响最大的民族保护神，也是玉龙雪山山神。过去纳西族打仗前都要去祭拜三朵神，殉情者殉情前也要去祭拜三朵，如今的纳西族民族节日是每年农历二月八日的三朵节，可见三朵神在纳西族民间的影响很大。另外这幅画也表明了三朵信仰是本土信仰和外来信仰结合的产物，其中既有如东巴教的创物神美利董主、占卜神盘祖萨美，也有保护神突赤优麻，还有东巴教东巴什罗；甚至还有"羌人"的姜太公及其姐妹和道教神城隍。神祇的组合反映了诸种宗教在纳西族民间巫师信仰中的整合，东巴教与纳西族民间巫术文化的相互影响以及外来宗教对纳西宗教的影响，这与苯教、藏传佛教、道教等对东巴教的影响是相似的。②

从这位学者的论述可以看出，纳西族的"三朵"信仰不仅历史悠久，而且反映了纳西文化的兼容并蓄。到目前，纳西族的信仰中仍然保留着原始信仰的痕迹，但同时明显具有汉藏文化影响的痕迹。

1949 年以后，民间信仰进入长时间的衰绝期。尤其是"文化大革命"中，所有的祭神仪式被禁止，包括纳西地区祭祀三朵神的仪式。20 世纪 80 年代开始，民间文化开始复兴，三朵信仰也作为原始宗教被纳入国家非物质文化遗产保护体系。在各民族建构自己的民族节日的过程中，纳西文化精英在确立具有民族特色的节日时，学者方国瑜率先提出将农历"二月八"定为纳西族的传统节日。后经族群精英和民众广泛讨论，1986 年 8 月 29 日，

---

① ［美］Rock, J.F.*A Na-Khi-English Encyclopedic Dictionary*（Part1）.Roma, M.E.O, 1963.
② 杨福泉：《外来与本土宗教思想的融合——云南丽江纳西族巫师桑尼所用的一幅卷轴画考释》，《云南社会科学》2014 年第 6 期。

丽江县人民政府将每年农历二月八日定为纳西族的传统节日，命名为"三朵节"，并于同年9月9日公示于纳西民众。① 三朵节期间，正值春光明媚，桃红李白，菜花嫩黄，是丽江踏青游春的好时候。所以除祭拜活动外，人们还郊游野餐，举行赛马、对歌、跳舞比赛等文娱活动和集市的物资交流；许多人还要到离庙不远的玉峰寺观看那株著名的"万朵茶花"。

和现代的很多民族节日一样，"三朵节"的形成也是一个"传统的发明"②。祭祀的对象"三朵"在民间有广泛的信仰基础，其他地区的纳西族也有在农历二月初八祭天、野餐、聚会、娱乐等风俗，同时传说中"三朵"勇猛、善战的形象，能够彰显纳西族喜猎尚武的民族特点。这样，一个包含着白石信仰、山神信仰、祖先信仰的节日就在古老的庙宇中举行。在地方精英和政府的组织下，"三朵节"逐渐在民间生根发芽、长叶开花了。

政府组织的三朵节庆祝活动

1987年第一个"三朵节"庆典隆重热烈，声势浩大。之后"三朵节"活动逐渐正式化、习惯化与民间化，每年的节庆展演强化了人们对"三朵神"的崇拜，同时也作为地方政府发展文化旅游的一张名片而得到不断重视。

进入21世纪，"三朵节"比以往更隆重、更热闹。从2003年开始，庆典仪式改设在白沙乡政府北面的白沙壁画景区门外广场，北岳庙设分会场，很明显有旅游景区宣传推广的意味。2007年第七届"三朵节"会场重新回到北岳庙，由县、乡两级人民政府

① 周源：《纳西族神祇"三朵"考》，《云南师范大学学报》2002年第3期。
② ［英］霍布斯鲍姆：《传统的发明》，顾杭、庞冠群译，译林出版社2004年版，第18页。

主办，旅游开发公司承办，白沙乡境内的玉峰寺、玉水寨、东巴王国、玉柱擎天、东巴谷、东巴万神园、白沙壁画等景点参与协办。这年的"三朵节"除了举行开幕式，还举办了文艺演出，内容以"三朵"、纳西文化为主题。演出持续近3个小时，观众有千余人，包括白沙村、古城的纳西民众与游客。在发展经济的社会目标的激励下，"三朵节"的重要性再次被强化。

三朵节上的歌舞表演

纳西族的"三朵"信仰渊源复杂，它是族群文化记忆的重要部分，也是文化记忆不断再创造、再生产的过程。纳西学者郭大烈、和志武认为，"三朵"之所以成为纳西族的至尊民族保护神，经历了从原始的白石图腾崇拜、自然山神崇拜到"三朵"偶像崇拜的过程。[1]目前，三朵节是纳西族民众操演文化记忆的过程，也是文化精英重构民族文化、打造民族特色的一种实践，还是政府、企业试图借助民族文化推广旅游产品、发展地方经济的行为，成为不同节日主体实现愿望的平台。民众、政府、企业对"三朵"庆典的期待，使得这个古老的节日不断地发生着变迁，这是文化再生产的主要动力。

---

[1] 郭大烈、和志武：《纳西族史》，四川民族出版社1999年版，第219页。

刀杆节

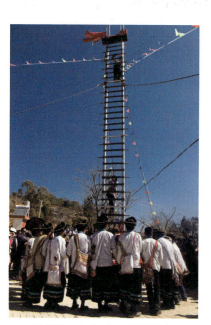

傈僳族上刀杆（王观远摄）

　　傈僳族是分布在南方丝绸之路灵关道和永昌道沿线的一个民族，"傈僳""鲁庶"在纳西语和傈僳语中意思相同，均为"石岩人""山上人"之意，自称为"傈僳""鲁庶扒"①，中华人民共和国成立后定族名为傈僳族。据2010年第六次人口普查数据，傈僳族共有人口702839人，主要生活在云南省怒江傈僳族自治州的福贡、泸水、贡山、兰坪，德宏傣族景颇族自治州的梁河、盈江，保山市的腾冲、龙陵，大理白族自治州的云龙、剑川，迪庆藏族自治州的维西、中甸，丽江市的永胜、华坪、宁蒗，楚雄彝族自治州的武定、禄劝等地。在四川西昌地区，也有少数傈僳族分布。傈僳族也是一个跨境而居的民族，缅甸有傈僳族4万人，大部分住在搏邦和克钦邦；泰国有傈僳族1.5万人，主要居住在

① 西南民族大学图书馆藏：《云南傈僳族及贡山福贡社会调查报告》，未刊本，1986年。

清迈、清莱、夜丰颂等 3 府[1]。

二、傈僳族历史与文化

学界研究认为，傈僳族是远古氐羌系统民族，属于乌蛮部落的彝语集团[2]。唐代的时候，已经生活在云南境内。其先民最早出现在唐代樊绰所著的《蛮书》之中，据该书卷四记载："栗粟两姓蛮，雷蛮、梦蛮皆在邛部台登城，东西散居，皆乌蛮、白蛮种族。"雷蛮、梦蛮为今纳西族，傈僳族先民当时与纳西族相邻而居，也就是生活在现在的丽江地区。另外当时西洱河地区有"乌蛮"七十部，后各部落互相兼并，至开元年间（713—741 年），便只剩下六至八个较大部落，称为"六诏"或"八诏"[3]，最后南诏在唐王朝的支持下强大起来，统一了"六诏"。在兼并战争中，原来生活在西洱河北部的"顺蛮""施蛮"所建立的邓赕诏、浪穹诏、施浪诏被南诏击败，施浪诏主"傍罗颠脱身走泸北"[4]，"施蛮、顺蛮部落百姓则散隶于东北诸川"[5]，也就是现在云南省西北部的永胜县一带。另外，《蛮书》卷二记载："澜沧江源出吐蕃中……又过顺蛮部落，南流过剑川大山之西。"这说明还有一部分"施蛮""顺蛮"向西北迁徙，直至碧落雪山东部，散居于滇西北澜沧江东西两岸，也就是今天的怒江傈僳自治州兰坪县、福贡县和原碧江县的境内。这样，不论是往东北还是西北迁徙的施蛮、顺蛮部落，都与原来生活在丽江地区的"栗粟两姓蛮"左右

① 方铁：《云南跨境民族的分布、来源及其特点》，《广西民族大学学报》2007 年第 5 期。
② 《傈僳族简史》编写组：《傈僳族简史》，云南人民出版社 1983 年版，第 10 页；《怒族简史》编写组：《怒族简史》，云南人民出版社 1987 年版，第 8 页；《独龙族简史》编写组：《独龙族简史》，云南人民出版社 1986 年版，第 13 页。
③ 《资治通鉴》卷一百九十九、《新唐书·南蛮传下·两爨蛮》及《新唐书·南蛮传下·松外蛮》。
④ （唐）樊绰撰，向达校注：《蛮书校注》，中华书局 2018 年版，第 66 页。
⑤ （唐）樊绰撰，向达校注：《蛮书校注》，中华书局 2018 年版，第 94—95 页

为邻。

在迁徙前后，"施蛮""顺蛮"都生活在相同的地域内，在唐代至两宋的漫长时期里，两者之间的文化逐渐融合，顺蛮"男女风俗，与施蛮略同"，文化特点相似[1]，而与"六诏"中的其他"乌蛮"部落产生了差别。到了元代时逐步演变为同一民族"卢蛮"。据《元一统志》"丽江路"条记载："丽江路，蛮有八种：曰麽些、曰白、曰罗落、曰冬闷、曰峨昌、曰撬、曰吐蕃、曰卢，参错而居。"尤中先生认为元代的卢蛮是唐代氐羌系统乌蛮部落中的"施蛮""顺蛮"演变而来的[2]；汉文史籍中记为"卢蛮"，是因为"施蛮""顺蛮"迁居到"泸北（金沙江以东）"，所以被汉族称为"卢"[3]。到元代撰写《元一统志》时，就以"卢蛮"取代了以往史籍中的"施蛮"与"顺蛮"。"卢蛮"中迁徙到"栗粟两姓蛮"周边的一部分，后来与栗粟两姓蛮融合，成为今天傈僳族的先民；迁往怒江流域的一部分，还保持着原来的族名，后来成为现在怒江傈僳自治州怒族的先民。[4]

到明朝时期，原来的"卢蛮"被称为"栗些"，"些"与"粟"同声，"栗些"即"栗粟"[5]。明代陈文等纂修景泰《云南图经志书》卷四："有名栗粟者，亦罗罗之别种也，居山林，无室屋，不事产业，常带药箭弓弩，猎取禽兽。其妇人则掘草木以给日食；岁输官者，维皮张耳。"明代嘉靖年间杨慎编纂的《南诏野史》下卷"南诏各种蛮夷"也记载："力些，即傈僳，衣麻披毡，岩居穴处，利刀毒弩，刻不离身，登山捷若猿猱。以土和蜂蜜充饥，得野兽即生食。"这说明元明时期的傈僳族，生产力还不发达，尚

① 尤中：《云南民族史》，云南大学出版社 1994 年版，第 177 页。
② 尤中：《云南民族史》，云南大学出版社 1994 年版，第 383 页。
③ 高志英：《唐至清代傈僳、怒族流变历史研究》，《学术探索》2004 年第 8 期。
④ 高志英：《唐至清代傈僳、怒族流变历史研究》，《学术探索》2004 年第 8 期。
⑤ 尤中：《云南民族史》，云南大学出版社 1994 年版，第 383 页。

南方丝绸之路研究丛书 民族节庆卷

处于原始的游猎和采集经济阶段。

到了清代，一部分傈僳族开始了农耕定居生活，另一部分仍然过着原始的游猎生活。据清代余庆远《维西见闻纪》记载："（傈僳）喜居悬岩绝顶，垦山而种，地瘠则去之，迁徙不常。刈获则多酿为酒，昼夜沉酣，数日尽之，粒食罄，遂执劲弩药矢猎，登危峰石壁，疾走如狡兔，妇从之亦然。"这就说明清代傈僳族在滇西北的高山纵谷地带，或从事农耕，或从事游猎，生产力水平比较低下。

到了清朝，因不堪忍受清政府的统治和异族土司的兵丁劳役之苦[1]，居住在金沙江流域的傈僳族先后掀起了维西恒乍绷（1803年）、永北唐贵（1821年）、永北丁洪贵和谷老四（1894年）三次起义。起义被镇压后，他们都由东向西迁徙，所以形成了今天傈僳族分布广，大分散、小聚居的状态[2]，也造成傈僳族所接触的周边民族甚多，导致内部产生了的"黑傈僳""白傈僳"和"花傈僳"[3]之间的文化差异。

傈僳族有自己的语言，属汉藏语系彝语支。生活在今天云南省华坪、永胜、宁蒗和四川西昌境内的傈僳族说傈僳语南方方言；云南怒江傈僳族自治州、迪庆藏族自治州的傈僳族说傈僳语北方方言。两个方言区由于历史上长期隔离，文化交流很少，因此差异较大。傈僳族先后使用过

傈僳族妇女服饰

---

① 《傈僳族简史》编写组：《傈僳族简史》，云南人民出版社1983年版，第23—54页。
② 《傈僳族简史》编写组：《傈僳族简史》，云南人民出版社1983年版，第20页。
③ 徐写秋、李纶：《傈僳族服饰》，《今日民族》2007年第3期。

三种文字：第一种是 20 世纪初由西方传教士用拉丁大写字母及其变形体创制的拼音文字，称"老傈僳文"，主要流通于怒江、保山、德宏等地基督教信徒中；第二种是由维西的傈僳族农民汪忍波创制的音节文字，每一个字代表一个音节，有 1000 多字，这种文字主要在维西部分地区使用过；第三种是在中华人民共和国成立以后多次语言调查的基础上，1957 年由中国科学院专家以拉丁字母形式创制的新文字，称"新傈僳文"，并在云南怒江傈僳族自治州内推广，翻译出版了课本、通俗读物等。

傈僳族历史上信仰万物有灵的自然宗教，所有传统节日都和宗教祭祀有密切关系，主要的节日有"阔时节""新米节""春浴节""射弩会"和"刀杆节"等。

"阔时节"也叫作"盍什节"。"阔时"是傈僳语"岁首""新年"之意，是傈僳族最隆重的传统节日，一般多在公历 12 月下旬至第二年 1 月举行。1993 年 12 月，怒江傈僳族自治州人民政府决定，每年 12 月 20 至 22 日为法定的"阔时节"节期。在"阔时节"来临之前，傈僳族要提前制作当地最有特色的"苦荞粑粑"。春粑粑时，要把第一把糯米面抹到房前屋后的树干上，边抹边祈祷来年能有个好收成，邀请各方神灵一起欢度节日；把第二把面抹到自家的门窗上，希望全家人都

傈僳族澡堂会

能出入平安；第三把面则抹在房里的衣柜边、床沿上，希望全家人都能远离病痛的折磨、远离鬼魂的侵扰。阔时节当天，人们都在自家喝酒，吃苦荞粑粑，一般不互相来往，他们认为来串门的人会带走自家的福运。饮"同心酒"是傈僳族阔时节中必有的仪式，两人共用一酒具，搂肩交颈，耳磨脸贴，一个用左手，一个用右手，同时持杯，同时饮酒。南方丝绸之路经过缅甸克钦邦密支那，生活在那里的傈僳族也过"阔时节"。[①]

"春浴节"又叫"澡塘赛歌会"，也是傈僳族的传统节日，现多于傈僳新年的正月举行。在怒江傈僳族自治州首府六库市的登埂、马掌河等地有温泉，人们带着美食、行李，在离温泉不远的地方搭起竹棚或找个岩洞，住上三五天，在温泉中反复洗浴，傈僳族人认为这样可以消除疾病，增强免疫力。

"射弩节"主要是在福贡一带的傈僳族青年中举行。比赛时，男青年身背箭包，手持弩弓，在自己的心上人头顶扣一碗，碗底上置鸡蛋一枚为靶，站于几米之外。比赛开始，男青年不慌不忙，拉弦搭箭，扣机击发，只听"啪"的一声，蛋花飞溅，心上人则安然无恙，顿时，场上爆发出一片热烈的掌声。这是一项惊心动魄、扣人心弦的比赛，是比技术、赛胆量、见真情的活动。

"刀杆节"从祭祀仪式演变而来，怒江傈僳族、彝族称其为"阿塔登"（"阿塔"，傈僳语、彝语为刀子，"登"即爬、上，意为"上刀山"）；腾冲傈僳语叫"阿堂登"，其他地区傈僳族的称呼也大致相同，仅有语音上的差异。[②]"上刀山，下火海"是傈僳族"刀杆节"期间的重要活动。刀杆节的第一天，几名健壮男子先表演"蹈火"仪式。他们赤裸双脚，跳到烧红的火炭堆里，表演各

---

① 高志英、沙丽娜：《密支那傈僳"阔时节"》，《节日研究》2013年第1期。
② 高志英、杨飞雄：《互动、共享与变迁———傈僳族上刀山下火海仪式变迁研究》，《西南民族大学学报》2013年第2期。

种绝技。第二天,他们把磨快的36把长刀,刀口向上,再分别用藤条横绑在两根20多米高的木架上,形成一架刀梯。表演者空手赤足,从快刀刃口攀上顶端,并在杆顶表演各种高难动作。目前,在当地发展文化旅游的过程中,"爬刀杆"被作为一个展演项目。这个原本是傈僳族、彝族、纳西族共有的宗教祭祀仪式,逐渐发展演变为一个傈僳族特有的民族节日,又演变为一个文化展演项目。

二、刀杆节的起源传说

傈僳族的上刀山下火海仪式,因史籍没有记载,所以不知其最早的形成时间,但是从这个仪式同时存在于滇西、滇西北的傈僳、彝、纳西等民族的情况来推测,大概是远古氐羌系乌蛮的共同节日。

学者在对云南省怒江傈僳族自治州泸水县傈僳族的调查中得知,"爬刀杆"是祖先们传下来的[①]。当地有这样一个起源传说:

有一年,怒江边的一个傈僳族村子里出现瘟疫,很多人得了重病,家畜也死完了,庄稼颗粒无收,人们面临着死亡的威胁。大家怀疑有人从中作梗,于是全村人要进行捞油锅。捞油锅就是加热一口盛满油的大锅,并在锅底放几块不大的石头,等锅里的油沸腾后,人们要求被指控或被怀疑偷东西或干过坏事的人用手把锅底的石头捞出来。如果此人没有做过坏事,他就会受到神的保佑,伸进油锅的手不会受伤,则证明他是清白的;反之,如果捞石头的人的手被烫伤,则认为有罪,就会受到惩罚。[②]

当天晚上,天神托梦给村里的头人,说并非有人从中作梗,

① 斯陆益:《傈僳族文化大观》,云南民族出版社1999年版,第88页。
② 覃光广:《中国少数民族宗教概览》,中央民族学院出版社1988年版,第240页。

一切都是住在村子后山悬崖上的恶魔所为，只有派人踩着刀子连接成的刀梯爬上悬崖，杀死恶魔，村民们才能得救。于是，人们用各家拼凑的刀子连接成了刀梯。一名年轻人自告奋勇，告别心爱的女友，踩着刀梯爬上悬崖，与恶魔大战起来。好长时间过去了，年轻人始终没能杀死恶魔。这时，他的女友在山下大喊了一声，恶魔以为救兵到了，吓出一身冷汗，年轻人趁机抱住恶魔的腰部，一同滚下了悬崖。等人们急匆匆赶到崖底，却没有发现年轻人的尸体。为了纪念年轻人，同时也为了庆祝人类得以生存和发展，人们相聚在一起，唱歌跳舞，并举行上刀杆活动。[1]

从这个起源故事的内容来看，有这样几个关键内容：首先是村寨出现了瘟疫，生存面临着极大困难；其次发生瘟疫的原因是恶魔作祟；最后是英雄祖先与恶魔同归于尽。从这些内容我们可以看出，举行上刀山、下火海仪式是为了祛除魔鬼、拯救村寨、祭祀祖先。也就是说，这个仪式是以上刀山、下火海为内容的原始祭祀仪式，是氐羌系民族古老的宗教实践。

在傈僳族的观念中，自然万物都为"神灵"或"鬼魂"所支配、所统治。因而，山有山灵，树有树鬼，水有水神，几乎一切自然现象都成了他们信奉和崇拜的对象。傈僳族把这些精灵都称为"尼"。例如，傈僳族的鬼灵有院坝鬼（乌沙尼）、家鬼（海夸尼）、山鬼（米司尼）、水鬼（爱杜斯尼）、梦鬼（密加尼）、血鬼（洽尼）、路鬼（加姑尼）、魔鬼（尼柏木尼）和虎氏族鬼（屋豆尼）等30多种。[2]傈僳族观念中没有鬼神的区别，但"尼"有善恶之分。[3]善"尼"能保佑民众，类似于"神"；而恶"尼"却祸害人类，类似于"魔"。如前面起源故事中，住在山岩上的"尼"就是

---

① 侯兴华：《傈僳族刀杆节的由来及其演变》，《保山学院学报》2012年第3期。
② 《傈僳族简史》编写组：《傈僳族简史》，云南人民出版社1983年版，第126页。
③ 陶云逵：《陶云逵民族研究文集》，民族出版社2012年版，第272页。

一个恶魔。这是人类原始崇拜的基础。对于"神"，人类要祭祀，贡献祭品，表达虔信，祈求保佑；对于"魔"，人类也要举行仪式，驱逐消灭，不让其作恶，傈僳族自然崇拜就是在极其残酷的生活环境下对超自然力量的信仰。

在傈僳族先民的生活中，经常举行祭祀神灵和驱赶魔鬼的宗教仪式。傈僳族"常祭的鬼神有天鬼、山神二种。天鬼（阿克得尼）要以牛献祭，若没有牛就以三四拳大的猪充当。山神，有米司、米司然卡、米斯几塔、米司宗撮、米司各、克尼干花、古尼干花七种，以猪、鸡献祭，祭品若系公猪须配上一只母鸡，若系母猪须配上一只公鸡。"①

除了自然信仰外，傈僳族也有祖先崇拜。"祖宗灵魂也是一种敬畏的对象，或者是恐怖的对象。祖宗灵龛被供奉在房子门的对面——一个简单的架子上，上面挂着几条红白的纸条，没有字迹和献祭的酒。……Hini 或祖宗鬼，在家事上如婚嫁、生产、死

南方丝绸之路研究丛书 民族节庆卷

130

傈僳族"下火海"仪式

---

①《民族问题五种丛书》云南省编辑委员会：《傈僳族社会历史调查》，云南人民出版社1981年版，第115—116页。

亡或出行，有重要的关系。祭献是用鸡、猪、羊、酒，献祭多在人有病及收获之时举行。当田地已犁过，将要下新种的时候，便许愿给米娜（Mina），但其实际的祭献，则在收获谷子时，随同其他鬼灵一起祭献。"①傈僳族的祖先崇拜，实际上也是其灵魂崇拜的延伸与表现。现在，傈僳族祭献时必须向祖先神灵供上白酒、粑粑、玉米花等物。祭词必须由家长或族长诵念。祭词念毕，即把酒洒向天空，洒向阳台。

除了这些用牛、猪、鸡等祭品向这些"尼"献祭之外，傈僳族还用苦行来献祭。上刀山、下火海一方面是为了向善"尼"（神）表达信仰的虔诚，祈求这些神灵能够保护族群；另一方面也是向恶"尼"（魔）显示英勇的斗志，表明自己不会屈服于恶魔的淫威，敢于与邪恶作斗争的决心和勇气。所以，上刀山、下火海都是苦行献祭的行为。由于傈僳族先民是氐羌后裔，所以他们的仪式也保留了氐羌先民的传统。据《隋书·党项传》记载："三年一聚会，杀牛羊以祭天。"其祭祀祖先也主要以动物为祭品，在祭祀死者时"死家杀牛，亲族以猪酒相遗，共饮啖而瘗之。死后十年而大葬。其葬必集亲宾，杀马动至数十匹。立其祖父神而事之"。②现代生活在岷江上游的羌族普遍被认为是西羌群体的后裔，其主要祭祀活动叫祭天会。在举行祭天会时，会首备一至三头黑色公羊、一至三只红色公鸡作牺牲。在祭祀过程中，释比诵祷词，祈求天神、山神保佑羌人人畜两旺，风调雨顺。然后将几粒青稞粒丢入羊耳中，并对羊淋水，羊抖水则表示神已领受。随即宰羊，或杀鸡或放鸡归山，以鲜红的热血淋在石塔顶的白石上，羊肉煮熟分食于众人。

---

① 罗斯、克金白兰恩：《中缅交界之傈僳》，转引自陶云逵：《陶云逵民族研究文集》，民族出版社。2012年版，第276—277页。
② （唐）魏徵：《隋书》，中华书局1997年版，第1858页。

除了杀牲献祭之外，苦行也是仪式中必不可少的行为，比如藏族的苯教祭祀中有"开红山""插口钎"仪式①，羌族释比在祭山活动时要举行"铁钎穿腮"的仪式；在驱邪送鬼活动中，释比主要采用踩铧头、坐红锅、翻刀山等形式达到治疗目的。在释比的徒弟的"盖卦"（毕业考试）仪式上，学徒必须用一把刀自右颊插入口中，刀刃直透上下牙齿之间，然后再以一针插入左颊，针头悬一杉木小旗……至仪式结束，如应试者能滴血不流、毫发无伤，则成功通过。这些都说明，傈僳族的上刀山、下火海仪式，就来源于古老的氐羌族群的苦行献祭。宗教人类学的研究认为，祭祀者通过苦行，拉近了自己与神灵的距离，沟通了自己与神灵的感情，密切了自己与神灵的关系。同时他们也通过这种行为，争取着自己的荣誉和地位。正如学者彭兆荣所说："暴力在有些学者眼里被视为'出格'（out of order）行为。然而，这些'出格'行为也分享着某一个社会'争取自由和解放'的'荣誉性语码'（ashared code of honor）而受到应有的尊敬。"②傈僳族民众当中，敢于上刀山、下火海的人在社会生活中得到广泛的尊重，就是这个原因。

但是，在腾冲地区还有另外一种"刀杆节"起源的说法：

"刀杆节"由明朝著名将领王骥的部队传入腾冲，后由傈僳族继承下来。据这个传说讲，朝廷派兵部尚书王骥带兵到边境一带安边、设卡。王骥虽然是汉族，却全心全意帮助傈僳族兄弟，但是奸臣却上书皇帝，诬陷王骥在边境练兵是为了造反，自立为王。于是皇帝大怒，迅速把王骥召回朝廷，并在二月初八为他洗尘的酒席上用毒酒毒死了他。③

为了让后人记住王骥保卫祖国边疆的爱国壮举以及汉族人民

① 王万平：《热贡"六月会"仪式的苦行与牺牲》，《西藏民族学院学报》2009年第3期。
② 彭兆荣：《仪式中的暴力与牺牲》，《中南民族大学学报》2006年第2期。
③ 邓阿冷：《傈僳族民间故事》，云南人民出版社1984年版，第109—110页。

与傈僳人民的血肉亲情关系，傈僳族人民便于每年农历二月初八举行纪念王骥的活动，进而逐步发展成为节日。①

其实这种说法是不断建构起来的。因为据史料记载，明正统六年至十三年（1441—1448 年），兵部尚书王骥"三征麓川"，大败勾结外族入侵国土的思氏土司父子，将其逐出大金沙江（今缅甸伊洛瓦底江）以外，立誓"石烂江枯，尔乃得渡"。《明史》明确记载："（王骥）数月请老，又三年乃卒，年八十三。赠靖远侯。谥忠毅。"王骥并非死于二月初八，更不是被奸臣所害，所以这种说法显然是汉族文人对这个氐羌系民族祭祀仪式起源的重新创造，是将傈僳族民间故事《木必还活着》的内容附会在明朝尚书王骥的身上。

所以，更多的学者认为，"它是一种'祭祀活动'而已。更可能与高原民族的'原始宗教意识'有关"。②是为了祭祀"尼"而举行的苦行献供，"作为一种社会传统意识和原始文化遗存，傈僳族的'尼'，不仅在古代傈僳族生活中有着实用价值，即使在今天也仍然影响着人们的生产生活和价值观念，有的还形成为新的民俗节日"③。从这些观点可以看出，"刀杆节"并非出征仪式或誓师活动，而是为了祈求平安无灾、庄稼丰收和家禽兴旺而举行的祭祀活动。

至此，我们基本可以得出这样的结论："刀杆节"原本是傈僳族祭祀鬼神、祈求平安的祭祀活动，后来逐渐发展成为节日庆典。在由祭祀仪式向刀杆节的过渡期间，泸水市的刀杆节由傈僳族与彝族共创、共享，腾冲市的刀杆节由傈僳族与汉族共创、共享，是一个同一区域内多民族共享的文化事项。2006 年由泸

---

① 李光信：《腾越文化研究》，云南教育出版社 2001 年版，第 155 页。
② 周勇：《生命的"避难所"——高黎贡之书》，云南人民出版社 2003 年版，第 288 页。
③ 胡玉英：《傈僳族社会生活中的巫文化》，《云南民族学院学报》1998 年第 2 期。

水县以"傈僳族刀杆节"申报并被列入国家级非物质文化遗产之后，从名称、族属上实现了从宗教祭祀仪式到民族节日的转变，并在国家力量作用下作为旅游文化展演节目而蜚声海内外。正如学者所说："这是一个在国家在场背景下，以旅游经济为驱动力的从神圣性的以娱神为主的民族民间祭祀仪式到以娱人为主的旅游文化品牌的演变过程。"①

三、刀杆节的传统仪式和当代变迁

传统上，怒江州傈僳族的上刀杆活动没有固定的时间，在各种祭祀活动时都可以举行。据怒江泸水傈僳族"阿塔登尼扒"（上刀杆的人）说，大多是从"爷爷那一代传来的"。由于没有文字记载，所以三代以前的情况不太清楚，多是爷爷到六七十岁时才传孙子，一般是传男不传女，上刀山的时间是二月初八与正月十五。②最早的文献是英国传教士弗雷泽（J. O. Fraser）写于1916年的日记，记载了腾冲傈僳族上刀杆的情况：

在腾冲附近的一个地方，那里刀杆节时不时地举行。好几百人聚集在寺庙的里里外外，寺庙里塑有地方保护神的雕像。刀杆是（由）大约三十几把牢牢地固定着的刀子组成，耸立在一个开阔空地上，刀杆有40公尺（米）高。在刀杆竖立的头一晚，一个60多岁的巫师象征性地在一堆烧得通红的火炭里洗手，并进行很多的（仪式），祭品被供奉给一些面目狰狞的崇拜对象，祭品包括两只鸡。当中的一只鸡被巫师用他的牙齿咬断了脖子。随着锣鼓的敲打声，巫师们试图将身体里边的狂怒唤醒，但是仅仅有一部

① 高志英、杨飞雄：《互动、共享与变迁———傈僳族上刀山下火海仪式变迁研究》，《西南民族大学学报》2013年第2期。
② 高志英、杨飞雄：《互动、共享与变迁———傈僳族上刀山下火海仪式变迁研究》，《西南民族大学学报》2013年第2期。

分是成功的。最后，巫师从寺庙里出来，赤手赤足在通红的火炭里游戏。……一直到第二天中午2点，老巫师才从寺庙里走出来。更多的咒语念过之后，（他）开始慢慢地攀爬刀杆。在刀杆的顶端说更多的话与搞一些莫名其妙的动作，他就慢慢地从刀杆上下来。然后是另外两个年轻的巫师爬上去又下来。①

上刀杆之前的祭祀仪式

这就说明20世纪初腾冲傈僳族地区的上刀杆活动并没有固定的时间。如果腾冲的上刀杆活动是从怒江传下来的，那么怒江的活动绝对要早于20世纪，也没有固定的时间。上刀山、下火海祭祀仪式经过经世累代的传承，才可能发展为民族节日。现在的活动时间多在三个时间举行：一是泸水市登埂澡塘会期间，时间为大年初二到初六；二是每年正月十五泸水市鲁掌镇上刀杆活动；三是每年"阔时节"期间，即阳历12月20日到22日。腾冲猴桥、轮马、胆扎等地的傈僳族一般在农历二月初七晚上"踩火塘"，二月初八白天"上刀杆"。传统上参与的上刀山、下火海祭祀仪式的不仅有傈僳族，还有怒江的彝族和腾冲汉族，各地自然环境不同，农事安排时间不同，就出现了正月初一、正月十五、二月初八与三月初八过节的多个时间安排模式。

傈僳族上刀杆的人叫"尼扒"，被认为具有通神的能力。能够上刀杆的"阿塔登尼扒"是通过"开香路"的方式选出来的。一般来说，开香路是在某人出现了不同常人的疯疯癫癫状态时，就被

---

① 高志英、杨飞雄：《互动、共享与变迁——傈僳族上刀山下火海仪式变迁研究》，《西南民族大学学报》2013年第2期。

认为是其"爷爷"——也就是"阿塔登尼扒"选中了他，本人与家人也有让其成为"阿塔登尼扒"的愿望，这时候就要举行"开香路"仪式。

据学者调查，开香路（傈僳语"阿德付波"）的过程是这样的：

大师傅"阿塔登尼扒"把香烧成七路，吹喷神水，敲起神锣，在总坛上跳上跳下，让要成为尼扒的踩过香路，在神堂上烧三炷香，酒三杯、茶三杯，神水碗一个，水是龙洞里接来的泉水。水里放蒿枝、烧过的纸钱。如果跳错一步，师傅就用香来抽打。先用香在地上铺设一个刀杆的样子，数量、样子都要跟上刀山的刀子一样多，跟刀杆一模一样的，一炷香代表一把刀。第二步是在地上跳舞，左右脚一前一后，对不上锣鼓节奏或脚步错了，师傅就用香抽打，一直走到第八炷交叉着的香时是第一轮，接着开始跳第二轮，一直把36炷香跳完，意思是把36把刀跳完。跳完香后是跳刀舞：左脚前进一步，右脚前进一步，右脚再在原地踏一步。双手握两把刀子上下伴随脚步上三下、下三下，左一遍、右一遍各三下。刀子架成尖刀口成十字（剪刀口）的地方，往左往右跳。又上一个尖刀关口，又来一个十字架，刀舞也是一直跳完36把刀。手握刀子两面开弓，上下共六下，刀口朝外，刀背朝里。跳完36把刀的意思就是到"天门"了，香路也开通了，"爷爷"已经把功能传给他了，可以上刀杆了。①

"开香路"仪式结束后，这个人就变成了"尼扒"，可以举行"阿塔登"仪式了。此后每年在上刀山前的下火海仪式时也举行"开香路"，主要是为了保证上刀山顺顺利利而进行的"清洁"仪式。

---

① 高志英、杨飞雄：《互动、共享与变迁———傈僳族上刀山下火海仪式变迁研究》，《西南民族大学学报》2013年第2期。

一直到 20 世纪 50 年代，不定期的祭祀仪式与相对定期的节日活动并存，实际上仍处于节日萌芽并走向成熟（定型）时期。根据学者高志英等人的调查，刀杆节不论什么时间举行，一般要两天时间。

节日中的上刀杆仪式（黄中　摄）

第一天，活动的内容主要是"跳火塘"。下午，各家各户将准备好的木柴抬到刀杆场上垒起；至傍晚，人们将柴堆点燃；天黑以后，火越烧越旺，最后形成一个大火塘，"踩火塘"就开始了。三五个"香通"围着火塘边唱边跳，几圈后他们突然跳入火塘，做出各种惊险动作①。最后，全村男女老少围着火塘跳起传统的围圈舞蹈——"跳嘎"，尽情欢乐，直到深夜。

第二天早上，村民们就赶到刀杆场。每家提供一把锋利的长刀，人们把这些长刀用两根栎木连接成刀杆梯子。上刀杆的程序大致如下：男女青年以欢庆的舞蹈欢迎"尼扒"入场——验刀剪彩——敬酒——脱鞋亮掌——攀登刀杆——下杆，然后在人们热烈的"跳嘎"中结束。在人们注视下，穿红服、披神符、赤双足的

① 李光信：《腾越文化研究》，云南教育出版社 2001 年版，第 156—157 页。

"香通"们由资历最深的老"香通"率领，依次上杆。锋利的钢刀在阳光的照耀下闪闪发光，整个刀杆场鸦雀无声，就连一根针落地的声音都听得见。"香通"们依次上到杆顶，做几个惊险动作后从杆顶的另一面下杆。全体"香通"下杆后，人们悬着的心终于落下，全村男女老少载歌载舞，互相敬酒祝福，整个节日顿时成为舞蹈的盛会。①

据调查，怒江地区的"刀山"一般是由 36 把刀组成。关于 36 把刀，民间存有两种说法：一种说法认为，36 把刀代表一年中的 360 天；另一种说法认为傈僳族男人 36 岁要过一生中最重要的坎，所以要上 36 把刀，过完 36 岁这个本命年门槛之后就会事事顺心，健健康康；上、中、下三个"剪刀口"象征着每个人一生中要经历三道坎；四周的四条绳索分别代表四方神圣和春夏秋冬四季。②

而腾冲地区的刀杆为 72 把。由于有祭祀明朝将军王骥的传说，所以 72 把刀喻 72 哨卡；每隔 9 把有一档交叉钢刀，共 8 组，喻 8 关 9 隘；每 2 把钢刀为一小组，互相照应，共 36 组，喻 36 个兵站；在刀杆底部、中部和上部分别绑上三道交叉的刀，形成"剪刀口"，分别代表 3 道雄关，亦即三座城堡———木城、石城、水城（腾冲的三个地方）；整架刀杆形成一个天衣无缝的防御体系，一如当年王骥的边防部队。③

传统上，举行刀杆节的目的是祭神驱鬼，祈福消灾。比如泸水市上到刀杆顶端的祭师会念："众事人等，请求平安，无病无痛，无灾无难，五谷丰登，六畜兴旺。"然后他将红、白、黄、绿、蓝五色旗拔下，分别掷向东、西、南、北、中五个方向，如果所有旗子从"梯子"上坠落后稳稳地插立在地上，表示这一年将

① 侯兴华：《傈僳族刀杆节的由来及其演变》，《保山学院学报》2012 年第 3 期。
② 侯兴华：《傈僳族刀杆节的由来及其演变》，《保山学院学报》2012 年第 3 期。
③ 洪云杰：《轮马村看姑娘上刀山》，《大观周刊》2006 年第 5 期。

大吉大利、平平安安；反之，如果有旗子倒在地上，则预示着这一方会有灾难降临；随即，就要对着这个方向举行盛大的祭祀活动，驱逐可能遭到的不测。腾冲"刀杆节"也是这样，第一个上到刀杆顶端的"香通"念的是"吉利"，然后祈求神灵保佑村寨"五谷丰登，六畜兴旺，无病无灾，国泰民安"。

作为宗教祭祀仪式的上刀杆活动，在中华人民共和国成立后作为封建迷信被禁止，1958年以后完全消亡。直到改革开放，党和国家恢复了宗教信仰自由政策，刀杆节得到恢复。如腾冲傈僳族的刀杆节，首先是麻占生等"阿塔登尼扒"以民间自发组织的形式恢复，在地方文化工作者的努力之下，为之赋予了祭祀三征麓川、守边拓土的汉族将军王骥的功能，恢复了村寨的上刀杆仪式。

80年代初，腾冲恢复举办"刀杆节"，一下子吸引了无数的中外游客。中央新闻纪录电影制片厂赶赴腾冲摄制了纪录片《傈僳欢歌》，向海内外发行，影响迅速扩大。1992年，腾冲傈僳族刀杆表演队应邀赴海南省参加国际椰子节表演；同年，到沈阳参加和平区文化庙会表演，还被选拔参加第三届中国艺术节广场表演。1994年到杭州参加中华民俗风情艺术节表演，到武汉参加全国少数民族艺术展演。1995年赴山东参加中华民俗风情艺术节表演；同年，还参加了第五届全国少数民族运动会表演。2000年5月，参加了中央电视台"红河杯"全国少数民族体育精品展播。9月，又赴河北参加

刀杆上的尼扒

石家庄"云南民族文化节"表演，在石家庄市及河北周边地区引起了强烈的反响。2006 年，傈僳族刀杆节被列入"国家级非物质文化遗产民俗类项目"。

刀杆节声名鹊起，为"阿塔登尼扒"们走出傈僳村寨到外部演出提供了机会，也促使刀杆节越来越朝旅游市场靠拢，刀杆节在"挖掘民族文化"背景下成为旅游、节庆活动的演出项目。怒江州每年举办"春浴节"（澡塘会）、"阔时节"（春节）等节日时，都要表演上刀山、下火海这个节目。在腾冲市举办的火山旅游文化艺术节上，上刀杆成为一个压轴节目。腾冲市还组织了胆扎、轮马、瑞滇、明光等四五支刀杆队，在各种接待活动中进行"上刀山、下火海"表演，有时候一个月一次，有时候是一个月十多次，一年就有三四十次。专司祭祀活动的"尼扒"变成旅游文化背景下的"演员"，这使尼扒的传承模式也发生了巨大变化。

在当下发展经济尤其是民族地区在发展旅游业的背景下，通过政府的力量，人们将傈僳族的民族文化元素糅进刀杆节当中，将原来的祭祀仪式转变为一项文化展演。为了发展旅游产业，吸引游客，傈僳族的上刀杆在时间、空间、过程、内容上都发生了巨大的变化，尤其是对仪式的起源和功能，也进行了重新解释，这就是腾冲地区有关刀杆节起源的来历传说所形成的原因，这也是当下中华民族传统文化事项所经历的共同命运。

基于傈僳族万物有灵的自然崇拜与祖先崇拜而起源的"上刀山、下火海"仪式，在近代族际互动中实现了从祭祀仪式到民族节日的转变；又在国家力量与旅游经济驱动下，通过地方文化精英与民间艺人之间的互动，从民族节日演变为文化展演项目，并从区域性多民族共享的文化事项转变为"傈僳族刀杆节"，从神圣走向世俗，这也是传统文化创造性转化的一个典型案例。

五尺道上的民族节庆

第 三 章

五尺道是秦汉时开辟的一条由川入滇的官道。战国时期，蜀郡太守李冰主持开凿了沿青衣江经夹江、乐山、犍为至僰道（今四川宜宾）的"僰青衣道"。秦朝建立后，派常頞在此基础上开拓了由僰道南下，过今盐津豆沙关、昭通，然后到味县（今曲靖）的道路。汉武帝时又派唐蒙对五尺道加以整修扩建，一直修到滇池（今昆明）地区，唐朝称为"石门关道"，路线"从

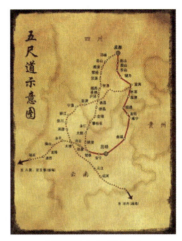

五尺道走向示意图

戎州都督府（今四川宜宾）过石门（今云南盐津），入曲州（今云南昭通、鲁甸）、靖州（今贵州毕节、威宁）至郎州（今云南曲靖），过昆州（今云南昆明）、云南（今云南祥云）抵达羊苴咩城（今云南大理）"[1]。另外这条路向南沿红河南下经屏边至越南河内，汉代时称为"进桑道""步头道"，唐朝时成为"安南通天竺道"的东段。

按照现在的行政区划，该道路经过的地区包括宜宾市、昭通市、毕节市、曲靖市、昆明市。其西行的道路经过楚雄彝族自治州到大理白族自治州，南下的道路经过红河彝族哈尼族自治州、文山壮族苗族自治州。现在生活在这条道路上的民族有彝族、回族、苗族、壮族、布依族、瑶族、水族、哈尼族、傣族、白族等

① 范建华：《西南古道与汉、唐王朝开边》，《思想战线》1991 年第 6 期。

民族。

这条古道现在还留下了不少遗迹。如盐津豆沙关古道遗迹、大关垴古道和马桑坪古道遗迹、曲靖炎松古道遗迹、可渡古道遗迹等。其中保存最完整的可渡古驿道，由云南可渡村经旧城村进入贵州威宁站坡村，全长约 10 千米，路面宽约 2 米，全用不规则石板铺成，呈"之"字形蜿蜒于山坡上，沿途有记载驿道情况的古碑，路面的马蹄迹多处已洞穿石块，是明清时期使用最频繁的古驿道之一。

可渡古驿道（黄中　摄）

南方丝绸之路研究丛书

民族节庆卷

第一节

花山节

苗族是南方丝绸之路上的一个跨境民族。分布在各地的苗族人有许多自称，如"牡""蒙""毛""果雄""带叟"等，还有些地方按其住地、服饰等方面的不同，被称为"长裙苗""短裙苗""长角苗""红苗""黑苗""白苗""青苗""花苗""小花苗"等。据

2010 年中国第六次人口普查数据，苗族总人口为 9426007 人，主要分布在长江以南的黔、湘、滇、川、桂、鄂、渝、琼、陕、京等省、自治区、直辖市。此外，苗族在越南、老挝、泰国、缅甸等国也有分布。越南称苗族为赫蒙族，分布在越南北方，以封土、奠边府、高原、黄树皮、顺州等地较为集中。老挝苗族居住在北部，以川扩、丰沙里、桑怒、会晒、琅勃拉邦等地人数最多。泰国的苗族是在 18 世纪至 19 世纪时从中国西南地区迁入北部地区的，现在老一辈的苗族人仍可以操云南话。缅甸的苗族主要居住在萨尔温江上游两岸山区，以果敢地区最为集中。[1]

威宁苗族花山节

一、苗族历史及其文化

学术界普遍认为，苗族源自古老的"三苗"。三苗是上古时期的一个民族集团，据古史传说，当时黄土高原的炎帝与黄帝部落，沿黄河由西向东发展，先后与黄河下游和长江中下游一

---

① 方铁：《云南跨境民族的分布、来源及其特点》，《广西民族大学学报》2007 年第 5 期。

带以蚩尤为首的九黎部落联盟在涿鹿一带发生战争。蚩尤先打败炎帝，"蚩尤乃逐帝，争于涿鹿之阿，九隅无遗"①。后来炎帝与黄帝联合战败了蚩尤，"于是黄帝乃征师诸侯，与蚩尤战于涿鹿之野，遂禽杀蚩尤"。②九黎集团战败后大部分向南流徙，主要生活在长江以南洞庭湖、鄱阳湖之间的广大地区。据《史记》记载："三苗在江淮、荆州数为乱，于是舜归而言于帝，请流共工于幽陵，以变北狄；放驩兜于崇山，以变南蛮；迁三苗

蚩尤像（汉代画像石拓片）

于三危，以变西戎；殛鲧于羽山，以变东夷，四罪而天下咸服。"③《淮南子》也记载："窜三苗于三危。"④《说苑》也说："当舜之时，有苗氏不服。其所以不服者，大山在其南，殿山在其北，左洞庭之波，右彭蠡之川，用此其险也，所以不服。"⑤有学者从语言学的角度，发现苗族起源于我国南方的洞庭彭蠡之间，这和传说中古潭州（即今长沙）、岳州一带曾建立"三苗国"之说是相印证的，相当于后来的南楚。⑥

① 黄怀信、张懋镕、田旭东撰：《逸周书汇校集注》，上海古籍出版社 2007 年版，第 732 页。
② （汉）司马迁：《史记》，中华书局 1982 年版，第 5 页。
③ （汉）司马迁：《史记》，中华书局 1982 年版，第 28 页。
④ （汉）刘安著，陈广忠译注：《淮南子》，中华书局 2011 年版，第 1118 页。
⑤ （汉）刘向编，程翔评注：《说苑》，商务印书馆 2018 年版，第 8 页。
⑥ 曹翠云：《从苗语看苗族历史和起源的痕迹》，《贵州民族研究》1983 年第 3 期。

到战国时吴起发兵"南并蛮、越"，占有洞庭、苍梧等蛮越之地。这支苗人被迫逃进武陵山区，有所发展壮大，又遭到东汉王朝的一再进剿，又被迫"朝着太阳落坡的地方"逃迁，最后达到今湘西、黔东北、川东南和鄂西南一带。到了秦汉时期，长江中游及洞庭湖地区的苗族祖先被称为"黔中蛮""五溪蛮"（"武陵蛮"）。秦汉以后，他们被统称为"南蛮"，中原王朝在大多数南蛮地区建立郡县，如武陵郡、牂柯郡、巴郡、南郡等，都有苗族先民在此繁衍生息，中原王朝在这些地区实行羁縻政策。这一时期，中原铁器和生产技术的传入，推动了苗族先民经济的发展。居于雄溪、满溪、辰溪、酉溪、潕溪的"五溪蛮"[1]先民已开始从事农业生产，掌握了用木皮织线和以草实染色的纺染技术，出现了产品交换。

至三国时期，魏、蜀、吴长期在荆、扬、徐、豫等州进行争夺，而这一地区有大量苗族分布。此时已有部分苗族迁入南中郡国，曾被蜀国时抚时讨。魏灭蜀后，吴与魏又曾激烈争夺五溪地区。[2]魏晋南北朝时期，武陵地区由于生产力的不断发展，苗族先民的原始社会开始逐渐解体，由原来血缘关系组成的氏族公社，已逐渐发展成为地缘关系的农村公社。

唐宋年间，苗族先民逐步进入阶级社会，通过汉、苗等民族间频繁接触，苗族封建社会领主经济开始形成并有所发展，武陵五溪及其邻近地区的农业又获得了长足的发展。有些"蛮酋""蛮帅"成为世袭的"土官"，占有大量的土地。如北宋末年，五溪上游地区的城步寨（今湖南城步县）苗族兰氏一家，即开田四千多亩，筑堤修渠，"有四十八个田坝口，昼夜流水响呵呵"[3]。又如

---

① （唐）李延寿：《南史》，中华书局 1983 年版，第 1980 页。
② 贺国鉴：《魏晋南北朝时期苗族社会论述》，《贵州民族研究》1986 年第 2 期。
③ 城步苗族《兰氏墨谱》，内部资料。

宋咸平五年（1002年），夔州路转运使丁谓奏请在五溪地区实行"溪蛮入粟实边"，朝廷给"溪蛮"以食盐。"群蛮"认为"天子济我以食盐，我愿输兵与食"，结果"边谷有三年之积"①。这一时期，原夜郎、牂柯地区的经济也得到进一步发展。据记载，牂柯郡地"土热多霖雨，稻粟再熟"②，畜牧业也有发展。马是牂柯诸蛮的主要贡品，有一次贡名马多达461匹的记载。③

南方丝绸之路研究丛书 民族节庆卷

到明清时期，苗族主体已迁入今天的西南地区，其分布格局也已基本定型，"东起湘西，西至滇东北、东南，南括桂西北，北抵鄂西南、川东南，其中以贵州最多，而分布在贵州的苗族，又主要集中在沅江上游清水江流域和黔东铜仁府及黔西北"④。明朝政府于弘治十五年（1502年）在湖南城步苗区开始"改土归流"，在其他地区也开始派遣流官。到明末清初，大部分苗族地区开始改土归流，使封建经济得到迅速发展。但以腊尔山为中心的黔东北苗区，以雷公山、月亮山为中心的黔东南苗区，以及以麻山、花山为中心的黔中南苗区，仍处于"无君长，不相统属"状态，被封建王朝统称为"生界"。自雍正六年（1728年）张广泗率兵讨伐八寨苗开始，迄至雍正十一年（1733年）哈原生平定高坡九股苗止，清廷武力开辟黔东南苗疆生界共历时五年，经过大规模的军事讨伐，先后设置了"新疆六厅"，分属镇远、黎平、都匀三府统辖，将其纳入清王朝的统治之中。⑤

苗族有自己的语言，属于汉藏语系苗瑶语族苗语支，其内部主要有黔东、湘西和川黔滇三大方言，其中川黔滇方言又分川黔滇、滇东北、贵阳、惠水、麻山、罗泊河和重安江七个次方

① （元）脱脱：《宋史》，中华书局1956年版，第14175页。
② （宋）欧阳修、宋祁：《新唐书》，中华书局1975年版，第6293页。
③ （元）脱脱：《宋史》，中华书局1956年版，第14225页。
④ 杨胜勇：《生态环境对明清时期苗族经济的制约》，《中央民族大学学报》2001年第3期。
⑤ 马国君、黄健琴：《略论清代对贵州苗疆"生界"的经营及影响》，《三峡论坛》2011年第4期。

言。[①] 苗语的方言、次方言和土语尽管存在着一些差异，但相通部分仍占 60% 以上。传说苗族古代曾有文字，与汉字可能同源，后来失传，这些传说如今已难以考证。20 世纪初，一些苗族知识分子为发展苗族文化教育，创制了一些方言文字，一些外国传教士为了传教的需要也创制了一些苗文。但是这些苗文因种种条件的限制，未能在苗族群众中推行。

苗族少女服饰

苗族宗教信仰主要为自然崇拜、图腾崇拜和祖先崇拜[②]。自然崇拜认为万物皆有神灵，主要崇拜对象有天、地、日、月、巨石、大树、竹、山岩、桥等。图腾崇拜主要以盘瓠为崇拜对象，苗族自认为是盘瓠之后，大部分村寨建有盘瓠庙、祠堂，庙内设有"盘瓠大王"的神位，年初岁末都举行隆重的祭祀活动。在麻阳、吉首、花垣、泸溪、沅陵等县市，至今还有不少盘瓠的遗存。在不同的支系中还有龙、凤凰、枫木、蝴蝶、鸟、鹰、竹等图腾，有些地方定期举行"接龙"的祭祀活动。在祖先崇拜中，湘西苗族认为"傩公""傩母"是人类的创始神，虽去世多年，但其灵魂却永恒存在，仍庇护着人们。为了求得六畜兴旺、五谷丰登，每年进行"还傩愿"（又称"腊祭"），以酬傩神。祭祀时，还要唱傩戏、跳傩舞，十分隆重，各个姓氏都有祭祀本家族祖先的活动。另外苗族还有对灶神、土地神、天王神等神灵的崇拜，个别地区苗族还信仰天主教、基督教。

---

① 曹翠云：《论苗语方言现状及其形成》，《中央民族学院学报》1989 年第 3 期。
② 万里等：《湖湘文化大辞典》，湖南人民出版社 2006 年版。

苗族支系众多，分布区域甚广，所处的地域自然环境、社会环境和文化风气等方面都有所差异，因此各地苗族的节日庆祝的时间和方式都不尽相同，主要有花山节、苗年、四月八、吃新节等节日。

苗年是苗族一年中最隆重、活动内容最为丰富的一个传统节日，盛行于贵州黔东南和广西部分苗族聚居区。过苗年的日期，各地不尽相同，在农历的九、十或十一月的龙日或兔日或牛日举

苗年

行。家家户户都要把房子打扫干净，积极准备年货。在苗年三十的晚上，全家都要在家吃年饭，守岁到午夜才打开大门放鞭炮，表示迎接龙进家。在天刚拂晓时，每家都由长辈在家主持祭祖。早餐后，中青年男子便上邻居家拜年，祝贺新年快乐。从第四天开始，一些老年男女也纷纷挑着酒、肉、糯米粑等走亲访友，或者在家忙于接待来宾；一些年轻男女或在各自的村子里吹笙跳舞，或跳铜鼓舞、斗牛；或者小伙子去别的村子的游方场"游方"，男女互相对歌，倾吐爱慕之情。前后活动历时9天左右才能结束。有学者指出，（苗年）"集祭祀、娱乐、交际乃至商业活动为一体，是苗族社会政治、经济、文化的综合反映，其中所寓含的社会化内容也极为丰富，既有原始宗教的遗风，也有时代的

特质，从中可以看出苗族社会发展的轨迹"[1]。

　　每年的农历四月初八是贵州省的贵阳、黄平、松桃和湖南湘西等地苗族的传统节日。据说该节日是由纪念苗族英雄亚鲁发展而来的[2]。每逢节期，苗族同胞要蒸制花糍米饭，聚集到固定的地方吹笙、跳舞或对唱情歌。每年农历六七月间，贵州黔东南苗族侗族自治州和广西融水苗族自治县地区的苗族要举行吃新节。当田里稻谷抽穗的时候，苗族村寨家家户户都煮好糯米饭，准备一碗鱼、一碗肉等，都摆在地上（也有的摆在桌上），并在自己的稻田里采摘 7～9 根稻苞来放在糯米饭碗边上，然后烧香、纸，由长者掐一丁点鱼肉和糯米饭抛在地上，并浇上几滴酒，以表示敬祭谷神，祈祷丰收，然后把摘来的稻苞撕开，挂两根在神龛上，其余给小孩撕开来吃，全家人就高高兴兴地共进美餐。第二天，各村寨的男女老幼都纷纷穿着新衣来参加跳芦笙会。

　　赛龙舟是我国南方民族普遍举行的一种文化活动。其起源甚早，大约可追溯至春秋以前。当时的龙舟竞赛活动主要在吴越文化圈内，后来逐渐扩展到荆楚地界，最后扩大到东南亚各国。[3]贵州的台江、施秉的六七十个苗族村寨，以及湖南湘西的凤凰、泸溪、吉首、保靖、花垣等地的苗族，在每年的农历五月五日，要举行盛大而隆重的龙舟竞赛。贵州的凯里、麻江、丹寨各县市交界的舟溪一带还要举行芦笙节，各村的青年男子都各自围成圆圈，吹笙跳舞，持续四五天，气氛十分热烈，是一种融歌、舞、乐于一体的群众性的文艺活动。

　　在所有的节日中，花山节是最古老、参与人数最多，也最热闹的节日。"花山节"又名"踩花山""跳花场""踩场""踩山"

① 贾晔、邵志忠：《苗族传统节日文化》，《广西民族研究》1994 年第 4 期。
② 范生姣：《论苗族"四月八"的起源——兼与汉族"四月八"的比较》，《湖北民族学院学报》2007 年第 4 期。
③ 潘年英：《赛龙舟习俗的原始意义考》，《中南民族学院学报》1992 年第 2 期。

等，流行于川南、黔西北、滇东南的苗族地区。举办日期有的地区在农历正月，有的地区在六月，还有的在八月。主要活动分祭杆、闹杆、收杆三个程序。苗家男女老少，穿金戴银，从四面八方赶到花杆脚下，吹芦笙、弹响篾、跳脚架、耍大刀、斗牛、摔跤、斗画眉、爬花杆。这个节日既是苗族男女青年谈情说爱的好时机，也是苗族服饰、饮食及宗教文化重要的展演空间。

二、"踩花山"的起源传说

苗语称"踩花山"为"巩道"，直译为"在山野里悼念"，也就是在山坡上举行祭奠活动①。关于这一活动的起源，缺乏文献记载，但是民间有丰富的起源传说。这些传说概括起来有三种：

第一种说法为"祭祀英雄说"。据说是为了纪念蚩尤或某一苗族将领。如流传于云南省马关县苗族地区的《花山起源之歌》说：

话说遥远的上古。苗家住黄河坝上，苗王名叫蒙孜尤，是他领导真有方，人人生活不忧愁。不知哪样叫花山……不为别的什么事，只因皇帝起坏心，抢占苗家好地方，村村寨寨遭劫难，孜尤领着我苗兵，攻破皇帝九个镇。苗人会战不会防。苗田苗地被强占，皇帝张弓又射箭，孜尤中箭身阵亡，苗兵心散无首领，方从黄河迁长江……族长心里多忧愁，眼泪悄悄心里流，扛着斧子上山去，砍下枫树插坝上，将事告诉众苗人，这是苗家踩花山。族长心里多忧愁，泪流心里思故乡。扛着斧子上山去，砍下松树插坡上，把因告诉众苗亲，这是苗家的花杆。族长指着花杆说，这是孜尤的旗杆。代代将它往下传，逢年过节要祭奠……②

---

① 王万荣：《文山苗族》，云南民族出版社2008年版，第240页。
② 文山壮族苗族自治州苗学发展研究会：《文山苗族民间文学集》（诗歌卷），云南民族出版社2006年版，第157—158页。

这里的苗王蒙孜尤即是上古时代传说的蚩尤。云南文山州也有类似的传说：

从前，苗族祖先居住黄河中下游，那个地方有着肥沃的土地，牛羊成群。狠心的黄帝一心想霸占苗族的地方，就派兵来打苗族。苗王蒙子酉（蚩尤）就率领他的九个儿子、八个姑娘和苗民们，与黄帝交战，最终寡不敌众，苗族失败了。蒙子酉的九个儿子、八个姑娘战死沙场，苗族先民不得不向南方迁移。蒙子酉在腊月十六日竖立花杆，正月初三举行祭奠仪式，纪念为保卫家乡而牺牲的儿女及乡亲。①

广西隆林县的传说与前述故事不一样，但主人公还是苗族的英雄蚩尤：

爬杆来源于纪念古代民族英雄孟子佑（即苗族始祖蚩尤），他曾率领成千上万的奴隶与土司领主作战，战斗中壮烈牺牲。奴隶们将他埋在一座高山上，墓前竖起一根长长的木杆，杆顶挂着祭品，人们围杆号跳，祭奠英雄在天之灵，世代相沿，成了跳坡节中的爬杆习俗。②

据学者考证，蚩尤九黎部落兵败后被打散，有的留在中原，逐渐融入于华夏（汉族）之中；有的则辗转迁徙到云贵川湘等西南边疆，逐渐形成今天的苗族。迁徙到西南边疆的苗族先民，为了祭祀祖先，在山坡上举行悼念祭祀活动，后来就成为定期的歌舞盛会而流传下来，演变为苗族传统的花山节。在今天各地苗族的丧礼仪式中，都会安排鬼师唱《引路歌》，苗族认为这样可以把亡灵沿苗族先民古时迁徙的路线上溯送回老家，老家就在东方"黄河入海口那太阳升起的地方"。学者研究认为，苗民所说的老家，正是蚩尤九黎部落古时活动之地。从各地苗族的土语方言中，也

① 《踩花山的来历》，《苗族民间故事》，云南人民出版社1988年版，第287—293页。
② 《隆林苗族》编写组：《隆林苗族》，内部资料，第276页。

可以觅到蚩尤的影子。尽管苗族分布在云贵川湘等三大方言区，语言支系很多，但各地苗人都一致把自己的祖先称为"尤公"。在黔东南方言中，叫老祖宗为"榜香尤"，湘西方言区称"剖尤""九黎蚩尤"，而云贵川西部方言区则直呼"蚩尤"。①

彭水民间蚩尤祭祀大典祭祀现场

关于花山节是为了纪念英雄祖先蚩尤的说法，也得到民族学田野调查资料的证实。有些地区在踩花山的各种活动开始之前，花山场中要立一根"花杆"，上面挂有一面三尺六寸长的红布，苗族人把它称作"蚩尤旗"。很显然，在这个祭祀性活动中，祭祀的对象是祖先和族群英雄蚩尤。这些活动说明花山节的来源确实与苗族的祖先崇拜有关。

第二种说法为"恋爱择偶说"。贵州省水城县南开乡一带有这样的传说：

很久以前有个男青年名叫阿嘎，他从小就失去了父母，靠帮寨子里的富裕人家放羊为生。村子里有一个女青年，她的名字叫阿枳，两人一起长大，相亲相爱。但是，后来阿枳被财主家抢去做媳妇，阿嘎经过努力，终于救回了阿枳。人们为了庆贺他们（团聚），就举行了七天七夜的活动。于是就形成了"花山节"。②

云南红河哈尼族彝族自治州屏边苗族自治县湾塘乡有这样一个传说：

苗族祖先原来居住的地方，有一户人家，老两口五十多岁了，只有一个长得如花似玉的姑娘。一天，姑娘赶着羊群进山去

① 江泽：《九黎、三苗与苗族》，《苗侗文坛》1994 年第 2 期。
② 王万荣：《苗族"花山节"的起源及其研究价值》，《文山学院学报》2012 年第 5 期。

放（牧），遇上了贪淫残暴的恶鸟。正当恶鸟欲行非礼时，一个英俊、勇敢的小伙子发弩射死恶鸟，救下姑娘，给她烧火取暖，吃干粮，把她送到家门口，没留下姓名就走了。姑娘的父母十分过意不去，决定要找到他。父亲就砍来一棵松树，立在村外的平地上，传话给乡亲们说，农历正月初二来这里唱歌跳舞，看哪个的歌舞好，就把姑娘嫁给他。正月初二那天，人们从四面八方汇拢来了，姑娘四处寻找她的意中人，直到第三天她才找到因顾虑自己一贫如洗而躲在人群后面观看的小伙子。父亲当众宣布把姑娘嫁给他。为了表示对小伙子的敬意和祝贺他俩美满幸福，大家载歌载舞，共同欢庆。姑娘小伙子们都希望自己也能找到称心如意的意中人。从此，形成了一年一度的花山节。①

这种说法也有一定的证据。苗族的男女青年在恋爱、婚姻问题上相对是比较自由的，男女青年在踩花山时也有互相选择配偶的目的。在古代文献中，花山节也被称为跳月，举行的时间以仲春时节居多，男女青年酣歌狂舞，各选所欢，互相求爱。如明代《嘉靖图经》记载：苗族"男女未婚者每岁三四月聚集于场圃间，中立一杆，环绕跳跃……歌唱"；明代王圻的《续文献通考》中也记载："苗人休春，刻木为马，祭以牛酒。老人之马箕踞。未婚男女，吹芦笙以和歌词，谓之跳月。"同时代杨慎在《滇程记》里记载："男女踏歌，宵夜相诱，谓之跳月。东苗种人，皆吹芦笙，旋绕而歌，男女相和，有当意者即偶之，曰跳月成双。皆露髻翘簪，镂衣贝锦。"清人陈鼎在其《黔游记》中，对苗族跳月的习俗也有记载："跳月为婚者，元夕立标于野，大会男女。男吹芦笙于前，女振金铎于后，盘旋跳舞，各有行列。讴歌互答，有洽于心即奔之。越日送归母家，然后遣媒妁，请聘价焉。"苗族生活

---

① 王万荣：《文山苗族》，云南民族出版社 2008 年版，第 240—241 页。

在偏乡僻壤，战乱频繁，不断迁徙，需要提供一个选择异性的机会，为繁衍后代，增加人丁做准备，"恋爱择偶说"认为花山节就是这样一个为男女相识、相恋提供机会的节日。

第三种说法为"延续子嗣说"。云南文山州苗族相传：

古时候有一位苗族英雄，为了苗族人民的利益，他率领苗族人民英勇奋斗，在战争中他的九个儿子八个姑娘都在战场上英勇牺牲了。战争结束以后，这对英雄夫妇在春日佳节时思念儿女，忧伤得不进食、不思寝、不辨昼夜。人们出于对英雄夫妇的爱戴，就约定在春节这个节日里，都去英雄家慰问他们夫妇俩。为了使英雄忘记思念之忧，和大家一起共同快乐，大伙就在山坡上立杆挂彩，为英雄夫妇祈祷，希望他们俩再生儿育女。[1]

贵州安顺、紫云，云南威信、屏边、元阳等地的苗族，都有举办花山节是为了求子，或是为了无儿无女的人举办的民间说法。并且都有倒杆时将花杆破做床板，或是送给婚后多年未生育的人家以"冲喜"的习俗，以便早生贵子。[2]

节日期间男女两情相悦，可以结为相好，甚至两个人结合发生关系，在古代中原也很盛行，如《周礼·地官·媒氏》有"中春之月，令会男女，于是时也，奔者不禁。若无故而不用令者，罚之；司男女之无夫家者而会之"的记载，这是当时的统治者在特殊情况下为督促适婚男女及时婚嫁以增殖国家人口、稳定社会而采取的一项特殊的婚姻政策。少数民族地区这种延续子嗣的需求更加旺盛，所以花山节在古代应该与中原地区的"仲春之会"有相同的社会功能。

关于苗族花山节起源的传说非常丰富，虽然我们不能把这些民间传说作为解释花山节起源的证据，但从中也让我们看到了这

① 文山州文联：《山梅》1981 年第 4 期。
② 王万荣：《苗族"花山节"的起源及其研究价值》，《文山学院学报》2012 年第 5 期。

些传说关于节日起源的地方性解释。众所周知，祭祀节日在民间既是一种宗教观念的表达，也是一种民众游乐的狂欢，即所谓"祭神娱人"，既有神圣的信仰表达，又有世俗的娱乐功能。所以苗族的花山节既有祖先崇拜、英雄崇拜的信仰痕迹，也有求偶恋爱、子嗣繁衍的现实目的。

三、花山节的仪式展演

苗族的花山节活动，在民国时期非常兴盛。据民国《丘北县志》记载：当地苗族"婚姻于交聘金后，即领而配，不择日时。数年后无子嗣者，许以踩花山，祈神佑之，有效则踩。踩必三年，头年三日，次年五日，三年七日，远来者不拘多寡，主人必招待之。"民国《马关县志》对苗族踩花山的盛况描写最为详尽：

上年冬季，选一高而稍平之山场，竖数丈高之木杆于其处作标识，而资号召。当事者酿咂缸酒数缸。翌年春初，陈咂缸酒于场，苗男女皆新其装饰，多自远方来，如归市然。……场院中吹芦笙者，既吹且舞，屈其腰而昂其首，足或飗矣，手或翔矣……终日歌声袅袅，笙韵悠悠，饮者呶呶，论者咻咻，递盏追欢，不醉不归。[1]

传统的花山节庆祝仪式到现在每年都在展演，活动过程可以分为立花杆、闹花杆、倒花杆三个阶段。

第一个阶段：立花杆。苗族在"踩花山"举办之前，要进山选伐花杆，选好制作花杆的树木之后，主持活动的村寨长老要在砍树前进行祭祀，跪在树前，向大树说明来意，焚香敬献之后方能砍倒大树。花杆通常用杉树或松木做成，高约 30 米，刮去树

---

[1] 张自明修、王富臣纂：《马关县志》，民国二十一年（1932）石印本。

皮抹上一层植物油，然后竖于选好的花山场中心，杆顶插绿叶一枝，悬挂长约120厘米的红布一块，米酒一壶。踩花山由"花山主人"主持，花山主人一般由没有儿子的壮年人担任，连任三年后更换。苗族认为花山主人是替群众办好事的，当过花山主人的就会得子得福，因此凡已婚无子的都乐于当花山主人。立好花杆之后，就要举行祭祀活动。

红河州踩花山节上，花山主人会带领着九名男青年八名女青年一边环绕花杆，一边念祭词：

子酉是我祖，长江是我源。千年迁徙苦，安身在南边。而今逢盛世，苗胞喜相连。今日祭花杆，先祭我祖先。降福又庇佑，康乐满人间。苗家多豪杰，历代皆有颂。弯弓射日月，降虎南山中。长刀抗敌酋，强弩立奇功。花杆示青史，留存万人胸。龙行雨，在长天，田公地母听我言，今日焚香又敬酒，明日圆我心中愿。风调雨又顺，击鼓庆丰年。①

念完祭词，在花杆底下把祭祀的公鸡杀死，鸡血、鸡毛涂于花杆上，用这样的方式对花杆进行祭祀。节日期间，男女老少围着花杆载歌载舞，娱乐三天。

贵州长顺县广顺四寨的苗族在举行花山节时，先砍一根最好的竹子。然后在竹子的顶端挂一小块红布。齐胸处挂一把马刀，下面摆一张小桌，放上四碗酒。寨主喝完酒以后，用苗语念咒。然后宣布任命当年的花山主人，花山主人要半跪着从寨主手中接过宝刀。寨主指定两位老人在竹旗杆前吹奏一曲芦笙。这时人们才从四面八方拥向花场。围着旗杆正反各跳三圈后，再分类来跳。

各地立花杆的过程，都要举行虔诚的祭祀活动，这是花山节

南方丝绸之路研究丛书
民族节庆卷

---

① 和跃：《简述红河州苗族"踩花山"的基本形式》，《艺术科技》2013年第5期。

神圣性的体现，也反映了"踩花山"的来源与宗教信仰有关。

　　第二个阶段：闹花杆。闹花杆有多种形式，比如歌舞、经济、贸易等，即在花杆周围举行民间娱乐、竞技、交换活动。苗族能歌善舞，唱歌、跳舞、演奏民间乐器是"踩花山"庆典中最常见的活动。唱歌有独唱和对歌两种形式，它们都有固定的调子和歌词，以情歌为主。在"踩花山"的过程中，有的小伙子边看表演边暗中物色自己对歌的对象，当小伙子物色好对象后就会向姑娘靠拢，打开伞把姑娘遮住。如果姑娘对小伙子有好感，那么对歌也就开始了，这叫作"拉姑娘"。两人在对歌时，旁边往往会有一群兄弟、姐妹助阵，还会有很多看热闹的人在周围助兴。当男女双方对歌建立了感情以后，就可以互定终身。

苗族芦笙舞

　　苗族传统的音乐、舞蹈都与芦笙有着密不可分的关系。在云南晋宁石寨山发现的铜鼓上，刻有一人吹芦笙、三人摆手的画面。文山壮族苗族自治州出土的开化铜鼓上，也绘有吹笙跳舞的羽人画，这些反映出芦笙与苗族文化的历史关系。[1] 在"踩花山"庆典中，芦笙舞是最具苗族特色的活动，宋代诗人陆游曾在其《老学庵笔记》中记载："苗人农隙时，至一二百人为曹。手相握而歌，数人吹笙在前导之，贮缸酒于树荫，饥不复食，惟就缸取酒恣饮，已而复歌，夜疲则野宿。至三日未厌，则五日或七日，方散归。"清朝陆次云在《峒溪纤志》中对苗族演奏芦笙有过具体的描绘："笙节参差，吹且歌，手则翔矣，足则扬矣，睐转肢回，旋神荡矣。初则欲接还离，少且醄飞扬舞，交驰迅速逐矣。"现在的花山节继承了古代芦笙舞的遗风，每年都有表演。

花山节上还有各种竞技活动。爬花杆、射弩、打鸡毛毽是"踩花山"不可缺少的部分，斗牛、赛马等活动视花山主人的实力、地理环境而定，近些年篮球比赛也进入到了竞技比赛的行列。其中爬花杆、射弩是"踩花山"最具特色的部分，爬花杆比赛是小伙子们比赛谁最先摸到杆顶的芦笙，或者喝到壶里的白酒，谁就成为花山场上的英雄，受到人们的尊敬和姑娘的青睐。[2] 射弩主要表现苗族的精湛射猎技艺。青年男子通过爬花杆、射弩这些活动，在赢得荣誉的同时得到姑娘的爱情，可谓一举多得。

花山节也是当地重要的物资贸易场所。"踩花山"节日期间，以花山场为中心四周会形成一个小型的商业圈。苗族会带着刺绣、蜡染、草药等商品来进行交换。届时，其他各民族也会来"凑热闹"，出售米线、卷粉、臭豆腐、饮料，也有开办套圈、蹦蹦床、射击、投篮等游戏活动的。

第三个阶段：倒花杆。倒花杆就是活动结束时举行的拆除花杆仪式。苗族称正月十五为过大年，全村休息一天拆除花杆，取下红布，由花山主人送交下任。移送红布时，要举行一定的仪

---

① 和跃：《简述红河州苗族"踩花山"的基本形式》，《艺术科技》2013年第5期。
② 邓启耀：《衣装秘语》，四川人民出版社2005年版，第121页。

式，下任花山主人紧闭大门，当年的花山主人边敲大门边唱吉祥歌，屋里有问必答，屋内屋外进行对歌，一直唱到新主人开门，接过红布，成为第二年的花山主人。

赫章苗族花山节

花山节自产生以来一直都没有间断过，即便在"文革"破四旧时期，花杆被扛走了，苗族群众照样举行节日活动。近年来，踩花山活动呈现出越来越热的势头。在各地苗寨，立杆、献祭、绕杆、对歌和芦笙舞等内容还在继续，斗鸡、斗鸟、爬杆、射弩等竞赛还在举行，一些村寨还保留了"拉姑娘"活动，可以看到男孩子们通过拉衣襟、说唱等方式，向心仪姑娘表达爱意等精彩场景，保留了该节庆的原生性。①

同时，花山节活动开始走出山寨，在乡镇、县城举办。主办者也由原来的花山主人变成了各级政府或者当地苗学会，规模更加盛大，参与人数更多，影响范围更广。如云南省文山壮族苗族自治州马关县的花山节活动包括祭花杆仪式、倒爬花杆、芦笙舞、民歌组队对唱比赛、打陀螺，以及当地歌手的音乐作品专场

---

① 郑宇、杜星梅：《民族节庆产业的三重结构探析——以云南省马关县苗族"踩花山"为例》，《学术探索》2014 年第 12 期。

演出。传统踩花山中具有竞技性的活动内容，都设立了各种奖项。参与人员除了本地人外，还有来自国内外及周边的游客，以往春节期间，马关县城数百家宾馆、饭店、商店等门可罗雀，如今都是顾客盈门。旅游、住宿、饮食、商贸等都取得了长足的发展，这对于发展滞后的民族边疆地区的社会经济，无疑有着一定的推动作用。

在跨境居住的苗族地区也保留着传统花山节的仪式和特色。据学者对越南老街省孟康县花龙乡的调查，这里农历腊月十六或二十六立花杆，正月初四祭杆，正月初六倒杆，上香、敬酒、念祈词、杀鸡等活动还在开展。祭杆仪式后，身背小孩的苗族群众自发参加绕杆活动，表达苗族村民对花杆的崇敬、对神灵的感激。2000年以后，越南老街省孟康县花龙乡和中国云南省河口县桥头乡政府分别介入花山节活动，活动内容更加丰富，规模日益扩大。由于道路条件和交通工具的改善，边境两边的苗族民众互相参加对方的花山节。2013年开始，花山节互访上升到政府层面，桥头乡政府和花龙乡政府互相邀请，由政府领导、工作人员、文艺表演队组成代表团，分别于花山节第一天互访交流，这为两国苗族之间的交往交流提供了一个非常重要的平台。①

随着时代的发展变化和社会的不断进步，苗族"踩花山"已由当初的祭奠祖先或者男女交游开始演变为"文化搭台，经济唱戏"的节日，其深层的文化内核已向促进商品流通、交流生产经验和保证家庭收入方面悄然过渡。在踩花山期间，苗民身着盛装纷至沓来，围着花杆欢歌狂舞，比赛技艺，酣畅淋漓地体味民族团聚、共庆佳节的欢乐，再次唤起民族的集体认同感。不同国籍的跨境苗族延续着花山节固有的立花杆、闹花杆、倒花杆的习俗，

---

① 唐雪琼、钱俊希、杨茜好：《跨境流动视阈下的节庆文化与民族认同研究——中越边境苗族花山节案例》，《地理科学进展》2017年第9期。

促成了花山节的文化传承，在苗族文化的发展与认同中发挥着重要作用。

第二节

三月三

壮族是分布在南方丝绸之路"进桑道"上的主要民族，族称来源于部分壮族的自称"布壮"。除此之外，还有二十多种自称，如"布雅依""平民""布侬""布越""布诺""布曼""布傣""布土""沙人"等。中华人民共和国成立后，统称"僮族"，后来在周恩来总理的建议下，改为"壮族"。壮族主要分布于广西壮族自治区，在云南、贵州、广东和湖南等省份也有分布，根据 2010 年

广西河池地区"三月三"

第六次全国人口普查统计，壮族总人口数为16926381人，是我国少数民族中人数最多的民族，其中大约91%分布在广西壮族自治区，云南省也有壮族114万人，大部分居住在文山壮族苗族自治州。

一、壮族历史与文化

学界认为，壮族的族源与春秋战国至秦汉期间的史籍中所载"越""百越"或者"百粤"有关。据史书记载，在秦汉期间散布于岭南地域百越有两个较大的支系——"西瓯"和"骆越"，属于同源的部落，他们很早就共同生活在一起，有时被统称为"瓯骆"，所以，有学者认为："分布于广东西部和广西境内的西瓯、骆越等支系，则同壮族有着密切的关系"，"壮族主要来源于土著的西瓯、骆越"[①]；"在众多的越人种属之中，壮族乃渊源于西瓯、骆越人"[②]。学者张一民等认为："西瓯的活动地域是五岭以南，南越之西，骆越之东，大体包括汉代郁林郡和苍梧郡，相当于柳江以东、桂江流域和西江中游一带。骆越的活动地域则在西瓯之西，汉代牂柯郡东部和东南部，中南半岛北部；大体相当于左右江流域、贵州省西南部及今越南红河三角洲一带。"[③]徐杰舜认为壮族的形成经历了三个阶段：从骆到瓯骆和骆越为第一阶段；从瓯骆和骆越到俚和僚以及乌浒蛮为第二个阶段；从部分俚族和僚族发展成壮族为第三阶段。到秦汉之际，先秦时的骆已经逐渐分化成西瓯、骆越两个族群。[④]覃德清认为："先秦时期百越族群中西瓯、骆越人的后裔，主要包括中国境内的壮侗语族群，以及

① 《壮族简史》编写组：《壮族简史》，广西人民出版社1980年版，第4—5页。
② 张声震：《壮族通史》，民族出版社1997年版，第228页。
③ 张一民、何英德：《西瓯骆越与壮族的关系》，《广西师范大学学报》1987年第2期。
④ 徐杰舜：《从骆到壮——壮族起源和形成试探》，《学术论坛》1990年第5期。

与壮族是同根生民族的相邻国家的一些民族，如越南的岱族、侬族，泰国的泰族，老挝的老族，缅甸的掸族和印度阿萨姆邦的阿含人等。"①

公元前219年，秦始皇统一六国两年后，派尉屠睢率领50万大军，兵分5路向岭南进发。据《淮南子》记载："一军塞镡城之岭（今越城岭一带），一军守九疑之塞（今九嶷山一带），一军处番禺之都（今广州），一军守南野之界（今江西南部），一军结馀干之水（今江西余干县一带）。"其中一路进军到桂林附近时，遇到了西瓯人的顽强抵抗。在战斗中，西瓯君译吁宋阵亡，但西瓯人"皆入丛薄中，与禽兽处，莫肯为秦虏，相置桀骏以为将，而夜攻秦人，大破之。杀尉屠睢，伏尸流血数十万"②。直至始皇三十三年（公元前214年），西瓯才为秦军所败。秦朝统一了岭南，设置桂林、南海、象郡，派官员进行统治。

秦朝灭亡后，原驻守南海郡的秦将赵佗，吞并桂林和象郡，建立了南越王国，自称为南越武王。他在尊重越族风俗习惯的同时，大力推广中原的先进生产技术和科学文化③。汉武帝时，南越统治集团内部互相倾轧，丞相吕嘉掌握实权，反对归附汉朝，坚持地方割据，杀死了汉朝派来的官员和主张统一的南越王及王太后。汉元鼎五年（公元前112年），汉武帝派军进攻南越。公元前111年，南越王及吕嘉兵败被俘，汉朝统一了岭南。

汉武帝平定南越后，于元鼎六年（公元前111年），将秦所置3郡划分为苍梧、郁林、合浦、南海、交趾、九真、日南7郡，次年又增设儋耳、珠崖2郡，共9郡。元封五年（公元前106年），汉朝又分全国为十三部，岭南属于交趾部。汉朝采取"以其

---

① 覃德清：《瓯骆族裔——壮侗语民族的族群记忆与人文重建》，《广西民族研究》2005年第3期。
② （汉）刘安撰，陈广忠译注：《淮南子》，中华书局2012年版，第1090页。
③ （汉）司马迁：《史记》，中华书局1982年版，第2970页。

故俗治，毋赋税"的治理政策，西瓯、骆越的风俗习惯被保存下来。光武帝建武十八年（42 年），汉朝派马援南征，水陆两路"缘海而进，随山刊道千余里"，"所过辄为郡县治城郭，穿渠灌溉，以利其民。条奏越律与汉律驳者十余事，与越人申明旧制，以约束之"①。这些措施有力促进了当地社会经济的发展。《汉书·地理志》记载："自日南障塞、徐闻、合浦船行……有译长，属黄门，与应募者俱入海市明珠、璧、琉璃、奇石异物，赍黄金、杂缯而往。"这说明"海上丝绸之路"兴起于汉武帝灭南越国之后。

汉代之后，西瓯、骆越等名称在文献中消失，在他们曾活动的地域上先后出现了"乌浒""俚""僚""俍"等族群名称。两晋到南北朝时期，许多政权在岭南设置郡县。公元 589 年，隋朝统一中原后，进军岭南。岭南各郡共奉高凉郡冼氏夫人为大首领，"保境拒守"。隋将派人致书冼夫人，相劝归隋。冼夫人得书后，即召集下属头目商议，并派孙子冯魂迎接隋将到广州，岭南诸州相继平定。隋末唐初，岭南又为萧铣所割据，号称梁帝。唐武德四年（621 年），唐将李靖于两湖击败萧铣，派人分别招抚岭南首领冯盎、李光度、宁长真等，并授予官职。开元二十一年（733年），把原来的岭南道分置岭南东、西两道，设五府经略使于广州，下分五管，其中桂、邕、容三管都是壮族的聚居区。

宋代时，在今广西庆远、南丹一带出现了"僮"之名。宋仁宗皇祐年间（1049—1054 年），宋朝派狄青率兵镇压侬智高起义后，在原来羁縻统治的基础上，全面推行土司制度，"分析其种落，大者为州，小者为县，又小者为洞（峒）……推其雄长者为首领，藉其民为壮丁"②，分别授予壮族首领知州、知县、知峒等官职，

南方丝绸之路研究丛书
民族节庆卷

---

① （南朝宋）范晔撰，（唐）李贤等注：《后汉书》，中华书局 2000 年版，第 839 页。
② （宋）范成大著，胡起望.覃光广校注：《桂海虞衡志辑佚校注》，四川民族出版社 1986 年版，第 179 页。

并给"文帖朱记",世世承袭,以统其民。明朝时期,土司制度有了进一步的发展,"广西全省除苍梧一道无土司"外,其余各地均有土司之设。[①] 明朝为了加强对广西壮、瑶、苗等少数民族的统治,一方面继续推行"以夷制夷"的政策,另一方面对于大土司采取"众建寡立""分而治之"的办法,将大土司划分成若干小土司。同时推行"流官辅佐",实行"土流并设"制度,使土司更加依附于中央王朝。明朝中叶,由于土司制度已越来越不适应生产力的发展,开始试行"改土归流"。到清朝雍正年间,"改土归流"在西南推行,到清朝末年已基本改流完毕。

壮族有自己的语言。壮语属汉藏语系壮侗语族壮傣语支,与侗语、傣语、布依语等语言有着十分密切的亲缘关系。壮语北部方言和贵州的布依语实际上是同种语言的不同方言,壮语南部方言和越南的岱、侬语高度相似。壮族的古文字是"方块壮字",这是在借鉴汉字"六书"造字法的基础上创制的与壮语语音相似的一种文字。古壮字产生的年代,学术界大多认为是从唐代开始。最早发现的古壮字是上林县的《澄洲无虞县六合坚固大宅颂碑》和《智城碑》两块唐碑,分别使用了古壮字。[②] 1955 年,壮族人民创制了以拉丁字母为基础的,并且全民族都能够接受的壮文,直到目前还在使用。

壮族信仰原始宗教,崇拜自然、鬼神、祖先,宗教活动频繁。道公、巫婆在社会中充任人神之间沟通联系的媒介,主持各类宗教活动,以"鸡卜""卵卜""茅卜""骨卜"等打卦定吉凶。在唐朝之后,道教传入了壮族地区,到了近现代,广西地区的壮族普遍崇奉道教,村村寨寨都有道公。此外,还有少数群众信仰佛教、基督教等宗教。壮族的传统节日主要有壮年、三月三、陀

---

① （清）张庭玉：《明史》，中华书局 1974 年版，第 8217 页。
② 苏永勤、蔡培康等编纂：《古壮字字典·序》，广西民族出版社 1989 年版。

螺节、陇端节等，由于受到汉文化的影响，壮族也过清明、端午、中秋、中元、重阳、冬至等节日。

"壮年"在壮语中叫"将也益"，而春节叫"将昆"，即汉族节。壮年以农历十二月为岁首，十一月末日为除夕，习惯叫"崴谊久"，意为过二九（不管月大月小，都如此称谓）。是日，全寨集资买猪，宰杀敬祀社王，祈求保佑五谷丰登。节日期间，村村寨寨敲锣打鼓，吹笛弹琴，纵情欢娱。亲友互访道贺，青年玩山串寨对歌作乐。壮族也和汉族一样过春节，从大年三十至正月初一、初二，共三天，但初三至初五仍算春节期。春节期间，来客必吃粽子。壮家的粽子有大有小，大的一两斤重，小的二三两，还有一种叫"风莫"（特大粽子）的，重一二十斤。粽子主要原料是糯米，但要有馅儿。

在广西壮族聚居的地方，每年都举行陀螺节。陀螺壮语叫"勒江"，它有大有小，有轻有重。据说打陀螺自兴起至今，已有300多年的历史。时间是从旧历年除夕前两三天至新年正月十六日，历时半个多月。陇端节也是壮族的传统节日，"陇端"是壮语译音，意为到宽阔平坦的地方去相聚，相传这个节日已有700多年的历史，原是为了纪念民族英雄侬智高于公元1052年4月起兵反抗宋王朝的事迹，从农历三月二十五日开始，历时三天。

歌圩在南方丝绸之路经过的地区遍及城乡，"三月三"歌圩更是热闹非凡，是西南地区壮、瑶、苗、侗、仫佬、毛南等族最隆重的节日。尤其在壮族地区，"三月三"歌圩人数少则几百人，多则数千甚至数万人。方圆数十里的男女青年，都穿上节日盛装赶来参加。歌圩期间，人山人海，歌声嘹亮，成了歌的海洋。搭彩棚、摆歌台、抛彩球、择佳偶，别有风情。1983年，广西壮族自治区正式确定"三月三歌节"为壮族的全民性节日；自1985年起，广西武鸣县以歌节的形式连续举办了18届"壮族三月三"民俗活动；2003 年，壮族三月三"歌节"复名为三月三"歌圩"，成为享誉世界的壮族文化品牌。

二、壮族歌圩的起源传说

壮族歌圩历史悠久。学界普遍认为，歌圩源于氏族部落时代祭祀性的歌舞活动。在广西壮族自治区宁明县东南 14.5 千米花山屯北明江东岸发现的花山岩画，根据其上的羊角钮钟、环手刀、铜鼓等器具的形制，与出土文物进行对比，专家认为基本可以确定岩画创作于战国至东汉时期。据 ^{14}C 年代测定，花山崖壁画的成画时间即作画年代应在公元前 420 年至公元前 165 年左右，也就是战国至西汉，但不排除作画年代上限扩展到春秋晚期，下限延伸至东汉的可能

宁明花山岩画

性。[1] 在有些画面上，人物大多双臂向两侧平伸，曲肘上举，双腿分开成屈蹲；画面上还出现很多铜鼓。所以，有学者认为："花山岩画是战国至汉代居住在这一地区的骆越人举行盛大祭祀活动的形象反映。岩画中高度程式化舞蹈状的人物图像及组合，是骆越人举行祭祀活动时手舞足蹈姿态瞬间造型的定格凝练。众人像间的各种器物和动物，是骆越部族的崇拜物或法器在祭祀仪式中

---

① 原思训、陈铁梅、胡艳秋：《广西宁明花山崖壁画的 ^{14}C 年代研究》，《广西民族研究》1986 年第 4 期。

的展示，以增加祭祀祈求的灵性。"① 从花山崖壁画载歌载舞的形象，可以推断两千多年前壮族先民西瓯、骆越文化中已有歌圩的雏形。到魏晋、隋唐时期，歌圩形式以歌唱和舞蹈为主，但其歌曲内容大都局限于描写劳作画面。②

到了宋代，岭南歌圩已经非常流行。南宋周去非的《岭外代答》说："广西诸郡，人多能合乐，城廓村落，祭祀、婚嫁、丧葬，无不用乐，虽耕田亦必口乐相之"。③ 在宗教祭祀和生产劳动的过程中，壮族先民用歌声来表达自己对爱情的向往和追求，所以歌圩上，情歌对唱成为主要内容，正如流传于广西靖西一带的传说故事所说的：

有一年，天旱得很厉害，眼看禾苗就要枯死了，村里的人非常着急，无法可想，大家便打锣打鼓去河边求天地，希望上天保佑人间，快点下雨，以解救民众苦难。很巧，不几天，果真下雨了。这一年他们获得了从未有过的丰收。……他们为了答谢上天的恩情，便在旧历正月初一、初二、初三这三天，杀猪宰牛，大摆酒席，同时还舞狮来庆贺丰收，一边舞一边唱，开始时是唱些丰收歌感谢上天的话。最后，青年男女便唱到爱情上来了，男的唱了女的唱，互问互答，非常热闹。以后，每年正月天，他们都举行这样的活动来庆贺丰收和歌唱爱情，这些日子，便成了歌圩日。④

这说明，原来只是祈求神灵以保佑获得生存、延续血脉、繁衍子孙、五谷丰登、六畜兴旺的祭祀活动，逐渐增加了男女青年结交朋友的活动，最终形成了壮族以及其他民族的歌圩。唱歌既

南方丝绸之路研究丛书 民族节庆卷

170

① 蓝日勇：《骆越花山岩画文化研究——骆越文化研究系列之四》，《广西师范学院学报》2017 年第 5 期。
② 徐佳、杨露、幸辉：《文化记忆视域下壮族歌圩流变研究——以刘三姐歌谣为例》，《百色学院学报》2018 年第 1 期。
③ （宋）周去非著，杨武泉校注：《岭外代答校注》，中华书局 1999 年版，第 261 页。
④ 《广西各地歌圩情况》，《广西民间文学研究》，内部资料，1980 年编印。

能祭神，又能择偶，所以有学者认为："三月三歌节乃是乐神择偶的群众性活动。"[①]

除了祭祀神灵外，歌圩也要祭祀英雄祖先。关于三月三歌圩来源，流传于桂西一带的传说故事说：

在很久以前，壮乡有个名叫韦达桂的青年，在土皇帝手下当丞相。达桂聪明过人，处处为壮家乡亲着想，得罪了土皇帝，被皇兵追捕。乡亲们闻讯连夜送达桂到山上的枫树林中躲起来，皇上无奈，就下令放火烧山，将达桂烧死在一棵大枫树洞里。乡亲们十分悲痛，男女老少跪在坟前失声痛哭，泪水滴在坟头上，顿时长出一棵棵嫩绿的小枫树、一丛丛翠蓝的红蓝草和一株株翠绿的黄杞子树。

正当人们沉入哀思，突然狂风大作，大雨倾盆，一片片枫树叶、一根根红蓝草、一颗颗黄杞子落在碗碟里，雨点打在上面，将供祭的糯米饭、鸡蛋染成五色。从那时起桂西一带的壮族人家为了纪念达桂，年年到农历三月初三这一天，村村寨寨都搭起布棚，因为传说在外丧生的魂魄不能进家，因此人们只好在布棚下摆上五色糯米饭等供品祭达桂的亡灵，在布棚周围唱起赞美和感谢达桂的壮欢（歌），一代传一代，就形成现在赶三月三歌圩的习俗，男女青年在赶歌圩时，还相互碰蛋取乐。这一天，老年人还在山坡上采来一枝枝枫树叶，恭敬地插在自家的门楣和房屋周围，以示对达桂的深切怀念。[②]

这个传说故事中的韦达桂是壮家智识超群的英雄，他死后成神，能显灵保佑世人，歌节三月三就是为了纪念他而形成的。[③]总之，祭神、乐神是三月三歌圩必不可少的一大活动，无论是拜

---

① 黄润柏：《壮族歌节"三月三"的属性问题初探》，《广西民族研究》1993年第4期。
② 黄润柏：《壮族歌节"三月三"的属性问题初探》，《广西民族研究》1993年第4期。
③ 黄润柏：《壮族歌节"三月三"的属性问题初探》，《广西民族研究》1993年第4期。

山神、祀农神，还是祭祖先、祭花婆，都带有浓重的原始宗教色彩，人们以牺牲祭神，以歌舞乐神，是为了求神赐、神佑。

到了明清时期，歌圩发展为定期在固定的地点举行。据明代邝露著的《赤雅·浪花歌》记载："峒女于春秋时，布花果笙箫于名山，五丝刺同心结、百纽鸳鸯囊，选峒中之少好者，伴峒官之女，名曰天姬队，余则三三五五，采芳拾翠于山椒水湄，歌唱为乐。男亦三五成群，歌而赴之，相得则唱和竟日，解衣结带，相赠以去。春歌正月初一、三月初三，秋歌中秋节。三月之歌曰浪花歌。"清初汪森辑的《粤西丛载》记载："宾州罗奉岭，去城七里，春秋二社日，士女毕集，男女未婚者，以歌得相应和，自择配偶。"乾隆二十一年修纂的《镇安府志》记述："元宵前后，以大粽酒肴祭土神，杂坐祠前共饮，唱土歌以祝太平。"清人檀萃《说蛮》记载："峒人……春秋场歌，男女会歌为异耳，言会歌则年岁佳，人无疾病。"[①] 这些记载可以看出，随着社会的发展，这种原始仪式性的群体歌舞逐渐由"祭神"向"娱人"、由神圣向世俗嬗变，从而形成群体性酬唱的歌圩活动。

有关三月三的起源，还与爱情婚姻相关。广西流传着这样两个传说：

古代有一对壮族歌手，在对唱山歌中建立了爱慕之情。但在封建礼教的压迫下，有情人不能结为夫妻，而在绝望中殉情身亡，于是壮民们在每年农历三月初三唱歌致哀，纪念这对痴情的青年。

古代有一个名叫刘三姐的"歌仙"，聪明伶俐，经常用山歌歌颂劳动和爱情，揭露丑恶，当地恶霸斗不过她，就在三月初三把她害死，后人在刘三姐遇难这一天聚会唱歌三天三夜，之后形成

---

① （清）檀萃：《说蛮》，载王锡祺编《小方壶斋舆地丛钞》（第八帙），光绪三年（1877）南海清河王氏排印本。

南万丝绸之路研究丛书　民族节庆卷

了歌节。①

这就是流传很广的刘三姐传说的由来。电影《刘三姐》就是把刘三姐的传说拍成了电影，这对壮族文化的宣传和弘扬起到了重要作用。

电影《刘三姐》剧照

青年男女在聚会和社交过程中，大家通过歌舞娱乐的方式挑选配偶，这与中原地区的"三月三"活动非常相似。"三月三"在中原地区又被称作"上巳节"。学者研究认为：上巳节形成于东汉时期，是民间禁忌与古老的"禊"祭仪式相结合的产物。它是民间习俗的重要组成部分，在以后的流传过程中，上巳节又不断发展变化。到魏晋南北朝时期，上巳节已由祓除不祥的巫术仪式演变为曲水流觞、走马步射、欢会游春的民俗节日。② 祓禊是上巳节的祓灾仪式，在三月上巳之辰，临水洗涤，用香草沐浴，其目的是消除疾病，本质上也是求子的祭祀活动。"令会男女"③ 也是上巳节的重要内容，允许男女自由相会，在此期间男女可以歌舞定情、赠物定情。曲水流觞主要是魏晋时期才出现的上巳习俗，三月三日人们纷纷聚集山川野溪，作"曲水流觞"之事。魏晋以后，祓禊习俗也退居次要地位。到唐宋时代上巳节逐渐消失，在许多中原地区已名存实亡。

三月三不仅是壮族的传统歌节，也是广西汉族和瑶族、侗族、苗族等少数民族的传统节日，保留了同上巳节一样的择偶求子的习俗。在壮族、侗族、仫佬族等民族中，如果婚后没有生

---

① 陈学璞：《壮族歌圩·三月三歌节·文化壮都》，《广西教育学院学报》2017 年第 1 期。
② 贾艳红：《上巳节考论》，《齐鲁学刊》2015 年第 1 期。
③ 钱玄、钱兴奇、王华宝、谢秉洪注译：《周礼》，岳麓书社 2001 年版，第 130 页。

育，就要在三月三立个"花婆"在家里，早晚敬奉，以求"得子得福"；广西中部柳城县的壮族、仫佬族都要在三月三举行"花婆节"，"花婆"神和上巳节的"高媒"神是一样的，是这些民族最早的女祖，管理生育及婚姻之事，也是儿童的守护神。这种信仰与中原对"高媒"的信仰完全一致。布依族、壮族、水族等在三月三歌会中有"碰蛋"的习俗。对歌中当男女青年选择到自己喜欢的人时，便可以拿自己的彩蛋去碰对方的彩蛋，对方如果也有意，便让他（她）将自己手中的蛋碰破皮，然后两人就到无人处对唱情歌、谈情说爱，然后互相将手中的彩蛋剥给对方吃，以表定情、建立恋爱关系。对歌是民族地区男女婚恋择偶活动中最常见的方式，他们通过对歌相互了解，表达爱慕。

　　据此，有学者认为南方丝绸之路上的民族过"三月三"是受到中原"上巳节"的影响，这种说法有些牵强。从"三月三"的起源来看，南方丝绸之路上壮侗语民族的先民"骆越"就有了祭祀自然、祭祀神灵、祭祀祖先的活动，在后来逐渐发展成为以对歌为主要形式，以择偶求子、乞婚求育为目的的"歌圩"，其起源与原始的宗教信仰有着紧密的关系，与中原的上巳节也有着同样的起源和功能。但是其时间并不完全是三月三，有春节、二月二、三月三、四月八、八月十五等不同的日子。近代以来，由于农历三月初三是春暖花开、春光明媚的美好季节，同时这时相对来说是农闲时期，所以举办歌圩的村寨很多，于是就逐渐成为一个多民族参与的地方性节日。

三、"三月三"的文化传承与发展

　　三月三歌圩壮语叫"窝墩""窝岩"，意思就是"去野外玩耍"；苗族叫"游方"或"跳月"，侗族叫"行歌坐月"，黎族叫"三月三"，瑶族叫"耍歌堂""放牛出栏"，布依族叫"赶表"等。①壮族诗人韦丰华写有一首《廖江竹枝词》的诗，内容如下：

春风酿暖雨初过，青满田畴绿满坡；

试向黄林林外望，三三佳日好花多。

胙颁真武喜分将，食罢青精糯米香；

忽漫歌声风外起，家家儿女靓新装。

柔荑斜眼竹篮携，簇立瓜田细草畦；

入耳花歌行要答，莺喉试啭笑声低。

相牵相挽笑眉开，小步寻芳往复回；

特地勾留叉路侧，待看如玉少年来。

綦巾分队路纵横，衬贴春光是冶容；

秾李夭桃相倚处，问谁经过不停踪。②

这首诗描绘了清代岭南歌圩的盛况。近代以来，三月三歌圩主要包括"拜山"和"歌圩"两方面的活动。

"拜山"又称"祭祖"，旨在祭拜祖先，祈求祖先保佑风调雨顺、五谷丰登。三月三这天，壮乡家家户户蒸五色糯米饭，煮红蛋，杀鸡，村村寨寨祭祖扫墓。桂

祭祖的五色糯米饭

西壮人还在村寨外搭白布棚，在布棚下摆五色糯米饭等供品，在棚前聚餐。老人家还弄来枫树叶，插在自家的门框和房屋上，还把熟鸡蛋装在小网兜里，挂在小孩的胸前。青年男女则盛装打

---

① 李春光：《上巳节对少数民族节日习俗的影响》，《中南民族学院学报》1992 年第 5 期。
② 覃登科：《三三佳节好花多——谈壮族诗人韦丰华的〈廖江竹枝词〉》，《广西民族学院学报》1986 年第 1 期。

扮，备办礼物赶歌圩。龙胜县龙脊乡民众认为三月三为上司神农诞辰，传说神农发明播种五谷，给本族后世人立下很大的功劳，所以后人到这天就得杀猪烧香祭拜[①]；大新县三月初三时家家户户带上五色糯米饭、熟鸡、煎鱼、荷包蛋等到野外祭祖扫墓，"节日到来，各家准备酒肉各数十斤，糯饭成担，上山祭祖拜神，下午宴会亲友，酒饭后，男女对歌"。[②]靖西化峒每年三月三给祖先扫墓，家庭主妇回娘家扫墓，扫墓以家族为团体，在外工作的本族人都得回来，否则被视为不肖子孙，祭品主要有五色糯米饭、炖鸡、油炸豆腐，有条件的还供烤香猪，全家前往。祭毕全族在坟前会餐，并商讨家族事务，解决家族纠纷。德保壮族三月三上坟祭祖，新坟"新鬼"当天祭完，远祖旧坟，大祭数天方停，规模很大的"祖会"大致在三月初四举行。这天，子孙四方云集，穿白着绿，在墓地穿梭往来，相互介绍辈数与各家各户、远近各处情况，爆竹声声，"坐炮"轰隆指天放（坐炮是旧时壮族专用于祭祖点放的火药土炮，短筒，炮口指天，故曰坐炮）。祭拜完毕，子孙们于坟前聚餐，以亲近者为一锅（桌），边吃边由族中长者介绍先祖生平，天黑方散。马山、都安、上林、忻城等地壮人对扫祖坟是十分认真的，祭扫从三月三开始，到三月十五日才算结束。拜扫时先把五色饭和猪肉、鸡肉摆上坟头，点烛燃香之后，子孙们便动手铲除坟上的杂草，然后培上新土，烧一串花纸，燃一串爆竹，然后排队向祖宗拜三拜，就收回祭品。

柳城北乡于每年三月三举行花婆节。这天，家家户户用大枫叶、红兰草、白饭花等中药煮成汤后泡制糯米，蒸成五色糯米饭祭花婆，煮熟鸡鸭染红蛋，以纱线网袋兜起，挂在小孩胸前去参

① 广西壮族自治区编写组：《广西壮族社会历史调查》（第一册），广西民族出版社1984年版，第132页。
② 广西壮族自治区编写组：《广西壮族社会历史调查》（第四册），广西民族出版社1987年版，第359页。

加祭"花婆"活动。人们祭祀花婆有规定，祭祀以村为单位，逐户逐年轮值，负责筹集款项备办节日祭品的叫作"庙头人"。节日那天，全村人聚集"花婆庙"，庙头人宰猪杀鸡鸭煮熟祭花婆，祭罢庙头人把熟肉切成小块分给各户，全村老幼都在"花婆庙"里聚餐。这天还有"走坡"习俗，也叫"走花"，即壮族、仫佬族、汉族姑娘在自己的辫子上插上一朵鲜艳的山花，成群结队唱着山歌去"走花"。[①]散见各地的有关三月三的材料，都说明三月三是一项以祭祀神灵、祖先、英雄为主的群众性活动。

在祭神的同时，歌圩中的娱人活动也是少不了的。西南民族地区的歌圩通常设在峒场或空旷的坡地。为迎接外地歌手，专门在歌场上用竹子和布搭建歌棚。村民们热情接待外地的"赶歌圩者"，不管是否相识，都为他们提供食物和住宿。参加者以男女青年为主，中老年人与小孩欣赏或者品评，给青年们当参谋。

民间对歌

来自各村的年轻人三五成群，寻找其他村的对歌对象。对唱山歌，有单人对唱、双人对唱，也有集体对唱。场面小的一二千人，场面大的上万人。

对歌是歌圩的重头戏。对歌的内容上及天文地理、神话传说、历史掌故，下至人情风俗、岁时农事、择偶求爱，无所不包。对歌活动包括以下几个过程：一般小伙子先唱"游览歌"，并在姑娘中寻找对歌者，发现喜欢的女孩，便开始唱"邀请歌"或者"见面歌"；姑娘回应后，两人对唱"询问歌"，双方互相了解；

---

① 广西壮族自治区民族研究所编：《广西民族研究参考资料》（第七辑），内部资料1987年版，第34页。

待到高潮时，二人对唱"交情歌""爱慕歌"；最后在分别时唱"分别歌"。如果互有爱慕之情，就会互相赠送定情信物。歌圩是歌手展现才华的舞台，民间传说的刘三姐的故事就是与歌圩紧密相连的。

歌圩活动丰富多彩，除了对歌、赏歌、赛歌活动外，传统上还有抛绣球、抢花炮、抛帛、博扇、爬山、碰蛋等多种节日活动，其目的是男女交友、恋爱择偶。

绣球是青年男女传递爱情的媒介，出现的时间很早。据宋代朱辅《溪蛮丛笑》记载："土俗节数日，野外男女分两朋，各以五色彩囊豆粟，往来抛接，名曰飞绖。"这"飞绖"就是绣球的前身。歌期，青年女子拿着花绣球，与男青年对歌，对歌结束才正式抛绣球。首先由女子把绣球抛给自己所喜欢的男子，男子接到绣球后，明白了姑娘的心意，于是两人退出歌坪交换礼物，确定恋爱关系。

传统上广西上林、马山、大新等地歌圩有"抢花炮"活动。据老人传说，谁抢得花炮，就是天神赐福，来年必有子。因此凡没有

南方丝绸之路研究丛书 民族节庆卷

"三月三"贵州苗族抢花炮

生儿育女或有女无儿的人家，总要雇一些大力士抢花炮，有的还设宴招待。抢到花炮的人家还请亲友到家里饮酒庆贺，并把花炮安放在祖宗神位前供祭。来年归还花炮时，还要宰猪仔、杀鸡鸭来供奉神灵。中华人民共和国成立后，"抢花炮"发展成为一项民族体育运动。

在历史上，横州（今横县）还有"抛帛"的风俗。明代王济撰的《君子堂日询手镜》有记载："每岁元旦，或次日，里中少年，裂布为帕，挟往村落，觅处女少妇，相期答歌。允者，男子以布帕投女，女解所衣汗衫授男子归，谓之抛帛。"到十三日，男子穿着汗衫到女家，女家父母尽情款待。男左女右，坐在一个室内，各与她们所喜欢的男子互相对歌。对唱到十六日，男子回家，将汗衫还给女子，女子则将前所赠送的布帕，绣上花朵归还男子。多次接触互相了解之后，有的就结为夫妻。

清代宾州（宾阳）曾有"博扇"的习俗。《粤西丛载》记载："宾州罗奉岭，去城七里，春秋二社日，士女星集，女未嫁者，以歌诗相应和，自择配偶，各以所执扇帕相博，谓之博扇。归日父母即以成礼。"

广西田阳三月三庆祝活动中还包括爬山活动。这天，姑娘梳妆打扮，带上自家酿造的米酒、五色糯米饭，包里藏着亲手做的布鞋和绣花鞋垫。参加爬山比赛的小伙子，优胜者就会获得姑娘的喜爱，人们认为这小伙子精明能干。姑娘如看上这个小伙子，就主动拿出米酒请他喝，有的送上糯米饭，有的送上布鞋等物。如果小伙子接过姑娘送的礼物，说明也满意这位姑娘。

广西都安一带，在三月三歌圩中也有"碰蛋"习俗。这天，每家都要吃五色饭和五色蛋。五色蛋就是用黑、黄、白、红、绿五种颜色浸染后煮熟的鸡蛋。这种彩蛋是未婚男女青年在歌圩中求爱的工具。当男女青年选定自己意中人时，便拿彩蛋大碰对方手中的彩蛋，对方如果也喜欢他（她），便让他（她）将自己手中的蛋碰破皮，于是两人双双走到没人处谈情说爱，唱起情歌。通过对歌，相互了解身世、人品、家庭、爱好，表达爱慕之情，然后将自己手中的彩蛋剥皮给对方吃，表示建立恋爱关系。

以唱歌为主要形式来娱神择偶，是歌圩的主旋律，而抛绣球、抢花炮、博扇、爬山等内容的产生和发展，更使男女社交的形式变得多种多样，从而也增加了歌圩的魅力。南方丝绸之路上少数民族节日中的歌圩活动，除有庆丰收、祝吉祥、祛邪等意义外，主要有择偶、乞子的目的，是以唱歌为主要形式来乐神择偶的大型群众性活动。① 到目前为止，三月三歌圩活动的内容还是跟传统很相似，如梁庭望的《壮族风俗志》记述了三月三活动的具体情况：

壮人对祭扫十分看重，清明节全家出动，带上五色饭、肉、香烛、纸幡到祖先坟上去供，行拜礼。山野间不时传来鞭炮声，久久不绝于耳，山谷中升腾着香火和鞭炮的蓝色烟雾。山岗上，林木间，白色的魂幡在坟顶的竹竿上飘动，造成了一种神秘肃穆的气氛，依照壮族风俗，供品必须在野外吃掉，也有的地方不吃，迷信认为，带回家会招鬼进门。不少地方在祭扫的同时，还要举行盛大的歌圩，是为三月三歌节……

三月三歌节可隆重了。事先，人们要准备好五色饭和彩蛋，姑娘们要准备绣球。歌圩那天，小伙子们打扮得很英俊，姑娘穿戴如花似锦，身边藏着包裹心中秘密的绣球，向歌圩地点奔涌而来。有的地方在对歌之前，先抬歌仙刘三姐的神像游行，祈求她保佑对歌如意。然后成千上万人汇聚在风景秀丽的河边、山谷、林篁、庙观，来来往往，挨挨擦擦，兴高采烈。小伙子东张西

南方丝绸之路研究丛书·民族节庆卷

① 黄润柏：《壮族歌节"三月三"的属性问题初探》，《广西民族研究》1993 年第 4 期。

望，在千百人中寻找他熟悉的背影。有的在同伴和歌师的指点帮助下，和他所中意的姑娘对歌，希望用歌声牵来柔情蜜意的心上人。如果是早就心心相印的情人，必定很快就躲入花间丛莽中说悄悄话去了。这期间，常伴有祭神、打醮等迷信活动。①

当然，随着时代的发展，歌圩也发生了一些变化，如广西武鸣县歌圩活动除了传统的内容外，还增加了"千人竹竿舞"。千人竹竿舞简单有趣，热闹非凡，娱乐性强，挑战性高，曾博得外国游客"世界罕见的健美操"之美称。

中华人民共和国成立后，壮族歌圩开始兴盛，但由于"左"的思潮影响，到了20世纪50年代中期以后歌圩又被禁止。"文革"期间，歌圩活动当作"四旧"被横扫而销声匿迹。进入20世纪80年代改革开放的新时期，歌圩活动

广西柳州的"三月三"

又得以恢复。随着现代化步伐的加快，民族民间传统文化受到市场经济的严重冲击，歌圩活动呈现衰微的趋势。

进入21世纪，歌圩引起社会各界的重视，各民族年轻人通过网络发起"现代歌圩"活动，如2005年"壮族在线网站"发起"贝依歌会"活动，使乡村歌圩走向世界。2006年壮族歌圩被确定为第一批国家级非物质文化遗产。目前广西共有640多个壮族歌圩点，覆盖几乎所有壮族聚居的地区。2014年1月13日广西壮族自治区人民政府做出决定，将"壮族三月三"确定为广西民族传统

---

① 梁庭望：《壮族风俗志》，中央民族学院出版社1987年版，第94—95页。

节日，每年农历"三月三"成为广西公众假日。[1]

"壮族三月三"确定为非遗项目和民族节日，不仅保护了传统节日的文化特征，而且成为当地发展旅游经济的重要契机。"三月三"歌节不仅是壮族多姿多彩的艺术、丰富多元的习俗、款式多样的服饰的展示平台，而且是壮锦、绣球、紫砂陶、面具、银饰等工艺品和文化产品的交易场所。各地政府借此推介壮族历史文化和广西各地民族文化艺术精品，如2014年武鸣县"三月三"歌圩暨骆越文化旅游节、上林县"三月三"龙母节、田阳县布洛陀民俗文化旅游节、三江侗族自治县民族传统花炮节、防城港市峒中镇"三月三"中越文化旅游节、崇左市"三月三祭壮祖赶歌坡赏木棉"等活动，邀请海内外游客前来体验壮族文化，提高了民族文化的影响力，传统"三月三"与现代"三月三"融合的过程中正在不断实现文化的创造性转化和创新性发展。

广西武鸣县"三月三"歌圩暨骆越文化旅游节

① 何杏华：《广西"壮族三月三"：促进民族团结进步的重要载体》，《中国民族报》2017年5月27日。

第三节

矻扎扎节

哈尼族是广泛分布在南方丝绸之路"进桑道"及"永昌道"沿线的古老民族，内部支系众多，其自称有哈尼、雅尼、阿卡、豪尼、白宏、碧约、卡多、

欢度矻扎扎节的哈尼人

布都、奕车、西摩罗等。中华人民共和国成立后，根据本民族人民的共同意愿，以人数较多的自称"哈尼"为本民族统一的名称。据 2010 年人口普查数据，哈尼族共有 1660932 人，其中云南省哈尼族人口 163 万，位居云南省少数民族人口数第二位，主要分布在红河哈尼族彝族自治州、西双版纳傣族自治州、普洱市和玉溪市。另外在昆明市、楚雄市、曲靖市等地也有少量分布。哈尼族是一个跨境而居的民族，国外一般称"阿卡"（Alka），主要分布在越南、老挝、泰国和缅甸等东南亚诸国。缅甸有哈尼族 6 万人，大部分住在东掸邦，以景栋地区人数最多；越南有哈尼族 9500 人，居住在越、中、老三国交界越南一侧的地区；泰国有哈

尼族2万人，大部分住在清莱府；老挝有哈尼族1万人，称为"卡果"，主要居住在丰沙里、琅南塔、乌多姆塞等3省。[①]

一、哈尼族历史及其文化

关于哈尼族的族源，学术界有过深入的讨论，大致形成了四种观点：氐羌南迁说、红河两岸土著说、两向族源融合说、汉族西迁说。

第一种"氐羌南迁说"认为哈尼族与彝、白、拉祜、纳西、基诺等同源于古代氐羌族群，在汉文史籍中被称为"和蛮"。据《新唐书·南蛮传》记载："显庆元年（656年），西洱河大首领杨栋附显、和蛮大首领王罗祁……率部落四千人归附，入朝贡方物。"《蛮书》卷五记载："石和城，乌蛮谓之土山坡陀者，谓此州城及大和城俱在坡陀山上故也。"《新唐书·南蛮传》载："夷语山陵陀为'和'，故谓'大和'。"尤中先生据此认为："所谓'和蛮'，指的是分布在半山区即'坡陀山上'的民族。'和蛮'即'哈尼'。'和'与'哈'同声；'尼'意为'人'。"[②]7世纪中叶，"和蛮"的大首领向唐朝进贡方物，唐朝在给云南各族首领的敕书中列入了"和蛮"首领的名字，并承认他们为唐朝的臣属。南诏国建立后，很快控制"东爨"，以兵胁迫"西爨"二十万户迁往滇西永昌一带；将滇中、滇西北的些麽徒蛮、麽些蛮、施蛮、顺蛮、裳人、河蛮、樊蛮以及掳掠而来的骠国人等迁入滇东爨区，形成以东爨乌蛮为主体，以味县为中心的若干部族，其中较大的37个，史称"乌蛮三十七部落"，其中的"斡泥部""矣尼迦"就是今天哈尼族的先民。公元937年12月，通海节度使段思平，联络南诏贵族董

① 方铁：《云南跨境民族的分布、来源及其特点》，《广西民族大学学报》2007年第5期。
② 尤中：《云南民族史》，云南大学出版社1994年版，第118页。

伽罗等，在东爨三十七部的支持下，起兵一举攻克羊苴咩城，建立"大理国"。其东部的"三十七蛮郡"中，"官桂思陀部""溪处甸部""伴溪落恐部""铁容甸部"等，都在今天哈尼族聚居的红河地区。

这种说法也得到民间传说的证实。据说，哈尼族的祖先曾游牧于遥远的北方一个名叫"努玛阿美"的地方，而后逐渐南迁，居住在"谷哈"和"轰阿"（指滇池、洱海沿岸）广大地区，与"昆明种人"相互交错杂居。① 后因遭异族侵扰，分两条路线南迁到今天居住的地区。

第二种"红河两岸土著说"以出土文物为证据，认为哈尼族系红河地区的土著，与西北高原民族毫不相关。②

第三种"两向族源融合说"认为今天的哈尼族是"由青藏高原南下的北方游牧部落与云南高原北上的南方稻作民族——夷越融合而成的新型稻作农耕民族"。从族源方面来说，"当是双向的、复合的，即南方土著民族与北方游牧民族的交汇与融合"，其文化是一种"南方夷越海滨文化与北方游牧部落的高原文化的化合体"③。

第四种"汉族西迁说"认为哈尼族与中原汉族有历史渊源，这种说法主要得到一些民间口述史的支持，如《哈尼族简史》说："墨江和红河地区，有传说来自江西、贵州甚至来自北京的，元阳有传说来自南京的。"④ 杨六金的《国际哈尼／阿卡历史源流探究》一文说："红河县乐育、宝华一带的有些哈尼族说，他们的祖先源于南京、四川……"⑤ 另外，还有一些碑刻也有类似记载，墨江县景星乡曼兰村付东寨李姓在前七代曾祖碑文上写有"曾自

---

① 《哈尼阿培聪坡坡》（哈尼文汉文对照），云南民族出版社1986年版，第52—176页。
② 孙官生：《论红河流域是早期人类发展的重要区域之一》，《红河文物》1986年第3期。
③ 史军超：《哈尼族与"氐羌系统"》，《民族文化》1987年第5期。
④ 《哈尼族简史》编写组：《哈尼族简史》，云南人民出版社1985年版，第19页。
⑤ 杨六金：《国际哈尼／阿卡历史源流探究》，《红河学院学报》2011年第6期。

江西老梗脚流落镇沅县清乐村，后又迁至墨江付东村安居"；通海县新寨村哈尼族李姓墓碑上记载：先祖李宝铎原籍山西潞安府，汉族，曾移居河南，又随沐英平滇后在宁州做官，后因逃难而到新寨，后人同化于哈尼族，迄今已有 200 多年历史。[①]

哈尼山寨风光

实际上，这些说法都有一定的道理。哈尼族先民应该是秦汉时期被称为"昆明""叟"、魏晋南北朝时期被称为"乌蛮"、隋唐开始被称为"和蛮"的氏羌群体在南迁之后，与居住于红河两岸、历史上被称为"百越"的土著居民融合而成的一个群体。到了元明清时期，由于中原军队和百姓来到西南地区戍守屯垦，哈尼族先民吸收和融合了一部分汉族移民，最终形成今天多元融合的哈尼族。费孝通先生指出，在中华民族"多元一体"格局形成的过程中，汉族吸收了一些少数民族，少数民族也吸收了一些汉族移民。汉族移民在与哈尼族交往、通婚或者共同生活的过程中，语言、生活方式、风俗习惯等受到哈尼族的影响，若干代之后，就逐渐融合于哈尼族，所以民间就有了很多祖先来自中原内地的历史记忆。

元朝征服"大理"政权后，设置元江路军民总管府，隶属云南

---

① 陈燕：《"多元一体"视野下的哈尼族民间"东来说"——简析历史上融入哈尼族的汉族移民》，《贵州民族研究》2016 年第 4 期。

行省。《元史·世祖本纪》载："（至元十五年四月）丁丑，云南行省招降临安、白衣（傣族）、和泥分地城寨一百九所。"元人李京《云南志略》说："斡泥蛮，在临安（今建水）西南五百里，巢居山林。"文献中的"和泥""斡泥蛮"指的都是今红河州境内的哈尼族先民。明朝在云南少数民族地区推行土司制度，但在云南靠内地区基本上设置流官，"大理，临安以下，元江，永昌以上，皆府治也"[①]。哈尼族部落首领由明王朝授予了土职官衔，并受所隶流官的统治。在明代文献中哈尼族祖先被称为"斡泥""窝泥""倭泥""倭尼"，如《明史》卷三一五《云南土司列传三·车里》载："车里，即古产里，为倭泥、貊党诸蛮杂居之地，古不通中国。"明景泰《云南图经志书》卷六载："钮兀长官司……东至元江，南至车里（今景洪），西至威远，北至思陀（今红河县乐育镇）。其民皆倭尼，类蒲蛮。"据学者考证，"斡泥"（倭泥、倭尼）为彝语对哈尼族的称谓，其来源与彝语有关。[②]

清代、民国仍沿袭元明以来的族称。乾隆《滇黔志略》卷一五载："窝泥，或曰斡泥，曰阿泥，曰俄泥。名虽不同，其实和泥蛮之裔。唐时威远睑（为南诏十睑之一，今元江哈尼族彝族傣族自治县）为和泥蛮所据，称为因远部，窝泥属之。"清道光《元江州志》载："窝泥，性俭朴，勤耕作。"也有文献记载为"哈泥"，如清康熙《蒙自县志》卷三载："窝泥，自呼哈泥。"清雍正《临安府志》卷七载："窝泥，自呼哈宜。""哈泥"即是哈尼族的自称。清朝在云南实行改土归流后，废除哈尼族地区的一些土官，流官制度代替了部分地方的土司制度。

哈尼语属于汉藏语系藏缅语族彝语支，分哈雅方言、碧卡方

---

① （清）张廷玉等：《明史》，中华书局 1974 年版，第 8064 页。
② 李伟良：《从"和蛮"到"窝泥"：哈尼族历史族称演变研究》，《红河学院学报》2018 年第 2 期。

言和豪白方言三个方言①。哈尼语方言的区分与哈尼族不同的自称有很大关系：自称哈尼和雅尼的人说哈雅方言，自称碧约、卡多和峨努的人说碧卡方言，自称豪尼和白宏的人说豪白方言。

哈尼族信仰多神崇拜和祖先崇拜，传承着古老原始宗教信仰，生活中充满了神鬼，时时与遥远的祖先相连。②哈尼族的传统节日主要有"矻扎扎""扎勒特"和"昂玛突"。

扎勒特节的"长街宴"

"扎勒特"又叫嘎汤帕，因在农历十月间进行，所以汉语称为"十月年"③。节期多在农历十月第一个属龙日开始，至属猴日结束，共5天。节日当天各家要在天井里杀一只红毛公鸡，就地煮食，表示祭天。除已出嫁的姑娘外，家中成员都要吃一块鸡肉。各家早晚要将一些酒菜放在路边，表示祭祖；送饭团和熟肉给宗族中辈分最高的老人。从节日的第三天起，村民于下午自备酒菜聚于祭司家门外，由祭司主持，跳完歌舞，请歌手演唱民间传统长诗哈巴。④祭毕，每家酒菜摆在村寨街心，共同饮宴，共同祝福，共同娱乐，故又称"长街宴"。

① 李泽然：《哈尼语研究》，复旦大学博士学位论文，2011年。
② 魏美仙、陈春芬：《民族民间史诗的当代叙事——对哈尼／阿卡〈雅尼雅嘎赞嘎〉的考察》，《云南艺术学院学报》2017年第1期。
③ 毛佑全：《哈尼族的岁首——"年收扎勒特"》，《中国民族》1981年第2期。
④ "哈巴"是哈尼族民间的一种说唱艺术，被列入国家级非物质文化遗产，举凡哈尼族人生礼仪、节日庆典等重要活动必须唱"哈巴"。

“昂玛突”，意为祭祀村子的保护神，汉语称为祭寨神①。节期分散，大致对应在农历冬月至次年二月，是哈尼族每年春耕开始前（一般在一月中旬）举行的一种祭祀活动，祈求来年风调雨顺，五谷丰登，人畜平安，一般举行3～5天，这个节日与彝族祭龙极为相似。

　　“矻扎扎”节又叫六月节，因为节日的举行时间大多为农历的五月或六月，因此又被译为六月年或六月节。矻扎扎节不仅是一年中的重要节日，而且是一种原始宗教的祭祀活动。另外，矻扎扎在哈尼语中和热南扎扎、苦扎、忆扎、惹扎等一样，都是太阳回归的意思，所以这也是一个岁时节令。打磨秋是矻扎扎节主要的活动内容，所以也称为磨秋节。打磨秋时，横杆两端骑坐或爬上相等的人，轮流以脚蹬地使磨秋起落旋转，转动时状似推磨，又如秋千上下升降，故称为磨秋。一年一度欢乐的“矻扎扎”节来到时，哈尼山寨一片欢腾。青年男女穿上五彩缤纷、绚丽鲜艳的服装，成群结队地聚集在磨秋场上骑磨秋欢度节日。

二、“矻扎扎”的传说及其起源

　　关于“矻扎扎”节的起源，不同的地区有不同的传说。在《哈尼族神话传说集成》中，收录了这样一个故事：

　　相传远古时候，哈尼人在开沟引水、烧山垦田时，得罪了生活在山上和地上的野物，它们到天神那里告哈尼人的状。蚯蚓、蚂蚁抗议说，山上开沟挖田的哈尼人，挖断了它们的脖子；老熊、狐狸等野物说哈尼人毁坏了它们的窝。大神烟沙看见野物们短肢缺臂，不问青红皂白判事：一是哈尼人每年六月杀人头来供

----

① 马翀炜、刘金成：《祭龙：哈尼族“昂玛突”文化图式的跨界转喻》，《西南边疆民族研究》2015年第1期。

祭野物的亡灵；二是允许野物到田里糟蹋哈尼人的庄稼。于是，每年六月祭祀大奠时，哈尼人为失去亲人而痛哭。哭声惊动了大神烟沙，他得知神官的错判给哈尼人民带来灾难，便改了原判：告诉野物们说，哈尼人杀了你们千万个，你们一年只杀他们一个，不解你们的恨，每年六月我把哈尼男女老少吊在半空中，活活吊死，野物们高兴而去。天神烟沙又悄悄地向哈尼人传达旨意，即每年六月时，高高地立起磨秋和架起秋千来荡，一面骑磨秋和荡秋千，一面大声叫喊，叫得箐沟、老林里的动物都能听见，祭祀牺牲杀人腿供祭改为杀牛腿供祭。九山的野物们来到哈尼村寨，看见哈尼男女老少一个个吊到了半空中（荡秋千），一个个被拴在半空中的木头上（骑磨秋），就认为哈尼人受到了天神的惩罚，人人喊出痛苦的声音（骑磨秋时人们喊出的"哦嗬嗬"的娱乐声），野物们个个高兴，千百个野物笑哈哈回到山上，从此不再来糟蹋哈尼人庄稼，也不去天上告状。①

从这个故事可以看出，矻扎扎节的起源与原始宗教有关。原始宗教的思想基础是"万物有灵论"，认为自然界的万事万物都有灵魂的存在，由于人们在生产活动中伤害了这些生灵，所以要举行赎罪仪式，在秋房里分割牛肉过程中首先分割下一只后腿供祭在秋房的供台下，表示向野物的亡灵供上了"人腿"，通过这种自我惩罚表达对被伤害的自然物的崇拜。因此，矻扎扎节应该是自然崇拜的仪式。

同时，矻扎扎节中也要祭祀天神。哈尼族称天神为"莫咪"，是天上诸神中至高无上的大神，司管着日月星辰、风雨雷电等诸神，也是人间的最大主宰，它保佑五谷丰收、人丁兴旺、六畜安康。因为天神改判了矻扎扎节由牛祭替代人祭，实质是哈尼人笃

---

① 云南省民间文学集成办公室：《哈尼族神话传说集成》，中国民间文艺出版社1990年版，第253页。

信天神的旨意，以免再次遭到动物对人间庄稼踩踏的惩罚。对于祭祀天神的原因，哀牢山区的元江县羊街乡哈尼山寨有这样一个传说：

相传每年夏历五月初，春耕生产结束时，"威尊（女）"和"石匹（男）"夫妇带着随从，骑着神马到哈尼山寨巡视，为哈尼人驱鬼除魔。不料，在一次巡视中，"者浪"和"者据"两个作恶多端的魔鬼偷走了神马，没有了神马，神仙们无法回到遥远的"莫咪萨赞阿代"（指神仙们居住的地方）。

知恩图报的哈尼人在"参仆"（指哈尼人"驱鬼除魔"的祭祀圣地）做了磨秋，让神仙们骑着磨秋回家，并让下凡人间做哈尼山寨守护神的喜鹊送糯米粑粑回"莫咪萨赞阿代"，以感谢对喜鹊的养育之恩和对哈尼人的保佑之恩。

后来，哈尼人为祈求威尊、石匹保佑山寨平安、人畜兴旺、风调雨顺、五谷丰登、丰衣足食，在每年夏历五月初通过做磨秋、宰牛杀鸭、舂好糯米粑粑、跳棕扇舞等活动祭拜威尊、石匹，祭拜的日子也慢慢演变为节日。①

从这个故事来看，矻扎扎是一个祭祀活动，祭祀对象是下凡巡视的天神"威尊"和"石匹"。"威"哈尼语意思为九，"尊"（嘴）哈尼语意思王，"威尊"意思为九个大神；"石"哈尼语意思为七，"匹"哈尼语意思为"莫批"（又称"毕莫"，祭司），"石匹"意思为七个"莫批"。②在矻扎扎节中，主要的活动是"磨秋"。关于磨秋还有这样一个传说：

据说从前太阳、月亮出没不定，给农业生产带来不便。为此，阿朗和阿昂兄妹俩骑上磨秋，用力蹬踏，飞旋的磨秋把他们

---

① 云南省民间文学集成办公室：《哈尼族神话传说集成》，中国民间文艺出版社 1990 年版，第 254—255 页。
② 黄绍文：《从"矻扎扎"节的宗教崇拜看哈尼族文化的自我调适》，《宗教学研究》2015年第 3 期。

送上天空。兄妹俩终于说服了太阳和月亮，做出了合理的安排：太阳白天出来，月亮晚上出来。可是由于待在天上的时间太久，去找太阳商量的哥哥不幸被太阳烤死了；去找月亮商量的妹妹最后也被月亮冻死了。所以每当水稻快要抽穗的时候，人们都要支起磨秋，纪念兄妹俩为农事而献身。

很显然，阿朗和阿昂是哈尼人传说中的英雄祖先，为了民众而献出了生命，所以矻扎扎节也是祭祀祖先的节日。哈尼族认为祖先神灵是永世存在的，是护佑子孙后代的主要神灵，举凡嫁娶婚丧、节日庆典都必须祭献祖先神。[1]

那么，为什么祭祀自然、神灵和祖先要在六月这样一个特定的时间呢？学者发现哈尼族普遍重视的三大节日中，昂玛突节是季节从冷季转入干季的标志，农耕程序是冬闲节令的终结和春耕备耕节令的开始，其实质是春耕大忙的序曲[2]；矻扎扎（六月年）、扎勒特（十月年）源于古代十月太阳历，是在夏至和冬至的前夕分别两次过"年"。十月太阳历废止后，虽然出于民族感情依然保留，但受外界阴阳合历的影响，其节期发生了变更。[3]

矻扎扎节又叫热南矻扎扎、耶矻扎、忆矻扎、惹矻扎等，其含义均为太阳回归，一年过半，又译为六月年或六月节。不仅其节名反映了它的年节性质，从含义也说明这是过夏天年——太阳回归指的是夏至，六月年是指年分 12 个月的一半。节期多在农历的五月或六月的第一个属猪日或属鼠日，也有放在六月二十四日随彝族火把节一起过的。哈尼族的传统历法也是十月历。十月历被废止后，受阴阳历的影响，普遍改成以生肖纪日纪年，以物候

① 黄绍文：《从"矻扎扎"节的宗教崇拜看哈尼族文化的自我调适》，《宗教学研究》2015年第 3 期。
② 黄绍文：《稻作民族的典型农耕祭祀——以哈尼族梯田祭祀为例》，《红河学院学报》2007 年第 1 期。
③ 李维宝、鲍梦贤：《哈尼族三大节日溯源》，《天文研究与技术》2006 年第 1 期。

变化指导农耕生产。也有的地域改行农历,有的地域创造简便适用的阴阳历,根据物候设闰月。这种不统一实际上也不难理解,因为既已不按十月历计算,节日的安排又需服从生产,根据各地稻谷秧苗返青、农事活动相对清闲时举行庆典。另外,过年天数已不再是原来十月历的独立过年日,而都要被算在历日之内,过几天也就不再受到约束了(冬天年也是如此)。至于节日的内容,最重要的是祭天祈丰收,其次才是休闲娱乐。祭天的形式是把天神迎到家里过年,总体来说依然沿袭着古老的习俗。早期的祭天是堆积木柴点火燃烧,史称"燎祭",点火把就是由此而来。[1]

在一年里过冬、夏两次新年是起源于十月历的阴阳概念,是其他历法中所不可能出现的。历史上十月历曾被彝语支的多个民族所传承,虽然他们都已被确认是不同的单一民族,但属于同源异流,在传统文化上有许多相近或相同之处。从时间上看,该节日与彝族的火把节在同一时段内。据考证,火把节其实就是彝族历史上曾使用过的十月太阳历,即全年分为 10 个时段(月),每个时段 36 天,共 360 天,过完 5 个时段后过小年,过完 10 个时段后过大年;大年和小年各过 3 天,不计在全年 10 个时段内;因此全年为 366 天。再从"矻扎扎"的规模看,实与"过年"相似,而且哈尼族人迄今仍保留着过"十月年"的习俗,正与别称"六月年"的"矻扎扎"节相对应。所以,有人认为该节与彝族等一些西南少数民族的"六月节"同出一源,最初的意义就是过小年。

矻扎扎节活动的目的,除沿袭古规祭祀天神、祭祀祖先神、祭祀野物亡灵等之外,就是祈求田野稻谷丰收。所以这个节日既是宗教崇拜的祭祀日,又是农耕祭祀的日期,历法意义上提示着月历季节的更替,具有提示月历和农耕程序过渡的双重社会功能。

---

[1] 李维宝、鲍梦贤:《哈尼族三大节日溯源》,《天文研究与技术》2006 年第 1 期。

三、矻扎扎节的仪式过程

哈尼族荡秋千有着悠久的历史，据元代文献记载："每岁以腊月为春节，竖长竿横设一木，曰'木床'。左右各坐一人，以互相起落为戏。"[①] 清代文献也说："正月，男女抛绣球戏扑，又竖一直木于地，以一横木凿其中，合于直木头上，两人一左一右，于横木两梢头为戏。此落彼起，此起彼落，各曰'磨秋'。"[②] 这种习俗一直延续到现在。每年夏历六月，矻扎扎节就在滇南哀牢山区的哈尼族村寨开始了。节日里除了祭祀之外，主要活动是荡秋千，活动种类繁多，一般分为旋转秋千、磨秋千和荡秋千三大类。

造磨秋　　　　　　　造好的磨秋　　　　　　围着秋千的孩子们

节日之前，每个村寨要建造新的秋房（祭祀房），每户要派人到林中参与砍伐磨秋梁、秋桩和秋房木柱子的木材，村民要砍 10 棵树作为立柱，每户人到野外割回 3 把尖刀草盖在新秋房的屋顶上。"矻扎扎"节活动各地节期不一，有的 2～3 天，有的 4～5 天，但最完整的矻扎扎节历时十三天，每天都有特定的

① （元）李京撰，王叔武辑校：《大理行记校注　云南志略辑校》，云南民族出版社 1986 年版，第 90 页。
② （清）《广南府志》卷二。

南方丝绸之路研究丛书　民族节庆卷

仪式：

第一天的活动是"造磨秋"和"祭水井"。上午造磨秋。秋杆必须是黑夜砍好，立磨秋那天清晨，当浓雾还笼罩着山寨，哈尼小伙子们把秋杆扛回来。按哈尼人的规矩，磨秋制作简便，一般用一根较为坚硬的木头栽在草坪上，顶端削尖做轴心。村里木匠把长长的磨秋杆从正中间凿凹，横架在上面。村民负责更换秋千柱，用 4 棵龙竹合拢成人字架，每一棵长 20 余米，不能把头部砍去，否则不能通天，天神无法到人间与民同乐过节。下午"祭水井"。主持活动的人叫"咪谷"[①]，是哈尼族社会生活中的重要人物，他们既是普通的人，又是神灵的代言人；既是当地的首领，又是宗教祭司。"咪谷"来到水井边，把井水用瓢舀干，换成新水。然后杀 1 只鸭祭水井，嘴里念道："螃蟹是龙潭水的守护神，石蚌是清水的制造神，青蛙是人畜饮用水的制造神，清水里不能有蚯蚓，人畜饮用水里不能有蚂蟥，新水的第一口留给威尊喝。"祭完水井，到大约下午 5 时许，由"咪谷"及助手祭秋房，牺牲是一只红公鸡和一只黄母鸡，主要祭

"咪谷"及其助手祭神

品是茶、酒、熟鸡肉、红米饭，祭祀对象是下到人间过节的 9 个天神和 7 个"莫批"。祭祀完毕参祭人就在秋房里就地共享祭品。

第二天的活动主要有"祭威尊""骑磨秋""送粑粑"。凌晨在听到第二次鸡鸣以后，全村的童男童女和 18 岁以上的小伙子姑娘们，成双成对，背着竹筒，对着山歌，兴高采烈地来到井边打水，在第三次鸡鸣前把井水取回家。清早人们起床的第一件事就

① 黄绍文：《哈尼族村社祭司——"咪谷"》，《宗教学研究》2006 年第 3 期。

是喝一口从井里打来的新水。喝过新水后，全村的男人在"咪谷"的主持下，宰杀一头牛，举行隆重的祭祀威尊大典。在牛肉分割过程中首先分割下一只后腿，献在秋房的供台下，以示向野物的亡灵供上了"人腿"，接着割下公牛的生殖器由"咪谷"挂在磨秋桩上，以示村寨人丁兴旺、家中儿孙满堂。

"祭威尊"仪式结束后就可以骑磨秋了。先由几个德高望重的老者"开秋"，他们象征性地甩了几圈以后，男女老少轮流骑磨秋。哈尼族认为，骑了威尊骑过的磨秋，来年就会得到威尊的保佑。

"祭威尊"仪式结束后，妇女们聚集在舂粑粑房，说说笑笑、热热闹闹地舂粑粑。她们相互帮忙做成圆形粑粑后，再用芭蕉叶包好背回家中。中午，家家户户宰鸡杀鸭，以水、酒、粑粑、核桃、桃子、牛肉、鸡肉、鸭肉等为祭品，一份献在堂屋给威尊等神灵，另一份献在门外走廊边给不能进家门的野鬼。午饭后，妇女们带着孩子回娘家送糯米粑粑，一来感谢父母的养育之恩，二

家人团聚

雨中打磨秋和荡秋千的孩子们

来向娘家人表达节日的祝福和问候。娘家人收到粑粑后，回礼一个土鸡蛋或一只土鸡。

第三天"送威尊"。早上各家各户先用姜汤、糯米粑粑祭日月神，接着用茶、酒、牛肉、米饭祭祖先，到此家庭祭祀仪式结束。中午家家户户准备祭神的菜肴，必须要有煎鸡蛋、一碗酒、豆芽、生肉等，其余以本年度收获的瓜、果、豆等新鲜蔬菜为主，菜的数量最后要成双数。下午"咪谷"带领大家抬着祭品前往秋场，祭祀天神，转磨秋，打秋千，"咪谷"将少许祭品倒在秋桩脚以示祭秋完毕。各户也将每一碗菜中的少许倒到地上，并向"咪谷"敬酒后象征性地吃一点，把篾桌翻过来抬回家去。

从第四天开始到第十二天，人们正常生产劳动，但到了傍晚，男女老少要聚集在秋场上打秋千、骑磨秋、唱歌跳舞。骑磨秋时，横杆两端骑坐或爬上相等的人，轮流以脚蹬地使磨秋起落旋转。此外，还有转秋、甩秋等丰富多彩的打秋千形式。这时候少男少女可以躲到树林里谈情说爱，老人们围坐在场上喝酒唱歌，孩子们追逐戏耍，还有男女老少围成圈子跳起棕扇舞。锣鼓声、琴弦声、歌声、欢呼声交织在一起。

第十三天"矻嘞嘞"（哈尼语"矻扎扎"节结束的意思）。这天一大早，"咪谷"用一对鸡、鸭蛋在磨秋旁主持举行"矻嘞嘞"仪式，把磨秋杆抬下来。这天晚上，各家点燃一把松明火炬，在屋内游走一番，驱除邪秽，然后将火把送到村外路旁或山丘上，这是驱逐邪秽的仪式。这天以后，哈尼群众不再骑磨秋了，威尊等神仙已骑着磨秋回到了遥远的"莫咪萨赞阿代"，野鬼们已被赶出了哈尼山寨，哈尼山寨已清净太平，矻扎扎节才结束。

从 20 世纪 50 年代至 70 年代末，所有村社祭祀和家庭祭祀仪式被迫停止，哈尼族以求神保佑、招魂求安、驱鬼除邪为目的的节庆活动被禁止。改革开放后，各种民族节日得以恢复，"矻扎扎"仪式又在哈尼山寨兴盛起来。特别是 20 世纪 90 年代后，乡村旅游业的兴起，使得哈尼族的矻扎扎节也成为民族文化展演的内容。2004 年 5 月制定的《云南省红河哈尼族彝族自治州自治条例》将哈尼族"矻扎扎节"和彝族"火把节"作为自治民族的法定

哈尼梯田

节日。

2010 年 6 月哈尼族梯田被联合国粮农组织正式列入世界农业文化遗产；2013 年 6 月在第 37 届世界遗产大会上，"红河哈尼梯田文化景观"被列入联合国教科文组织世界文化景观遗产名录。因此，到哈尼族地区旅游的国内外游客越来越多，磨秋作为一种民族文化被打造为游客可以参与的游乐活动，其宗教祭祀色彩日渐淡化，"哈尼族过去的磨秋是为了迎送天神的使者而架起的，有着浓厚的原始宗教的意义，而现在的磨秋场常年架设磨秋，参与活动时也变得随意，脱离了磨秋原来所赋予的信仰意义"[1]。但是各村寨在每年矻扎扎节时还是举行传统的祭祀活动，虽然有的村寨不举行杀牛祭祀磨秋仪式，但还是要用一对公母鸡祭献秋房；有的村寨虽然杀牛，但不祭磨秋；有的村寨矻扎扎节简化了许多仪式程序，只有最后一天下午点着"火把"送天神到田间。随着农村剩余劳力进城打工的增多，民族传统文化受到一定的冲击，仪式的内容也发生了较大的变迁。

"矻扎扎"节是哈尼族重要的传统节日，也是民族认同的标志。许多年轻人即便外出打工，到了节期就纷纷回家过节，并以邀约城里的朋友回家过节而自豪。随着旅游业的发展，哈尼梯田文化成为有别于城市文化的旅游资源，受到都市游客的青睐。因此，哈尼族群众也感到穿民族服装、唱民族歌曲、跳民族舞蹈以及共享具有民族特色的饮食等一系列传统文化活动是一种荣耀。这在一定程度上有意识或无意识地增强了自己的文化自信，也"反映了'矻扎扎'节等哈尼族传统生态文化在现代文化变迁中的自我调适"[2]。

---

① 王钧等：《少数民族体育文化空间生态建设研究——以哈尼族磨秋为例》，《中国体育科技》2017 年第 2 期。
② 黄绍文：《从"矻扎扎"节的宗教崇拜看哈尼族文化的自我调适》，《宗教学研究》2015 年第 3 期。

三月街

南方丝绸之路研究丛书 · 民族节庆卷

　　白族是生活在灵关道、五尺道和永昌道交汇地带的古老民族，在不同的历史时期被汉语文献称为"昆明""叟""爨""僰人""爨氏""乌蛮""白蛮""河蛮""民家"等，自称为"白尼""白伙""白子白女"，也就是"白人"的意思。据第六次全国人口普查统计显示，白族人口为 193 万多人，主要分布在云南、贵州、湖南等省，其中以云南省的白族人口最多，主要聚居在云南省大理白族自治州，有 111 多万人口，约占白族总人口的58%。从南诏、大理国开始，由于任职、镇守、戍边以及经商等

大理"三月街"期间的马术表演

社会经济原因，白族先民迁居到大理以外的昆明、玉溪、保山、文山以及贵州的毕节、四川的西昌等地。元明清时期，部分白族的先民还随军远征到湖南湘西、山东胶州半岛和东北三省。如今，白族村落除了遍布大理州全境，还散布于云南丽江、迪庆、怒江、保山、楚雄、玉溪、文山、昆明、临沧以及四川、贵州、湖南、湖北等省的部分地区。

一、白族形成、发展及文化

学术界研究认为，白族是在长期的历史社会发展演变中多种民族互相融合、交流的过程中形成的。关于其族源问题尚未得出一致的结论，目前主要有土著说、汉人迁来说、僰人迁来说、哀牢九隆族说、多种融合说、氐羌族源说、西爨白蛮说等多种，其中著名民族史学家马曜先生提出的白族"以洱滨人为根基的多源同流说"为学术界所认可。马曜先生认为，大约在距今3000多年以前的新石器时代，白族先民就在以苍山洱海为中心的地区生息繁衍，在河旁湖滨的台地上创造了早期的水稻农耕文化，过着农耕渔猎的定居生活，形成了一个以洱海为中心的民族共同体，马曜先生称之为先秦时期的"洱滨人"，这些人是白族的先民。他们半穴居于苍山山麓缓坡，或者建有栏杆式房屋居住在洱海边。[①]

汉代的时候，有一部分"僰""昆明"等羌人迁徙到这里，据司马迁《史记·西南夷列传》记载："西自同师以东，北至楪榆，名为僰、昆明，皆编发，随畜迁徙，毋常处，毋君长，地方可数千里。"文中的楪榆就是今大理市，可以看出"昆明""僰"以游牧为主要生活方式，但移居到这里以后融入了当地土著，开始了

① 马曜：《白族异源同流说》，《云南社会科学》2000年第3期。

农耕定居生活。同时，原来生活在僰道（今宜宾市）的僰人，从西汉后期南下进入滇东北、滇中，其中一部分也迁徙到滇西地区。从西汉至唐初，白族先民在汉文化以及其他外来文化的影响下，分化为"乌蛮"与"白蛮"两部分。方国瑜先生认为，"接近于汉的称'白蛮'，较远于汉的称'乌蛮'"[①]。张锡禄先生根据大理留存的家谱研究发现："今天的白族大姓子孙是从唐宋以来洱海地区白蛮发展而来的。白蛮是南诏大理国的统治民族。"[②]

公元 7 世纪初，洱海地区各部在兼并战争中，形成了六个或者八个比较强大的政权，即《蛮书》所说的"六诏并乌蛮又称八诏"，其中最为强大的是位于南部巍山地区的南诏，《新唐书·南诏传》云："南诏，或曰鹤拓，曰龙尾，曰苴咩，曰阳剑，本哀牢夷后，乌蛮别种也。夷语王为诏。其先渠帅有六，自号六诏，曰蒙嶲诏、越析诏、浪穹诏、邆睒诏、施浪诏、蒙舍诏。兵埒，不能相君……蒙舍诏在诸部南，故称南诏。"公元 627 年（唐贞观元年）蒙舍诏始祖舍龙（又名龙伽独）自哀牢带着细奴逻到蒙舍川，牧耕于巍山之麓。唐贞观二十三年（649 年）蒙舍诏势力迅速增长，迫使蒙舍川的白子国主"云南大将军"张乐进求将女儿嫁与细奴逻，并将王位禅让给细奴逻，细奴逻建立大蒙国，称奇嘉王，建都于巍山垅圩图山的图城。唐永徽四年（653 年）南诏王细奴逻遣子逻（炎）盛入朝，唐高宗任细奴逻为巍州刺史。唐永徽五年（654 年）蒙嶲诏蒙敛、和舍等作乱，唐命李义为姚州道总管讨蒙敛等，细奴逻出兵协助平乱。唐景龙元年（707 年）唐九微在樨榆地区击破吐蕃，立铜柱纪功。唐先天二年（713 年）唐玄宗封南诏皮逻阁为台登郡王。唐开元二年（714 年），皮逻阁遣谋臣张建成

① 方国瑜：《关于"乌蛮"和"白蛮"的解释》，《云南白族的起源和形成论文集》，云南人民出版社 1957 年版。
② 张锡禄：《从白族家谱看南诏大理国洱海地区的白蛮大姓——兼驳"南诏是泰族建立的国家论"》，《东南亚》1990 年第 2 期。

入朝。

唐开元二十二年（734年）皮逻阁之子阁逻凤进攻石和城（今凤仪），皮逻阁率兵攻下石桥城（今下关），乘胜夺取了太和城（今大理市太和村），并击败了邆睒诏，占领了大釐城（今云南省大理市喜州），接着在大釐城以北筑龙口城（今上关），很快控制了原西洱河河蛮各部地区。在唐朝的支持下，南诏完成了统一洱海地

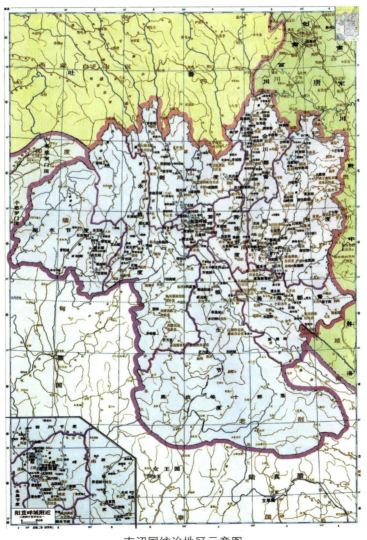

南诏国统治地区示意图

区各部的使命。开元二十六年（738 年）唐玄宗赐皮逻阁名为蒙归义，晋爵为云南王、西南大酋特进越国公。皮逻阁的诸子皆被唐朝封为刺史。唐朝对皮逻阁的册封，标志着南诏国历史的正式开始。开元二十七年（739 年）皮逻阁迁都太和城；大历十三年（778 年），南诏王异寻迁都羊苴咩城（今大理古城西北），一直到天复二年（902 年），郑买嗣起兵杀死舜化贞建立"大长和"国，南诏都城一直就建在这里。南诏王自细奴逻开始至舜化贞结束共历 13 王 247 年，其中有 10 个南诏王接受唐王朝封号。

在天宝战争中，南诏政权掳掠大批内地汉族人民，三次战争中大概俘虏了 10 万人以上，且大都落籍下来。由于西爨白蛮的迁入与大量汉族人口落籍洱海区域，再加上佛教密宗成为南诏王室与主体居民"白蛮"的普遍信仰，"白蛮语"成为南诏的通用语言，所以南诏十赕区内的多元部族开始了一体化进程，在南诏中后期形成了一个新的民族共同体。①

南诏灭亡后，洱海地区相继建立过郑氏"大长和"国、赵氏"大天兴"国、杨氏"大义宁"国等三个政权。公元 937 年，大理人段思平以"宽徭役"为号召，联合滇东 37 部蛮举行起义，建立了"大理国"。"大理"政权实行了"更易制度，捐除苛令"的改革措施，推动了洱海地区生产力进一步发展。大理国存在 300 多年（937—1253），为白族以洱海地区为中心形成内部统一创造了条件。②

公元 1253 年，蒙古贵族忽必烈平定了大理。元朝建立后在云南建立行省，在洱海地区设立大理路军民总管府，任用"大理国"旧主段氏"还镇大理"③。意大利旅行家马可·波罗对当时的大理有详细的描述："到了第五天傍晚，到达省府雅歧（大理），这是

---

① 参见梁晓强：《南诏史》，中国社会科学出版社、云南大学出版社 2013 年版。
② 参见段玉明：《大理国史》，云南人民出版社 2011 年版。
③ 参见张锡禄：《元代大理段氏总管史》，云南民族出版社 2006 年版。

南方丝绸之路研究丛书 民族节庆卷

一座宏伟壮丽的大城市。城中有商人和工匠。这里人口杂居，有佛教徒、基督教徒、伊斯兰教徒。但是佛教徒人数最多。本地土地肥沃，盛产稻米和小麦。……他们有其他谷物，加入香料，酿制成酒，清香可口。"①

到了明朝建立后不久的 1381 年，傅友德、蓝玉、沐英率 30 万大军攻入云南，一路势如破竹，会师昆明，消灭了蒙古梁王势力。据清代倪蜕撰《滇云历年传》卷六记载："洪武十五年（1382 年）三月，傅友德率师驻威楚（今楚雄），谕段世降。不从。……友德大怒，提兵进薄大理。段世据龙首（今上关）、龙尾（今下关）二关。沐英自将攻之。不拔。命王弼率兵由洱水趋上关；英取下关，遣胡海洋绕点苍山后，攀木缘崖而登，树列旗帜。段兵惊溃。英遂策马渡河，斩关而入，遂克大理，获段世及段宝二孙苴仁、苴义。"② 灭掉元朝的势力之后，沐氏世镇云南。由于大量汉族移居云南，遍布于中庆（昆明）、威楚（楚雄）、永昌（保山）一带的白族逐渐自然同化于汉族。公元 1659 年，吴三桂率清兵进入云南。大理地区各县分属于大理府、丽江府、永昌府和蒙化直隶厅。大理府为迤西道治所，云南提督驻地。经过清初百余年的安定发展，大理地区的社会经济到清嘉庆、道光年间达到了一个高峰，成为滇西手工业和商业中心，内地商人"近之则川、黔、桂、粤，远之则楚、赣、苏、杭，皆梯航而至"③。

从秦汉开始到明清时期，历代移入云南的汉族不下百万，而且大都融合于白族之中，明代以后白族又大部分同化于汉族。今天的白语在发展过程中吸收了大量汉语词汇，保存了不少古代汉语语音。此外，在历史社会的发展演变过程中，融入白族的除了

① （意）马可·波罗著：《马可·波罗游记：最有名的奇书》，大陆桥翻译社译，远方出版社 2003 年版，第 152 页。
② （清）倪蜕辑，李埏校点：《滇云历年传》（卷六），云南大学出版社 1992 年版，第 250 页。
③ 张培爵修，周宗麟纂：《大理县志稿》（卷六），民国五年（1916）铅字重印本。

汉族，还有其他许多少数民族。① 所以，学者何叔涛认为："白族文化继承了南诏大理时期兼收并蓄的特点，云南其他民族不同类型的物质文化与精神文化在白族文化中都有所体现。"②

白族有自己的语言，属于汉藏语系，但对白语的语族归属问题，学术界至今尚未达成共识，有藏缅语族说、汉白语族说、汉语方言说、混合语说等多种。同意藏缅语族说者也有不同的观点，有的学者认为属藏缅语族彝语支；有的学者认为属藏缅语族，但自成一语支；有的学者把白语列为藏缅语族，但语支未定。根据《白语简志》的分类体系，白语有三种方言：东部方言、中部方言、北部方言。白族曾有一种参照汉字创制的方块白文，称为"老白文"，是一种典型的汉字系文字。白文形成以后，一直在白族民间使用。1949 年中华人民共和国成立以后创制的白族文字是一种以拉丁字母为符号基础的拼音文字，被称为"新白文"（或拼音白文）。

白族文化是一种多元文化。就其宗教来说，白族先民普遍信仰巫教，政治和宗教首领被称为"鬼主"。南诏时期，大理地区又是南传佛教、藏传佛教、印度佛教和中原佛教传播路线的交会处③，于是南诏的统治者竭力推行佛教密宗。到了大理国时期，统治者把佛教奉为"圣教"，部分大理国国王甚至禅让王位而皈依佛门。大理的道教是在东汉（25—220 年）末年传入的，主要是张道陵开创的五斗米道。南诏时期盛行天师道，且分为清虚和火居两派。宋元两朝属于全真道，主要分为两个派别，即全真天仙派和全真龙门派。大理白族最具影响的是本主信仰，南诏初年就已经出现；在大理国末期，随着王权的衰落和"国人"（平民阶层）

---

① 马曜：《白族异源同流说》，《云南社会科学》2000 年第 3 期。
② 何叔涛：《南诏大理时期的民族共同体与兼收并蓄的白族文化》，《云南民族学院学报》2003 年第 2 期。
③ 张海超：《南诏大理国佛教文化传入途径研究》，《青海民族大学学报》2011 年第 4 期。

势力的兴起，本主崇拜兴盛起来；到明朝时，本主崇拜已经在白族群众中普及。基督教和天主教是伴随着近代外国传教士传入大理地区的，基督教于清光绪七年（1881年）由英籍传教士乔治·克拉克夫妇传入大理地区；天主教于清同治十二年（1873年）由法籍神父罗尼设传入大理地区。

正是因为白族有着兼容并包的精神，它积极吸收其他民族的优秀文化，不断发展壮大自己，同时也把自己的优秀文化、先进文明传播到了周围各民族中，正所谓"文明因交流而多彩，文明因互鉴而丰富"，所以白族的节日也丰富多彩。属于原始信仰的节日"绕三灵"（又称绕山灵或祈雨会），在每年农历四月二十三日至二十五日举行，是大理白族最盛大的传统节日。① 届时，大理、洱源、宾川、巍山等地的白族群众，身着盛装，从四面八方成群结队地来到苍山、洱海之间，朝拜本主，载歌载舞，通宵达旦。属于佛教的节日有鸡足山朝山会，时间是每年农历正月初一

大理白族绕三灵

① 白志红：《实践与阐释：大理白族"绕三灵"》，《民族研究》2010年第5期。

至十五，大理州境内和邻境的各族群众都纷纷前往朝山，祈求国泰民安和观赏鸡足山风光，游山朝拜者都要到鸡足山金顶观日出，尤以正月十五日凌晨观日出者最多。还有农历正月初五举行的葛根会，在大理三塔寺内举行，以交易葛根和游览三塔寺风光为主，有各种小吃供游人享用，并且有各种小商品出售。

此外，白族还在每年农历四月十五日举行"蝴蝶会"，这是为了纪念传说中白族男女青年霞郎和雯姑坚贞爱情的一个民俗节日。每年此时也会有许多蝴蝶栖息在蝴蝶泉边的合欢古树上，首尾相连，从树上直垂到泉中，形成奇观。农历六月二十四日至二十五日大理地区要举行火把节，这是中国西南许多少数民族都过的一个传统民族节日，以彝族和白族过得最隆重。在大理地区，几乎每个白族村寨都要过"本主节"，以各村"本主"的诞辰、忌日或其他纪念性日期为祭祀日期。本主节的主要内容是迎送本主（水路、陆路均可）、诵经唱文、焚香磕头，同时还举行歌舞、游乐、竞技等活动。

在这些节日中，历史最悠久、规模最大、参加人数最多的是三月十五日至二十一日在大理古城西门外举行的三月街活动。这个节日既是祭拜观音菩萨的庙会，又是各民族物资、文化的交流会，还是赛马、对歌、大本曲表演等各种文艺体育表演的盛会。

二、三月街的形成与发展

在两汉时期，大理就是从四川到印度的交通要点，汉、唐时的西南"蜀身毒道"和后来形成的"茶马古道"都从这里经过，是历史上我国与东南亚诸国通商、贸易、文化交流的重要门户。在中国西南地区，集市被称为"街"或"场"，赶集都被称为"赶街"

或"赶场"，云南也是如此，乡村集市都被称为"街子"。由明代李元阳在《云南通志》中记载的"三月十五日在苍山下贸易各省之货，自唐永徽间至今，朝代累更，此市不变"可知，大理"三月街"形成于唐朝永徽年间，距今已有1300多年的漫长历史。关于三月街起源有很多传说，其中的一个说：

据说很久以前，有一个暴君每天吃一对人的眼球，给当地白族人带来深重的灾难。当时有个充满神奇威力的勇士，为了给白族人民除魔灭害，在三月的一天巧施妙计，把暴君骗到苍山的中和峰麓，唤来神狗消灭了他。为了纪念这个勇士和白族人民得救的大好日子，人们便每年在农历三月十五至二十日，聚集在苍山脚下，欢歌乐舞。年复一年，便形成了一年一度的"三月街"。①

这个起源传说的可信性值得怀疑。还有一个传说讲：

洱海边有一个打鱼的小伙子，妻子是龙王的三公主。有一年农历三月十五日晚，月亮特别皎洁。三公主抬头望月，想起那是嫦娥在月宫举办一年一度的月街。她就叫来了一条龙，夫妻双双骑着去赶月街。月亮上的街市货物繁多，看得人心花怒放，可所有的货物只能参观不能买。空手而归的夫妇俩在回家的路上商量定了一个主意：也要在苍山脚下举办一个月街，而且要让大家想买什么就能买到什么。于是，他们就来到苍山中和峰东麓的缓坡上，种了一棵大青树，每年农历三月十五起在树下做买卖七天。于是，有了这样的一个热闹的集市，而人们习惯将这个节庆称为"月街"。②

这些传说实际上是幻想的产物，因为其实"三月街""月街"是后来的叫法，最早的时候叫"观音市"，这些传说没有解释清

① 大理州文化局：《三月街》；大理白族自治州人民政府门户网站 http://www.dali.gov.cn/dlrmzf/c101707/201204/

② 大理州文化局：《三月街》；大理白族自治州人民政府门户网站 http://www.dali.gov.cn/dlrmzf/c101707/201204/

楚为何叫"观音市"的问题，都是主观想象，不足为信。但有一个传说解释了这个问题，这个传说来源于明代成书的《白国因由》。据该书《观音口授方广经》讲："观音令婆罗部十七人以白音口授之，不久皆熟。自是转相传授，上村下营善男信女朔望会集，于三月十五日在榆城西搭篷，礼拜《方广经》。是日，彩云密布，观音驾云而去，众皆举首遥望，攀留不及。年年三月十五日，众皆聚集以蔬食祭之。名曰：祭观音处。后人于此交易，传为祭观音街，即今之三月街也。"[1]清朝大理举人师范有诗云："乌绫帕子凤头鞋，结队相携赶月街。观音石畔烧香去，元祖碑前买货来。"从诗中可以看出，清朝人们首先要到观音石畔去烧香，然后再去购买生产生活用品。民国初年仍然如此，据《滇中琐记》载："大理有观音市，设于点苍山下阅武场中，以三月十五集，廿日散，至期则各省商贾皆来贸易，如长安灯市，俗传观音大士以是日入大理，后人如期焚香顶礼，四方闻风各以货来，至今不改。"[2]

由这些记载可以得知，三月街的起源与佛教信仰有关。大理地处交通要道，佛教很早就传入大理地区，所以被称为"妙香佛国"。大理地区信仰的主要是佛教密宗（当地叫作"阿吒力教"）。关于大理佛教密宗的传入路线，有学者认为是中原佛教传入大理的结果，如蓝吉富先生认为："关于阿吒力教的来源问题，固然有可能有印度僧人到白族地区传教，但是数量并不多见。……阿吒力教的教法（包括经典、仪轨等）主要仍然来自中国的汉地佛教。"[3]李霖灿先生也认为"大理国虽然距西藏较中土为近，但其宗教系统却显然受中土的影响更重"[4]。还有人根据《万历云

---

[1]《白国因由》（卷一），清康熙释寂裕刻本。

[2] 杨琼：《滇中琐记》，民国元年（1912）版。

[3] 蓝吉富：《阿吒力教与密教——依现存之大理古代文物所作的考察》，《云南大理佛教论文集》，台湾佛光出版社1991年版，第168页。

[4] 李霖灿：《南诏大理国新资料的综合研究》，台北故宫博物院1982年版，第31页。

南方丝绸之路研究丛书　民族节庆卷

南通志》卷十三的记载"赞陀崛多神僧，蒙保和十六年（839年）自西域摩伽国来"，认为密宗是从印度传入的，赞陀崛多被认为是南诏密宗流传的祖师。陈垣先生曾指出"（云南佛教）其始自西传入，多属密教，其继自东传入，遂广有诸宗"[1]。还有一些学者认为大理密宗主要来源是西藏，"南诏佛教的主要宗派就是密宗"，而且"乃是来自吐蕃"[2]；发现于凤仪北汤天村的大理国写经《吉祥喜乐金刚自受主戒仪》中有"帝师堂下主持喇嘛贡葛巴，受主万代恩耳"的题名[3]。可见，南诏时期印度、西藏和中原同时将自己的密宗信仰传播到大理，正如《南诏图传》中的文字卷所说："敕大封民国圣教兴行，其来有上，或从胡梵而至，或于蕃汉而来，奕代相传，敬仰无异。""胡梵"指代印度甚至包括当时人想象更远的中亚地区，而"蕃汉"自然是吐蕃和中原。

南诏白族先民，对佛教传说中的观音菩萨十分崇拜。相传这位貌慈心善、救苦救难的观音娘娘，制服了盘踞大理的恶魔罗刹。现存最早记录观音传说的是《南诏图传》，它以图画及文字形式，讲述了观音化为梵僧来到洱海地区，七次度化众生的过程。《南诏野史》记载了一个观音化为老妇阻兵的故事："传汉兵见老妇以稻草索负大石，趋汉兵，兵惧乃止。"明代《白国因由》讲述的观音化老妇阻兵的故事最为详细："汉时，兵入大理，观音化作一老妇，用草索背大石。兵见而问曰：'汝老妇如何背此大石？'答曰：'我年老不过背小的，你还不见年幼男子背的更大。'兵乃闻言而相语曰：'老妇之力尚且如是，若年幼男子必不可当。'乃缩然自退，今观音塘大石即其遗迹也。"这个故事在清代雍正年间《云南通志》也有记载："俗传汉兵至境，见一妇负大石，众惊异，

---

① 陈垣：《明季滇黔佛教考》，科学出版社1959年版，第2页。
② 刘小兵：《滇文化史》，云南人民出版社1991年版，第169页。
③ 周泳先：《凤仪县北汤天南诏大理国以来古本经卷整理记》，李家瑞《大理白族自治州历史文物调查资料》，云南人民出版社1958年版，第17页。

相戒勿露刃，但略其地为楪榆县，后入祀观音像于其上。"由这些材料可以看出，观音崇拜在大理不仅有悠久的历史，而且有深厚的民众基础，出现在唐永徽年间（650—655年）的"观音会"或者"祭观音街"应该是最早讲经说法、传播观音信仰的庙会，随后为了满足越来越多的赶街人的起居需要，才有了吃住交易的兴起，因时值农历三月十五日，故而得名"三月街"。

宋朝中后期，因为与北方草原隔绝，军马主要从云南、四川等地购买，而三月街又是云南马、驴、牛等大牲畜的主要市场。宋朝廷派人大量在三月街上选购军马，扩大了三月街的交流范围。元朝灭大理国以后，为了扩大影响，又立《元世祖平云南碑》于三月街上。明代三月街的贸易非常兴盛，据《徐霞客游记》记载："十三省物无不至，滇中诸彝物亦无不至"，"俱结棚为市，环错纷纭。其北为马场，千骑交集，数人骑而驰于外，更队以觇高下焉。时男女杂沓，交臂不辨，乃通行场市"。到了清代，三月街获得了更大发展，成为中国西南地区著名的乡村集市。清代白族音乐家李燮羲作《竹枝词》描绘了三月街盛况："佳会而今不改移，每逢三月是街期。一年一上观音市，迥异当年幼稚时。昔时繁盛几春秋，百万金钱似水流。川广苏杭精巧货，买卖商场冠亚洲。"[①] 这种情况一直延续到清朝末年，据《大理县志稿》记载："盛时百货生意颇大，四方商贾如蜀、赣、粤、浙、湘、桂、秦、黔、藏、缅等地，及本省各州县云集者殆十万计，马骡、药材、茶市、丝棉、毛料、木植、磁、铜、锡器诸大宗大理交易之，至少者亦值数万。"[②]

至民国时期，三月街仍以马匹等大牲畜、生活品交易和赛马为主，并有边境线上的藏缅商人来赶街，各省及藏缅商贾争集，

① 中共大理州委宣传部：《古今诗人咏大理》，云南美术出版社1999年版，第190页。
② 张培爵修、周宗麟纂：《大理县志稿》，民国五年（1916）铅字重印本。

南万丝绸之路研究丛书 民族节庆卷

官署遣戍卒卫之。到了抗战时期，国民党政治、经济中心移至西南，加之日寇的沿海封锁，中国只有滇缅公路与国外联系，滇缅公路成了进出口物资的主要转运线，大理的下关成为战时物资转运的枢纽和集散中心，很多本地及外地资本家都转至下关经商，下关的商贸进入了史无前例的鼎盛时期，从而大大地促进了大理三月街的发展。

所以，有学者指出："大理三月街自唐代的佛教讲经庙会以来，逐渐发展成为集庙会、交易、娱乐于一体的乡村中心集市。在清末以前的漫长传统社会时期，三月街的发展尽管有过因社会变革而引发的短暂停滞，但它从不中断地延续着发展惯性和传统特色。民国以来，三月街发展转入了无可挽回的衰退期，但在新中国快速发展的现代化进程中蜕变为政府权力建构的'民族节'，重又获得了新的生机，相应地，它的传统特色也发生了质化改变。"[①] 这是对三月街最为客观的概括和总结。

三、三月街的传承与变迁

传统三月街，除了要祭祀观音菩萨，还要进行物资交易，尤其以骡马、山货、药材、茶叶为交易的大宗商品，此外，还要进行文艺、体育活动，如对歌、赛马等。20世纪40年代，澳大利亚人类学家菲茨杰拉德（Charles Patrick Fitzgerald），作为利文荷尔大学的特别研究员，长期工作和生活在大理，在他的人类学专著《五华楼：关于云南大理民家的研究》中，对大理三月街有翔实的记述：

三月街在大理城西门外，苍山脚下一块未开垦的露天场地举

---

① 姚磊：《文化传承视域下大理"三月街"千年发展的实践逻辑》，《广西民族研究》2016年第6期。

行。这儿也是埋葬被处决的罪犯的地方。在三月街的前一天，在那些无名无姓的死者坟墓之间，人们搭起帐篷和货摊整齐地排列在街道两旁，就像临时形成了一个商贸小镇。集市上有食品、成衣、丝绸、进口杂货，所有在大理街上出售的商品在这里都可以找到。除此以外，还有来自广东的商人在兜售他们的商品。

通常这里有临时搭建的餐馆和茶室，他们在石头和黏土临时搭建的炉子上烧出可口的饭菜，服务热情周到，很多人光顾这里。集市上至少有一半的地方是卖药的，三月街是有名的药材买卖市场。很多商人是西藏人，他们带着大批的药材长途跋涉来参加三月街。购买药材的有来自沿海城市，甚至北京的大药材公司代表。中药成分稀奇古怪：鹿和犀牛的角、稀有的缅甸丛林的灵芝、虫草、虎掌以及一些中草药，很多采于滇西南以及滇藏边缘的原始森林。

这些商品的产地离大理不远，因此在大理集市上的售价也比较便宜。尽管把这些药材运输到沿海的费用很高，但却不困难。

20 世纪 20 年代的三月街（洛克　摄）

比较两地的价格差，就很容易明白为什么中草药生意是如此有利可图。总的来说，三月街上销售的外地产品与大理杂货店里的商品没有太大的本质区别，但三月街上商品的质量和种类要更胜一筹。欧洲和上海的商品如：帽子、五金和毛纺织类等，尤其是儿童用品销量最多。一些当地的特产如：大理北部剑川出产的雕花木家具也在三月街上销售。

三月街上能和药材市场相提并论的要数马市了。大批西藏的马贩子赶来大理参加这个集市，在这儿卖完马后继续南下采购茶叶，卖马得到的钱就用来买茶了。他们的妻子和家人也一起来，在山脚靠近集市的方向，他们搭建帐篷，在春意盎然的草坪上放牧骡马。

为了炫耀他们品种优良的马，三月街的第三天，在西面城墙下的一块平地上举行赛马活动。这块地已经再次平整，作为将来连接大理和丽江的公路。和欧洲的赛马相比，这里的赛马更像马术表演，而且一次就一人出场。大理的行政官员、军方人士以及达官显贵也应邀出席参加比赛，他们坐在看台的土墩上，盛况空前。

参赛者不都是藏族，他们骑马全速冲过主席台，然后有人对马匹的外形、奔跑的速度和骑手的骑术评分。获胜者得到一面红色的丝绸锦旗作为奖励，锦旗上写着政府对马的称赞，其他竞争者中的佼佼者也得到一面相同的但是绿色的锦旗。这面锦旗将被挂在马鞍上，以示马的优良品种，当然这种马的价格也贵一些。

总的来说，在大理三月街上的商品不是为了满足农村人口（即民家）本身的需要。在三月街上买卖的只是云南省周边地区的产品，这是因为大理正好处于东西主干道和南北马帮道上的交叉口，地理位置得天独厚。在城里举办这个集市，对外地来的购买者来说投宿也极为方便。尽管赶三月街的一部分是本地农民，但半数以上是北部和东部的外乡人，或者是赶来补充货源的商人。就是这大群外来人让三月街在昆明（云南府），以至全国其他省份都闻名遐迩。①

20 世纪物资匮乏的年代，大理人每年在三月街期间，都要到三月街上去赶街，将他们的农副产品、手工业品出售，换回家里需要的工业品和其他生活用品。那时候交通不便，但是周边村寨区县的人们，都要步行、骑马或者赶车去三月街。准备结婚的男女，需要制备衣物鞋帽、干鲜菜蔬，都要到三月街上去采购；所有的中医都要在这个节期买足一年所需的中药材；三月街是孩子们最想去的地方，在这里他们不仅可以吃上美食，而且可以添置新衣，还能看到很多没有见过的稀罕物。20 世纪五六十年代，人们在三月街上，还能吃到最原始的冷饮——苍山雪。有些大理人一大早上到苍山顶上，背回来一竹箩雪，盛在碗里，用饭勺一压，浇上甜甜的糖稀，倒出来，就是一个圆饼状的纯天然冷饮了。在 1959 年拍摄的电影《五朵金花》中，我们可以看到当时三月街的盛况：大理古城西门外苍山脚下的旷野里，在高耸入云、雄伟壮丽的唐代崇圣寺三塔旁边，雪白的帐篷鳞次栉比，热闹的街市商贾云集，身着民族盛装的男女老少徜徉于街场之间，脸上流露着轻松欢快的神情。

进入 80 年代，大理古城被国务院命名为全国第一批历史文化名城，改革开放使中国经济焕发出前所未有的活力，"三月街"在延续着传统的同时，更多地注入了新特征和新内涵。首先，从 1982 年开始，街期已从过去的 5 天、7 天延长到 10 天。各地县参加交易的特色农产品、民族工艺品不断

三月街上的赛马

① ［澳］菲茨杰拉德：《五华楼》，刘晓峰、汪晖译，民族出版社 2006 年版，第 56—58 页。

增加。其次随着全球化步伐的加快，三月街上来自省外，甚至国外的商家越来越多，手表、缝纫机、收音机、录音机、电视机、自行车等大量现代产品进入市场，使贸易的商品越来越丰富。另外，除云南省、大理州派出剧团到三月街演出，电影队为群众放映电影外，省、州体委和有关部门在三月街期间举行全省性的少数民族传统体育运动，如停顿多年的赛马活动得到了恢复，有汉、藏、白、纳西、傈僳、佤等各族健儿参加赛马比赛。除了赛马，还增加了秋千、射弩、陀螺、龙舟竞渡等少数民族传统体育项目，赛马大会被扩展成了民族民间传统体育运动会。

随着社会的发展，三月街发挥着经济贸易、文化传播、族群交流的社会功能。自 1991 年被确定为大理州各族人民的法定节日后，三月街突破了《五朵金花》中唱的"一年一回三月街，四面八方有人来，各族人民齐欢笑，赛马唱歌做买卖"的内涵，无论是政府还是当地居民，都更加重视"三

三月街上出售的药材

月街"的文化展演功能。这些理念使"三月街"的民族文化传播与交流功能在伴随经济贸易发展的情况下而不断地增强，各民族的交往交流交融变得更加频繁和深入。

2000 年以后，当地政府出资，在三月街古街场建起了部分永久性的商铺。还有更多的小商小贩们用棚布或者塑料搭起简易棚屋，作为他们临时的住所和交易场所。街场上，店铺内，摆满了琳琅满目的物品，有巧夺天工的大理石工艺品，有风味独特的地方著名小吃，有来自苍山的竹器，有来自洱海的鲜鱼，有来自剑川的木雕，有来自永胜的细陶，有来自祥云的泥塑，有来自鹤庆

三月街上的对歌大赛

的瓦猫，有来自巍山的蜜饯，有来自通海的豆末糖，有来自腾冲的玉器，有来自玉龙雪山的药材，也有来自缅甸、印度等邻边国家各种商品，可谓是包罗万象，应有尽有。交易的商品中也增加了来自沿海发达地方的工业产品和时髦商品，以及代表着现代时尚潮流的汽车等商品。时至今日，三月街街场上的歌声，依然长盛不衰，"你方唱罢我登场"。大青树下的赛歌会，古戏台上的大本曲，还有赛马场上的赛马，都在这个不断变迁的文化空间中继续保持着传统的意味。

2008 年 4 月，大理三月街又入选第二批《国家级非物质文化遗产保护名录》。在多种力量的共同作用下，三月街更具活力和色彩，"如今的三月街已发展成为融经贸活动、文艺娱乐、旅游、交际为一体的民族团结盛会，被人们誉为'苍山下的广交会'"①。

三月街的街场依然是千年前的那个街场，集市也依然是千年前那个商贾云集的集市，但每年来赶街的人都在变化，来自世界尤其是东南亚多个国家和地区、中国多个省份、云南 15 个地州市的客商便会沿着古代世界"茶马古道"和"蜀身毒道"的踪迹，来赶这个千年的街市。这个街市已然成为南方丝绸之路上不同国家和地区经济交往、文化交流、民族交融的重要平台。

---

① 《白族简史》编写组：《白族简史》，民族出版社 2008 年版，第 11 页。

永昌道上的民族节庆

第四章

永昌道是灵关道、五尺道在楪榆（今大理）会合后，自叶榆西行，翻越博南山，渡澜沧江，抵永昌郡治（今保山），从这里古道分为两条：一条西行翻越高黎贡山到达中国出境门户和极西重镇腾越（今腾冲），再从这里出境到缅甸、印度，再辗转达地中海沿岸。另一条西南行从金齿（今云南德宏）到达江头城（今缅甸杰沙），再经今拉因公、新古、曼德勒抵蒲甘，

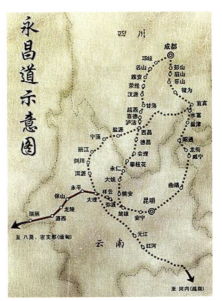

永昌道示意图

沿伊洛瓦底江南下至勃固，走水路或陆路至孟加拉湾，与海上丝绸之路会合，再转达地中海沿岸。永昌道东段因途经永平博南山，又称博南古道；其西段路经腾越（今腾冲），故又称滇越道。

按照现在的行政区划，古道经过的地区包括大理白族自治州西部、保山市、德宏傣族景颇族自治州，其支线也经过怒江傈僳族自治州、临沧市、普洱市、西双版纳傣族自治州的部分地区，现在生活在这条道路上的民族有说汉藏语系藏缅语族语言的白族、傈僳族、哈尼族、拉祜族、基诺族、景颇族、阿昌族，说壮侗语族语言的傣族，以及说南亚语系孟高棉语族语言的佤族、布朗族、德昂族等。

这条古道历史遗迹非常丰富。现留存的古道有大理永平的博南古道、保山的官坡古道、板桥驿古道、七十六道坎古道、盘蛇谷古道、南斋公房东坡古道、百花岭古道，古桥有惠人桥遗址、双虹桥遗址、龙川江桥、镇夷关石桥等。其中水寨段是永昌道最为精彩之处，有我国最古老的铁索桥霁虹桥，有平坡铺遗址，还有险峻的梯云路。

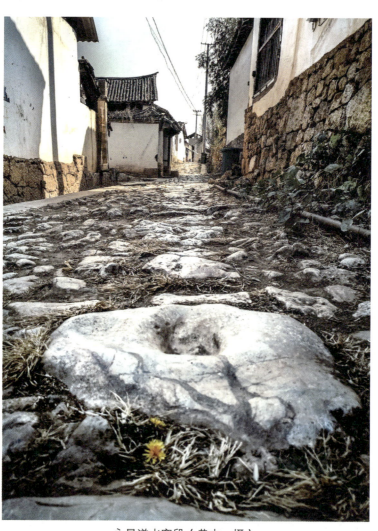

永昌道水寨段（黄中　摄）

第
一
节

葫芦节

拉祜族是生活在南方丝绸之路永昌道及其支线上的一个古老民族，自称"拉祜"，有人解释为"猎虎的民族"①，还有"倮黑""哥搓""缅""小古粽"等自称和他称。1953 年 4 月，在澜沧成立了拉祜族自治区（县级）。根据本民族意愿，正式定名为拉祜族。1954 年成立"孟连傣族拉祜族佤族自治县"。1985 年国务院批准原双江县改名为"双江拉祜族佤族布朗族傣族自治县"。这样，拉祜族就有了三个

拉祜族葫芦节

自治地方。同年，中国政府将哀牢山区和红河流域约 8 万自称"苦聪人"的群体，识别为拉祜族；1990 年，将 8000 多自称为"老缅人"的群体识别为拉祜族。据 2010 年第六次全国人口普查统计，拉祜族总人口为 485966 人，其中分布在云南省的拉祜族共有人口 47.5 万人，主要聚居在上述三个自治县。此外拉祜族在云南毗

---

① 俸向东：《拉祜——神勇的猎虎民族》，《云南档案》2012 年第 1 期。

邻的缅甸、泰国、老挝等国家也有分布。据学者方铁统计，缅甸有拉祜族 5 万人，称为"么舍"，大部分住在掸邦东部；泰国有拉祜族 3 万人，以清迈府居住最为集中，在清莱、夜丰颂、达府等地亦有分布；越南有拉祜族 4000 人，大都住在靠近中国的边境地区；老挝有拉祜族 2000 人，分布在琅南塔省。[①]

一、拉祜族历史与文化

拉祜族是中国古老的民族之一，其先民是源于甘青高原的古羌人，过着游牧生活，后来随氐羌族群南迁。政协澜沧拉祜族自治县委员会编写的《拉祜族史》一书，运用口传资料，将拉祜族的历史分为八个阶段。第一阶段即原始社会初期，也就是人类茹毛饮血、使用石器的"密尼都库"时期。第二阶段是大约公元前 8 世纪前后的"诺海厄波"时代。第三阶段是拉祜族先民自称的"北极（或北氏、北地、北基）"时期。第四阶段是传说中的"南极（或南氏、南地、南基）"或"南极洛达"时期。第五阶段是传说中的"科玛斯科阶、洛玛斯洛阶"（意思为"七大山、七大河"）时期。第六阶段是传说中的"阿沃阿郭都（意思为一天一夜都走不完的大坝子）"时期。第七阶段是传说中的"勐缅密缅"时期，也就是属于南诏或大理国时期。第八阶段是 15 世纪中叶到 19 世纪末 20 世纪初。[②]

文献中有关拉祜族的史料出现较晚，《新唐书·南蛮传》记载，黎、邛二州（在今四川省凉山州境内）"南有离东蛮、锅锉蛮，西有磨西蛮，与南诏、越析相姻娅"。学者认为"锅锉蛮"就是拉祜族苦聪人的先民，这可能是拉祜族支系在古代文献中的

---

① 方铁：《云南跨境民族的分布、来源及其特点》，《广西民族大学学报》2007 年第 5 期。
② 政协澜沧拉祜族自治县委员会：《拉祜族史》，云南民族出版社 2003 年版。

最早记载。宋元时期，拉祜族不断向哀牢山区迁徙。明代曾出现在今楚雄彝族自治州和玉溪市新平县（当时的新化州）境内，地方文献中称他们为"果葱"。清代康熙年间编撰的《云州志》《楚雄府志》等称其为"倮黑"。雍正以后，"倮黑"与澜沧江东岸的清朝官军及傣族土司的土练作战。战争失败后，大量的"倮黑"从江东的景谷、思茅山区和北部的缅宁山区，迁往今天的澜沧、西盟、孟连、勐海一带，并进而迁往缅甸和泰国北部山区。光绪十三年（1887 年）清军渡澜沧江西进，在倮黑山设立镇边直隶厅。在山区的南、北部设上、下改心巡检（北部靠近缅宁的区域叫上改心，南部靠近车里的区域叫下改心），隶属镇边厅。光绪十四年（1888 年），南栅、木嘎一带拉祜族发动抗清起义，被云贵总督岑毓英调集军队镇压。"光绪十七年（1891 年），尉迟参将因欲重开募乃老银厂（嘉庆十五年封闭），卡佤、倮黑相互勾结，劫杀尉迟参将于老厂附近之石门坎。倮黑遂蜂起叛乱，到处烧杀不已，此即所谓东主五佛反叛之事也。十（八）年秋九月，官军援至，上峰委周保林为参将，前来统帅土汉官兵，渡河进攻，倮黑屡败。于是所有倮夷携带家小，弃寨而逃，为营聚于孔明山下，官军与土勇大举围剿，力攻数日，一战而歼灭之，地方始告稍安。"[①] 从这些材料可以看出，清朝拉祜族与朝廷之间的斗争还非常激烈。

拉祜族南迁到澜沧江两岸以后，与汉族、傣族、哈尼族等交错杂居，交往日益频繁，文化交流不断深化，拉祜族民众逐渐吸收了汉族、傣族等先进生产技术，社会生产力有所发展，长期存在于拉祜族的大家庭公社制度逐渐走向解体，生产资料私有制逐渐占主导，贫富差距加剧，进而促成两极分化，社会结构逐步转

---

① 傅晓楼：《澜沧略史》，未刊稿，澜沧县档案馆藏，1943 年；转引自马健雄：《宗教运动与社会动员：木嘎拉祜族神话、历史记忆与族群身份认同》，《思想战线》2007 年第 1 期。

变为封建领主私有制。但是这种制度存在的时间不长，"澜沧县东北部和双江县等拉祜族和居民，曾经有过短暂的封建领主经济，其后，由于农民暴动的打击和汉族社会经济的强烈影响，迅速地过渡到封建地主经济"①。

拉祜族有自己的语言，属汉藏语系藏缅语族彝语支，分拉祜纳和拉祜西两大方言，还有苦聪和阿莱两个小方言。诸方言都有七个调，主要是第三调差别较大。②说拉祜纳方言的支系分布在澜沧江西岸，俗称为黑拉祜；说拉祜西方言的支系分布在澜沧江东岸，俗称为黄拉祜。拉祜族无文字，20世纪初西方传教士曾创制过用拉丁字母拼写的文字，但这套文字不是很科学，因而也未能广泛传播。1957年，国家为拉祜族创造了一种拉丁字母的拼音文字，对拉祜族社会文化的发展起了积极的作用，但试行区域有限。

拉祜族先民的宗教信仰主要是原始的自然崇拜和祖先崇拜③，相信万物有灵，崇拜鬼神，认为创世神厄莎有着无所不能的力量，可以保佑村寨粮食丰收、万事平安，可以保佑村民身体安康，家庭幸福④。清朝平定云南的时候，大乘佛教传入拉祜族地区，与原有的原始宗教信仰融合，形成了具有本土化特点的佛教，信奉的最高神还是厄莎，并且用厄莎代替佛教始祖释迦牟尼，称为"厄莎佛祖"。1920年基督教传入拉祜族地区，1928年天主教也传入澜沧拉祜族地区。但是基督宗教的传入并没有完全改变拉祜族的传统信仰。在拉祜族社会中，原始宗教仍然是其信仰的底色。

拉祜族的节日比较多元，与宗教有不解之缘、与社会生产

---

① 《拉祜族简史》编写组：《拉祜族简史》，云南人民出版社1986年版，第43页。
② 金有景：《关于拉祜语的方言》，《民族语文》2007年第3期。
③ 覃光广等：《中国少数民族宗教概览》，中央民族大学出版社1988年版，第253—258页。
④ 晓根：《拉祜族厄莎神的形象塑造》，《云南民族学院学报》1994年第4期。

劳动密切相关、与民间习俗相互交融①。传统节日文化主要有扩塔节（春节）、清明节、尝新米节、中秋节、火把节、葫芦节等。

拉祜族的春节，拉祜语称"扩尼哈尼"，是拉祜族传统的盛大节日，是拉祜族传统文化的重要组成部分②。举行时间与中原汉族时间基本相同，为农历正月初一至初九。不同的是，拉祜族过年分过大年和过小年，大年从正月初一至初五，也称"女人的年"；小年从正月初七至初九，也称"男人的年"。关于男人年和女人年传说有两个版本：一种说远古时期拉祜族男子外出狩猎，回来时误了年期。当男子狩猎归来之后，人们又重选日子过年；另一种说古时拉祜族受到外族的侵犯，男人们远征作战，他们凯旋后年已过完，但为了庆祝胜利和万家团圆，人们载歌载舞，又重新过了一次年，而且从此相沿成习，传承至今。过年前夕，家家户户打扫卫生，将村寨内外收拾得焕然一新。族人杀猪、泡米，把舂好的粑粑粘在犁杖、砍刀、锄头等农具上，表示它们辛苦了一年，也要和主人一起过年。村民还为牛割草添食，以示慰劳感谢。除夕晚上，全家男女老少沐浴洁身，各村寨鸣放火炮、火枪。新年凌晨鸡鸣之后，各村的青年男女便背起盛水的竹筒和葫芦争先恐后地奔往山泉边"接新水"。他们认为新年伊始的泉水最新最纯，谁最先抢到新水，谁家的谷物、瓜果就会先熟，谁家就更有福气。新水接回来后，要先敬献祖先，然后给老人洗脸。初一这天不准外人进入寨子，初二才能走亲访友、互贺新年。

尝新米节是拉祜族庆祝收获的节日，时间并不统一，各寨根

---

① 晓根：《拉祜族传统节日文化特点浅析》，《云南师范大学学报》1996 年第 2 期。
② 苏翠薇：《拉祜族》，载纳麒等主编：《远去的背影——云南民族记忆 1949—2009》，云南人民出版社 2010 年版，第 225 页。

据粮食作物（主要是旱稻）成熟的情况而定。新米节实际上是拉祜族一年一度庆丰收的节日①。新米节期间，全寨杀猪煮酒，男女老幼休息两天。村民要邀请乡亲邻居、亲朋好友来吃饭喝酒。有些人还要邀请周围傣、哈尼、布朗等族人民一道来饮酒会餐，吃团结饭。吃完宴席，主人还要用芭蕉叶包"份子肉"让客人带回。晚间老人们围在火塘边演唱拉祜族古歌，青年男女则在屋外吹葫芦笙跳芦笙舞。拉祜族只容许新米节后至春节这段时间吹笙跳舞，其他时间禁止这些活动，他们认为春节过后从开始下种到谷物成熟这段时间，吹奏葫芦笙会吓跑谷物的魂，这样谷物就长势不好，影响谷物的收成。外国学者把新米节誉为拉祜族的"狂欢节"，汉族谚语也有"谷子黄，拉祜狂"的说法，正是这个节日的概括和写照。

拉祜族的火把节和其他民族举行的时间和内容大致相同，但是也有一定的民族特色②。比如人们要点着火把到田间地里举行叫谷魂仪式。这时候路遇拉祜族人不能与他们讲话，否则会被认为惊动神灵，也不能随意触摸治鬼器具。另外拉祜族举行火把节期间，禁止外人入寨。晚上点燃一根松木，以此为中心，村民举着燃烧的火把，在篝火旁载歌载舞。其他的清明节、中秋节基本来自周围共生汉族的影响，形式和内容也基本与汉族相同。

葫芦节在拉祜语中被称为"阿朋阿龙尼"，以前每年农历十月十五举行，现在改为每年公历 4 月 8 至 10 日举行。每年澜沧拉祜族自治县、孟连傣族拉祜族佤族自治县和昆明等地拉祜族同胞都要举行隆重的庆祝仪式。

① 刘远东：《拉祜族的葫芦文化》，《民族艺术研究》1992 年第 2 期。
② 罗承松：《拉祜族火把节及其文化内涵》，《怀化学院学报》2014 年第 3 期。

二、《牡帕密帕》与葫芦节的由来

　　葫芦节的由来与拉祜族神话史诗《牡帕密帕》有关。这是一部拉祜族口传史诗，由"嘎木科"（史诗艺人）和"魔巴"（宗教祭司）主唱，多人伴唱或多人轮唱，起源时间已不可考，一直以说唱的形式流传至今。因为这部史诗有着丰富的内容，被认为是拉祜族文化的百科全书。1960 年，昆明师范学院中文系 1957 级部分学生前往澜沧、孟连、双江等县十多个拉祜族聚居点，进行了为期近四个月的搜集工作。但是不久之后"文革"爆发，一直到 1978 年，这部史诗才整理发表，为外人所知。[①] 2006 年 5 月《牡帕密帕》入选第一批《国家级非物质文化遗产名录》。

　　"牡帕密帕"是拉祜语音译，意思是"开天辟地"，主要流传于澜沧县的木戛乡、富邦乡、竹塘乡、糯福乡、拉巴乡、南岭乡、东回乡、酒井乡等拉祜族聚居区。这部史诗在不同的地域和村寨流传的内容有一定的差别，所以学者调查整理出版的《牡帕密帕》文本也有一定的差异。[②] 如由昆明师范学院中文系学生搜集、刘辉豪整理的《牡帕密帕》，全文共 1231 行，分为歌头、造天造地、造物造人、生活下去、歌尾五个部分。其中"生活下去"翻译和整理了扎迪和娜迪结婚、第一代人、取火、打猎、分配、盖房子、造农具、种谷子、种棉花、鹌鹑跳舞等十部分。《拉祜族民间文学集成》中收录的史诗共 1925 行，分为造天地、造万物（求水、种树、种葫芦）、人怎样生活下来三个部分。第三部分"人怎样生活下来"中的内容跟前者有一定区别，包括"札笛和娜

---

① 刘辉豪：《勤劳勇敢的颂歌——史诗〈牡帕密帕〉整理札记》，《思想战线》1979 年第 2 期。
② 其中包括：1979 年，云南人民出版社出版的刘辉豪整理的《牡帕密帕》；1984 年，云南民族出版社出版的李文汉整理的《牡帕密帕·古格戛木科》（拉祜文）；1989 年，云南民族出版社出版的李扎约整理的《牡帕密帕》（拉祜文和汉文对照）；1988 年，中国民间文艺出版社出版的《拉祜族民间文学集成》收录了《牡帕密帕》的全部唱段。

笛""兄妹配偶""第一代人""取火""狩猎，分民族""扎倮和娜依""找铁矿（烧蜂、分铁矿、炼铁）""农业活动（造农具、盖房子、找种子和药草）""种谷子""订年节，发文字""种棉花"十一部分。

虽然不同的传承谱系致使史诗在各地存在差异，但不同版本的《搓然迦门阔》（拉祜语，意为"古歌"）中，都记载了天神"厄莎"创造天地、创造万物、创造人类等创世内容，故事开头就讲：

在很久很久以前，没有地也没有天，没有风也没有雨，没有日月和星星。白天昼夜分不清，到处是迷雾沉沉，这样的日子啊，不知过了多长时间。那个时候啊，世上没有人，只有厄莎天神，宇宙像一张蛛网，厄莎像蜘蛛坐在中间。为了创造天地，厄莎在苦思苦想。①

接着史诗详尽地描述天神厄莎是如何造天造地的：厄莎搓下手泥、脚泥做成四根天梁、四根地柱，在天梁上架好天网，天就造好了；在地柱上拉上地网，地就形成了。由于地不够稳，厄莎就抹下手泥、脚泥揉成七万七千个泥巴团来粘补地网，使地变得牢靠。由于天地没有天骨、地骨，所以天地是软的，于是：

厄莎把脚骨抽下，架在天上作天骨；厄莎把手骨抽下，插在地上作地骨……厄莎用左眼做太阳，厄莎用右眼做月亮。②

这样，天地就被厄莎制造出来。接着她又创造万物。首先是找到了水。厄莎先用脚汗、手汗做成一公一母两只鸭子，让其去寻水，但未获成功。厄莎又种下芭蕉籽，长出芭蕉树后，厄莎用脚汗、手汗做成两只螃蟹，放在芭蕉根上。螃蟹用大钳匝了三匝，水就从芭蕉根上流出来。厄莎又做了田鸡、水雀守水塘，并

① 云南拉祜族民间文学集成编委会：《拉祜族民间文学集成》，中国民间文艺出版社1988年版，第1—2页。
② 云南拉祜族民间文学集成编委会：《拉祜族民间文学集成》，中国民间文艺出版社1988年版，第3—22页。

栽水草护水，水塘灌满后水向外翻滚。厄莎按照自己的手掌皱纹，挖出九十九条大江，从此，地上就有了水。

接下来厄莎又开始创造植物和动物。史诗中讲，厄莎忙了七天七夜，才栽好一棵树，为了使树长高、分杈、出叶、开花、结果，厄莎想尽了各种办法，付出了艰辛的劳动。树结果后，厄莎又将果子晒干切碎，撒向空中，然后对空吹气，气变成风，将碎果吹落，碎果就变成了松林、栗树林等各样树林；树叶落下后分别变成野蒿丛、茅草丛等百草和白鸥、野鸡、孔雀等百鸟；树杈落下来变成独鼠、白肚鼠、飞鼠等各种鼠类和猫头鹰；树干被砍下分别变成野猪、老熊、野牛等百兽；花朵、树节分别变成蜜蜂、岩蜂、家蜂、蚂蚁、长蛇、游鱼等。就这样，天神厄莎将万物制造出来。

最后厄莎开始造人。史诗中说：厄莎创造了天地日月，创造了宇宙万物，但没有人类，厄莎觉得寂寞，于是种下一棵葫芦。葫芦成熟后，由小米雀和老鼠共同啄开葫芦，走出来一男一女，男的叫"扎迪"，女的叫"娜迪"。扎迪、娜迪长大后，厄莎告诉扎迪、娜迪，要他们同住一起，像太阳月亮配成对，像花木雀鸟形影不离。扎迪、娜迪回答厄莎："我们同由一处来，只能成为兄妹，不能成为夫妻。"厄莎想了滚石磨、滚筛子和簸箕等办法让他们结婚，但都没有达到目的。最后厄莎做了两剂迷药：

扎迪闻到迷药回到地上，娜迪闻到迷药回扎迪身旁……扎迪、娜迪当着厄莎害羞，他们背地生活在一起；他们成了夫妻，从此他俩不再分离。①

扎迪、娜迪结为夫妻后，十月怀胎，娜迪生下了十三对孩子。扎迪夫妇养不了，厄莎又叫来狗、猪、牛、虎等十二种动物帮助娜

---

① 刘辉豪：《牡帕密帕》，云南人民出版社 1979 年版，第 27—28 页。

迪喂养孩子。孩子长大后，便以12种动物命名。自扎迪、娜迪开始，人类便繁衍起来了。为了使人类能够生存下来，厄莎又为人类取火，教人们狩猎，并把人群分成拉祜、佤、傣、汉、尼（哈尼族的一支）等民族。还为人类找铁矿、分铁矿、炼铁、造农具、盖房子、找种子和药草、种谷子、订年节、发文字、种棉花等。

镇沅县苦聪人的神话《传种人》中讲：洪水时期，世人皆被淹死，只有钻进葫芦里的两兄妹生存了下来。天神出主意让他们把两个磨盘合起来，成婚繁衍后代，妹妹怀孕3年后生下了个怪胎。兄妹俩听天神的吩咐将怪胎捏碎后撒到山上，不久荒山野岭到处挤满了人，长满了鲜花、树木、青草，森林里挤满了野兽、禽鸟。①

由以上内容可以看出，葫芦在拉祜族神话中具备了不同身份，一是人类诞生的母体，二是洪水神话中的救人工具。对葫芦生人神话和葫芦救人神话，闻一多认为两者是有先后顺序的："我们疑心造人故事应产生在前，洪水部分是后来黏合上去的，洪水故事中本无葫芦，葫芦是造人故事的有机部分，是在造人故事兼并洪水故事的过程中，葫芦才以它的渡船作用，巧妙地做了缀合两个故事的连锁。"②拉祜族的"葫芦"的两个身份，可能也是这样形成的。

从这些内容可以看出，厄莎作为创世神，不仅创造了天地日月、万事万物，也创造了最初的人类。因此，厄莎就成了拉祜族人崇拜的最高神灵，几乎所有拉祜家庭都供奉和祭祀厄莎，许多拉祜族村寨都在寨中心的广场上盖有类似"厄莎庙"的茅草房，周围丛立着各种作物，如苞谷、谷子等，用以供奉厄莎，祈求厄莎保护他们风调雨顺，五谷丰收。③

在厄莎创造人类的过程中，葫芦发挥了重要作用，不仅孕育

① 白应华：《论拉祜族的和谐文化》，《思茅师范高等专科学校学报》2010年第5期。
② 闻一多：《神话与诗》，吉林人民出版社2012年版，第49页。
③ 云南拉祜族民间文学集成编委会：《拉祜族民间文学集成》，中国民间文艺出版社1988年版，第8页。

南方丝绸之路研究丛书 民族节庆卷

了人类，而且在人类有危难的时候拯救了他们。所以这部史诗不仅反映了拉祜族对宇宙起源、万物创生、人类诞生的朴素认识，而且表达了人类跟葫芦有着非常紧密的关系。在长期的生产生活实践中，拉祜族先民发现葫芦适应性强，长势好，具有腹大籽多的特征，所以他们视葫芦为圣物，视其为女性生殖能力的象征，对其进行顶礼膜拜。这应该是在自然崇拜的基础上形成的祖先崇拜行为。

拉祜族对葫芦的崇拜无所不在。人们用葫芦保存籽种，表示五谷丰登；饮用葫芦装的水，表示健康长寿；女性的围巾、包头等服饰上常有彩线绣制的葫芦和葫芦花图案。葫芦既是女性美的象征，也是婴幼儿健康成长的保护神，在他们的衣领上要钉上葫芦籽，鬼神才不会纠缠。同时，

拉祜族村寨的祭祀房

葫芦也是家族贫富的标志，摆在门前或吊在屋梁上，以示富有；用葫芦制作瓢、碗、勺等器具，不能用葫芦代替的鱼篓、斧头、木雕等用具，也要制成葫芦的形状。传统生活中成年男子出门随身一定带有三个葫芦，分别装上水酒、火药，另外一个必定是拉祜男子酷爱的葫芦笙。[①]

拉祜族的葫芦节就是在信仰创世神厄莎、崇拜祖先神葫芦的基础上发展形成的一个节日。

三、葫芦节的仪式展演和文化变迁

葫芦节是祭祀祖先的日子。历史上，有些村寨有专门祭祀祖

① 杨云燕：《从人类学视角解读拉祜族葫芦文化》，《鸡西大学学报》2012年第4期。

先的节日，有些村寨没有专门的节日，但是很多节庆活动比如每年的"扩塔节"和"尝新米节"上，都要跳葫芦笙舞，祭祀创世神厄莎和代表祖先的葫芦，也是祖先崇拜的表现。

据拉祜族口传文学《年根》讲述：远古时，拉祜族不知年月、不知农事，是厄莎神划分了年月，教人耕作，使拉祜族得以生存发展。"为了感激厄莎的恩情，拉祜人便在每年粮食收获时举行庆祝会，来祭奉天神厄莎，于是就形成了一年一度的拉祜'扩塔节'。"[1] 在过"扩塔节"期间，要将装满谷物籽种的簸箩放在一张桌子上，男子围着这张桌子吹奏葫芦笙，其他人在外层手拉手围成圈，跳葫芦笙舞。芦笙舞首先以给厄莎献祭的"戛祭舞"为前奏，接着是表现人们日常生活和刀耕火种农业生产劳作的各个环节的舞蹈，最后以一曲欢快的"戛祭根"为结束曲。芦笙舞结束时，各家各户都要从簸箩里抓一把祭献过神灵的籽种带回家并拌在自家的籽种中。据说，经过吹笙祭献神灵的籽种是吉祥的种子，能保佑来年庄稼丰收。信仰佛教的拉祜族过春节的时候要去佛房，主要是祭祀厄莎，因为这里的佛房供奉的最高神就是厄莎。他们认为保佑他们的不是佛陀菩萨，而是创世神厄莎。后来一些寨子就把祭祀厄莎和祖先的活动合成了一个，既祭祀厄莎，也祭祀祖先，认为厄莎也是他们的祖先，祭祀厄莎和祖先都是为了求得平安。

制作新米粑粑

南方丝绸之路研究丛书
民族节庆卷

---

① 苏翠微、王亚红：《拉祜族的传统节日"扩塔节"》，《节日研究》2013年第1期。

在新米节的节前，拉祜族要将谷米收割一部分，回家后做成新米饭，首先敬献创世神厄莎，其次要给牛等牲畜吃一点新米饭，在犁头、锄头等农具上粘些新米饭和粑粑。这些活动都是以节庆活动方式延续和传承对创世神厄莎、对祖先神葫芦的感恩和尊崇之情。

在 1992 年之前，拉祜族没有自己统一的节日，扩塔节（春节）、清明节和中秋节是汉族的节日，火把节是彝、白、纳西等民族的节日，新米节也是与其共生的德昂、佤、景颇等民族都过的节日，都不能体现拉祜族文化的独特性。拉祜族聚居的澜沧县组织了多次调查研究，发现拉祜族民众认为他们是从葫芦里走出来的民族，在不同的仪式上都有祭祀作为祖先的葫芦的内容，对葫芦的崇拜和祭祀具有普遍性。于是，在 1991 年 11 月 6 日召开的《拉祜族史》研讨会上，根据广大拉祜族人民的意愿，决定将拉祜族祖先的诞生日定为统一的民族节日，即"阿朋阿龙尼"（葫芦节）①。因《牡帕密帕》中说农历十月十五日是拉祜族从葫芦里走出来的日子，所以将节日定在农历十月十五日、十六日、十七日三天，澜沧县放假庆祝葫芦节。从此之后，葫芦节便成为拉祜族以起源故事、祖先崇拜、传统习俗作为文化支撑，官方倡议、民众认可的彰显民族文化的重要节日。

祖先和神灵祭祀是村寨中葫芦节的重要组成部分。在葫芦节的第一天早晨，村民以家庭为单位，

参加歌舞表演的拉祜族妇女

① 艾菊红：《文化再生产与身份认同：以澜沧拉祜族的旅游业发展为例》，《云南民族大学学报》2016 年第 3 期。

跟随寨子里有威望的老人前往佛堂。老人手中拿着祭品，包括两只蜡烛、一对红香和一对粑粑，到了佛房后点上蜡烛和香，再将粑粑供奉在神台上，祭祀天神厄莎与拉祜族祖先。之后，拉祜族村寨还会举行民间歌舞表演和体育竞赛。体育竞赛安排在下午，有拉祜族传统的荡秋千、打陀螺、接新水等，全村男女老少均能参加，场面十分热闹。歌舞表演在晚上举行，由各村寨的文艺队自行组织，主要以芦笙舞为主，其他民族舞蹈为辅。届时每一家都在正房中间摆上一张篾桌，上面摆上一箩谷子、一个猪头、一对甘蔗、一棵松树、一对蜡烛、一对粑粑、一对香、两包烟、两股红线、一瓶酒等祭品。老人念一段祭词，跳左右三圈芦笙礼节舞，再从正房中间敲锣打鼓跳到广场中间，男人吹着葫芦笙围着篾桌跳，女人圈着手跟在男人身后跳。在歌舞场地中央往往还放置一对葫芦，象征拉祜族的祖先，让每个人牢记祖先恩情。

过节期间，老人们相约在火塘边，边饮酒边吟唱史诗《牡帕密帕》，诉说拉祜族的由来、生产生活。以前拉祜族的《牡帕密帕》多在家庭内部一代一代口耳相传，现在寨子里还专门建了传承基地，很多不是亲属的人也可以到传承

庆祝葫芦节的表演

基地学习《牡帕密帕》，传承模式转变为集体传习，史诗的习得途径和方式发生了巨大的变化。

从 2006 年起，澜沧拉祜族自治县将葫芦节的举办时间调整为每年阳历 4 月 8 日、9 日和 10 日三天。这样调整的原因有两个，一是每年的 4 月 7 日是澜沧县的县庆，与县庆连在一起举办，不仅可以增添节日的热烈气氛，而且可以减少节庆活动的人力财力浪费；二是可以与西双版纳、德宏傣族泼水节、孟连娜允神鱼节

和西盟佤族木鼓节等节日连接起来，整合多个民俗活动为旅游资源，打造普洱市澜沧、孟连、西盟绿三角旅游环线。

澜沧拉祜族自治县以举办葫芦节为契机，以拉祜族文化为依托，打造"拉祜文化名县"。2008 年澜沧县政府建设了"牡帕密帕"葫芦广场，这个占地 409 亩的广场就是拉祜文化展示中心，硕大的金色葫芦矗立在广场中央，广场的外围有 12 根生肖图腾柱，以此来表现曾经帮助扎迪和娜迪养育孩子的动物，这也是拉祜族对十二生肖的解释。根据《牡帕密帕》的记载，老鼠和云雀将葫芦咬破，人类的始祖扎迪和娜迪走出葫芦，所以在广场东西两处出入口分别设计了金鼠门和银雀门。广场四周的建筑则设计成拉祜族干栏式建筑的斜坡屋顶，每栋建筑上都有标志性的金色葫芦浮雕。县政府的大门口有两只巨大的金色葫芦雕塑；政府宾馆（拉祜语名为"扎娜悢阁"，意为扎迪和娜迪生活的地方）的屋顶和房屋墙面装饰有葫芦的造型；园区的正中央处塑有扎迪、娜迪的雕像，扎迪和娜迪在葫芦前吹芦笙和跳舞。在县城随处可见代表拉祜族文化的符号，路灯上面有葫芦的造型和老鼠与云雀的雕塑，很多建筑的外立面上也塑上葫芦的浮雕，或者画上葫芦，充分彰显拉祜族葫芦文化的色彩。

拉祜族将葫芦作为象征性符号，强化拉祜族的共同起源和共同祖先记忆，这是一场以口传神话为核心的文化再生产运动。节日期间，举办各种与葫芦相关的活动，比如供葫芦、跳葫芦笙舞、跳摆舞、唱葫芦史诗、玩葫芦游戏等，这些都是将拉祜族原有的文化元素进行重新包装组合，形成新的传统。

同时，澜沧县有拉祜、汉、佤、哈尼、彝、傣、布朗、回、白、景颇等 10 个世居民族 [①]。在葫芦节上，参加文艺演出的有来

---

① 葛公尚等：《中国少数民族现状与发展调查研究丛书·澜沧县拉祜族卷》，民族出版社 2002 年版。

参加文艺演出的村寨代表队

自不同乡寨不同民族的代表队，他们也可以在这个节日上展示本民族的文化习俗，葫芦节已变成澜沧县各民族集体共同欢度的节日。这些变化说明，葫芦节不仅是拉祜族的节日，各民族以载歌载舞的方式共庆葫芦节，更是一次民族团结的盛会。

澜沧县地处西南边疆地区，交通不便，支柱性产业少，长时期以来属于国家级贫困县。因此，发展经济成为该县的主要目标。澜沧县具有丰富的少数民族文化和自然资源，具备第三产业发展潜力，旅游业可成为带动当地经济发展的强大动力。葫芦节的产生，一方面促进了当地旅游业的发展，一方面保护了拉祜族的传统文化，实现了经济和文化的共同发展。节日期间举办的商品展销会上，琳琅满目的商品中除了拉祜族的各种传统手工艺品外，还有来自本县其他民族的商品，更有来自泰国、缅甸、越南等国外商品。美食街上，我国各地及周边国家的特色小吃、各式烧烤等更是屡见不鲜。商业物资交流活动，使传统的民族节日和经济发展相结合，葫芦节增添了更多集贸性节日的色彩。此外，还增加各种文体娱乐活动，如摄影、绘画、书法、泥塑葫芦、诗词楹联展，古茶品鉴体验，自行车竞技比赛，转陀螺比赛等。

　　拉祜族的葫芦节是一个"传统的发明"。这个以祭祀祖先神为本原，以祈求平安为目的的祭祀仪式，在保护文化和发展经济的双重话语下，被打造成为一个立足于传统又注入诸多新的元素的节日，除了强化基于共同起源的拉祜族身份认同之外，还被包装为旅游产品，对这个边疆地区的经济发展有着重要的拉动作用。这样的文化再生产，塑造了拉祜族的共同文化特征和身份特征，从而成为地方文化走向世界的一种实践。

第二节

木鼓节

　　佤族是生活在南方丝绸之路永昌道及其支线上的一个民族，自称"佤""巴饶克""布饶克""阿佤""阿卧""阿佤莱""勒佤"等，他称有"阿佤""佧佤"等，意为"住在山上的人"。中华人民共和国成立后，根据本民族的意愿，定名为"佤族"。佤族是一个跨境而居的民族，中国境内的

佤族拉木鼓（王观远　摄）

佤族主要分布在澜沧江以西，北纬22°30'～24°的北部阿佤山一带，包括1954年6月成立的孟连傣族拉祜族佤族自治县，1955年10月成立的耿马傣族佤族自治县，1964年2月成立的沧源佤族自治县，1965年3月成立的西盟佤族自治县，1985年12月成立的双江拉祜族佤族布朗族傣族自治县。据2010年第六次人口普查数据，我国境内的佤族共有429709人。缅甸的佤人主要居住在萨尔温江以东、1941年线①以南一侧，现属缅甸掸邦第二特区（佤邦），土地面积约3万平方千米，总人口约55.8万人，其中70%为佤族。

一、佤族族源历史和文化

佤族源于我国古代的"百濮"族群，远古时期就生活于我国西南地区。秦汉以前称"濮人"，汉代称为"哀牢"，据《后汉书·哀牢传》记载，哀牢人"皆穿鼻儋耳"，"土地沃美，宜五谷蚕桑，知染采文绣"，出产"帛叠""兰干细布"，穿"贯头衣"服。永平十二年（69年）哀牢王柳貌遣子率种人内属，"显宗以其地置哀牢、博南二县，割益州郡西部都尉所领六县，合为永昌郡"。学界认为，秦汉时期生活在永昌郡的"哀牢""濮人"应该是佤、德昂等民族的先民，如马曜先生认为："古代的濮人即今孟高棉语诸族，他们是云南最早的土著民族。"②这一说法也得到语言学界的证明：至今佤语中称人为"pui（布衣）"或"phui（濮衣）"，自称为"布饶"，可能是"濮"的音变。

到了唐代，哀牢人中的一部分又被称为"望蛮""朴子蛮"

---

① 1941年，英国乘当时中国在抗日战争中所面临的危急情况，以封闭滇缅公路作为压力，同国民党政府于6月18日用换文的方式在佧佤山区划定了一条对它片面有利的边界。这就是所谓"1941年线"。

② 马曜：《马曜学术著作自选集》，云南人民出版社1998年版，第280页。

和"茫蛮"。"望蛮"主要生活在澜沧江以西，就是现在临沧市各县、普洱市部分地区，以及德宏、西双版纳一带，可能是今天这一地区佤族的先民。至今佤族中的一部分仍自称为"望"（佤）的后代。唐朝时期，南诏蒙氏统治者从众多的士兵当中选出四支卫队，卫队的战士称为罗苴子，其中从望蛮中选出的就叫"望苴子"。据《蛮书》记载："望苴子蛮，在兰沧江以西，是盛皮罗所讨定也。其人勇捷，善于马上用枪。所乘马不鞍。跣足，衣短甲，才蔽胸腹而已。股膝皆露。……南诏及诸城镇大将军出兵，则望苴子为前驱。"《新唐书》也说："凡兵出，以望苴子前驱。"方国瑜先生认为："望苴子，当是望蛮之军户，《樊志》（樊绰《蛮书》）卷九《南诏兵志》，罗苴子为精兵，有四军苴子，盖望苴子为其一。"[1] 在所有的罗苴子当中，以望蛮的卫士最勇敢。佤族先民性格剽悍、英勇善战由此可见一斑。

大理国时期，这一地区的居民被称为"金齿"，属永昌府管辖。元朝时期被称为"蒲人"，朝廷设置的镇康路军民总管府、顺宁府、孟定路军民总管府都是蒲人居住区域。"蒲人"也是以"布饶"人为主体的佤—德昂语各族的统称。明清称"古喇""生蒲""大佤""小佤"等。明朝在这一地区设镇康御夷州、孟定御夷府和孟连长官司。据《明实录》记载："云南永平地连顺宁五井、浪沧江，俱系生蒲住居，野性强悍，山寨险峻，时出劫掠。"明朝陈文纂修的景泰《云南图经志书》也记载：顺宁府"境内多蒲蛮，形恶体黑，男子椎髻跣足，妇人绾髻于脑后，见人无拜礼，但屈膝而已。不知节序，不奉佛教，惟信巫鬼。"清朝时期，佤族与毗邻的兄弟民族一道，为反对土司"连年苛税逼甚"，在嘉庆元年（1796 年），在勐勐土司地区首举义旗，并一度占领其辖

---

① 方国瑜：《中国西南历史地理考释》（上册），中华书局 1987 年版，第 331 页。

地。这次起义断断续续坚持十年多，给清王朝和傣族土司以沉重打击。

佤族有自己的语言和文字。佤语属南亚语系孟高棉语族，分"巴饶克""阿佤"和"佤"三种方言①。旧时的佤文是英国传教士为传播基督教而编制的，比较粗糙。中华人民共和国成立以后，党和人民政府为其创造了新文字。

佤族传统上相信万物有灵，有图腾崇拜、鬼神崇拜、祖先崇拜等原始宗教信仰形式，"木依吉"为其最高神，是万物的创始神，主宰人类的一切。沧源地区佤族称"木依吉"为"梅吉"，"梅吉"即为"神"的意思。每个佤族寨子都有一片"神树林"，佤语称其为"龙梅吉"，在林中建一茅草房，来供奉"梅吉"，曰"宇宙"，意为神所居住的地方②。佤族中少数人信仰佛教或基督教。小乘佛教是明朝洪武十三年（1380年）春，傣族先民自勐卯（瑞丽）抵达沧源县勐角坝居住后开始传入的，到明永乐五年（1407年），长老召长哥及其随从罕木水和罕木谢两兄弟开始在勐董、勐角各傣族村寨传播小乘佛教。至清朝中叶，沧源县境内小乘佛教已经甚为鼎盛，此时班老、班洪地区的部分佤族开始改信佛教。大乘佛教于永历十三年（1659年）也开始传入沧源县境，农民起义军将领李定国在班老与当地佤族、傣族共同开办茂隆银厂，迁入的汉族移民带入了大乘佛教。

佤族主要居住在阿佤山区，这里山多坝少，如沧源县境内有大山、小山共186座，而平坝较大者也不过十余平方千米。西盟县也是如此，县境内是群山重叠，几无平坝。所以，传统上佤族的生计方式属于"山林游耕型"，也就是俗称的刀耕火

南方丝绸之路研究丛书 民族节庆卷

---

① 张安顺：《佤语阿佤方言复辅音研究》，上海师范大学博士学位论文，2018年。
② 徐祖祥：《重构与发展：南传佛教、基督教信仰对丙叶寨佤族文化的塑造》，《宗教学研究》2016年第2期。

佤族山寨（李学明　摄）

种。阿佤山区属亚热带气候，境内四季常绿，山岭连绵，雨量
充沛，但由于山多坝少，只能选择适合于旱地种植的旱谷。据
民国年间方国瑜先生考察日记中记载："山田多种旱谷，亦谷类
之一种，田土锄松，待雨后撒种，亦如内地之撒麦，不须另插
秧苗；下种约在清明节前后，天旱则不出苗，故野卡有人头祭
旱谷祈天之风。"[1]

　　由于生产力水平低下，佤族抵御自然灾害的能力比较弱，所
以祭祀性活动主要与农业生产有关，有的逐渐发展成为节日。如
"新米节"就是在稻谷成熟、喜庆丰收的时候举办的品尝新米的
节日[2]。由于各地谷物成熟的时间不同，因而各地区、各村寨，
甚至每家每户过节的时间也不一样，但过去一般多在农历七八月
份（佤历九十月间）进行。日期的确定，一是根据各自粮食的成熟
情况选择吉日。二是以父母或祖父母去世的属相之日为最佳。意
在请先祖的灵魂回来，与家人一起同尝新米，请他们在天之灵保

---

① 方国瑜：《滇西边区考察记》，国立云南大学西南文化研究室印行，1943 年 7 月。
② 刘笑：《佤族同胞载歌载舞欢度新米节》，《今日民族》2009 年第 10 期。

佑子孙后代家庭幸福，风调雨顺，五谷丰登。为了让各地佤族同胞能够共同欢度"新米节"，1991年，沧源佤族自治县和西盟佤族自治县联合决定，把每年的农历八月十四日定为佤族的"新米节"。节日当天，主人早早起床，准备好过节的酒肉佳肴，然后到田里去采割新谷。割回来的谷子一束挂在门上，表示招谷魂进家。其余的搓下谷粒，用铁锅微火焙干，舂出新米，做成米饭。接着举行家祭仪式，盛一碗新米饭，与各种菜肴一起摆于神台之上，请"魔巴"念咒语，祭祀谷神，敬献祖先。仪式结束后，以"魔巴"和老人为首，全家人喜尝新米。之后，主人才打开家门，把自家过节的消息告知邻里乡亲们。于是人们纷纷携带各种礼物前来祝贺，主人则杀鸡、宰猪，甚至剽牛待客，大家欢歌笑语，同享丰收的喜悦。

佤族还过"便克节"，每年农历六月二十四日为节期，类似其他民族的火把节，但是佤族的火把节有自己的特点。过节这天，禽畜、物品都要收回家里，除了派女孩到旱谷地里采摘小米穗或者几片叶子、瓜果外，家里人不能外出，也不下地干活。当夜幕降临时，家家户户要点燃火把，竖在屋檐下，整个寨子亮如白昼，接着用干蒿子和香灰撒向室内外，驱逐蚊蝇。老人们成群结队地挨家挨户喝酒、对歌，年轻人集中在舞场上踢竹球，整个寨子沉浸在欢乐的节日气氛之中。

佤族的"卧节"类似于汉族的春节。腊月二十九日，村寨中的跳舞场上要栽一棵松树，装饰打歌场。腊月三十晚，每家都舂糯米粑粑、酿水酒，请德高望重的老人来家里喝酒祝福。大年初一清早，成年男子都起来放枪鸣炮，宣布新的一年到来了；妇女小孩也都起来抬起竹筒接"新水"。这天全寨人不出寨门，外寨人也不宜入寨进屋，大年初二开始逐家逐户拜年。

除此之外，信仰佛教的班洪、班老佤族和傣族一样，过泼水节、关门节和开门节，信仰基督教的永和等地佤族还过圣诞节。

佤族最重要的宗教活动有拉木鼓、砍牛尾巴等，是为了祭祀主宰世界和创造万物的最高神灵"木依吉"而举行的。拉木鼓祭祀仪式如今已演变成为佤族的盛大节日"木鼓节"。木鼓是佤族通天神器，多以红懋树整木雕凿而成，是佤族举行全寨性活动的核心。佤族有拉木鼓、祭木鼓、敲木鼓等不同的仪式，这些活动一般在播种旱谷之前、收割旱谷之后农闲期间举行，历史上各村寨没有特定的统一日子，由各村寨自己选定。

二、《司岗里》的传说和木鼓节的来历

据学术界研究，佤族使用木鼓作为祭神之器，大约始于汉代，这种说法是学者在研究沧源崖画的基础上得出的结论。1965年，沧源发现了很多崖画，学者在结合附近耿马石佛洞遗址的考古证据后，认为沧源崖画的绘制者是当地佤族的祖先。这些崖画的成画年代，据民族考古学家汪宁生教授考证，上可到汉，下可到明，即从公元之初到公元 15 世纪，主要部分则为汉唐之际。[1] 对这些崖画进行细致的分析，就可以发现木鼓文化的影子在其中依稀可见。所以学界认为，佤族木鼓文化产生时间不晚于汉代，也就是沧源崖画开始绘制的年代。

佤族的神话传说也支持这个观点。佤族敬祭神灵时，上告祖先、下传子孙的祈祷词说："司岗里来，葫芦里生。"这里的"司岗里来"就传自佤族创世史诗《司岗里》。这部神话最长的版本由三十三个部分（章）组成，涉及开天辟地、日月产生、人类的起源与再生、民族形成、部落迁徙、性别区分、语言文字产生、原始

---

① 汪宁生：《云南沧源崖画的发现与研究》，文物出版社 1985 年版。

农业文明的出现等内容，反映出佤族先民的宗教信仰、道德观念和特定历史时期的社会、经济和政治生活。这部史诗最早是1957年初由佤族"魔巴"艾扫讲述，邱锷锋、聂锡珍用国际音标记录的①，现在学者已经整理出了这部史诗的多个版本。②

艾扫讲述的《司岗里》开头是这样的：利吉神和路安神造了地和天之后，又造了各种动物，最后造了人、太阳和月亮。造了人后，就把人放在司岗（岩洞）里。人从（岩洞）里出不来，在里面难以生存。一种动物听到人类的声音，就请所有的神帮助人类打开岩洞，但是所有的神都打不开，所以就去求利吉神和路安神。神让许多鸟都试了，结果司岗还是打不开。木依吉神让小米雀把长刀（嘴）磨快，用黑线缠嘴，再去啄司岗，这样才把司岗打开了。故事中讲：

> 我们人出来以后，到地面上去晒太阳。那时我们还不会说话。我们到了司岗里洞口，这个洞就是我们人所由来的地方。

从内容来看，在神灵的帮助下，人类终于走出了岩洞，那个岩洞就叫司岗。对于"司岗"，佤族不同支系的解释不一样：沧源等地布饶支系认为"司岗"是葫芦，"司岗里"意即从葫芦里出来；西盟阿佤支系认为"司岗"是石洞，"司岗里"，意即人从石洞里出来，并且认为这个洞位于阿佤山中部缅甸境内的布拉德寨（又

① 文中没有注明的传说引自艾扫讲述的《司岗里》，刊载在《佤族社会历史调查》（二），云南人民出版社1983年版，第152—190页。
② 这些版本包括：1960年云南民间文艺沧源调查队在沧源佤族自治县进行佤族民间文艺调查时搜集到三份《西岗里》（即《司岗里》）的材料，见中共沧源县委宣传部、云南民族民间文艺沧源调查队合编的《沧源县卡佤族长诗选》（油印本），沧源佤族自治县档案馆；刘允褆、陈学明：《葫芦的传说——佤族民间神话史诗》，云南民族出版社1980年版；艾获、张开达搜集整理：《司岗里》，载尚仲豪、郭思九、刘允褆编《佤族民间故事选》，上海文艺出版社1989年版；云南省民间文学集成编辑办公室：《佤族民间故事集成》，云南民族出版社1990年版；岩扫、岩瑞讲述，竞秋整理：《司岗里》，载艾获、诗思编：《佤族民间故事》，云南民族出版社1990年版；魏德明收集、整理：《佤族神话与历史传说》（佤文），云南民族出版社1989年版；王学兵：《司岗里传说》，远东出版社2004年版；李正新编，王学明翻译：《司岗里的故事》（佤汉对照），云南民族出版社1990年版。

译巴格岱）附近的山上。

除了族群自己的解释外，学术界也有不同的解释。《佤族简史》认为："按照西盟地区佤族的解释，'司岗'是石洞或人类出来的地方，'里'是出来，意即人是从石洞里出来的"，"可能是他们对远古穴居野外生活的回忆"①。《佤族文学简史》认为："佤族的祖先，最早是从'石洞'或'葫芦'里出来的。"②王学兵认为："司岗"是"团结"的意思③。王敬骝、胡德杨指出："司岗是女性生殖器崇拜之反映的说法，也许更符合这些民族的历史实际。"④"它是女性生殖器，所以很自然地可以转义为：同胞、血缘联系、共系一索、姓氏；另外，由于在人类社会的早期，有着共同祖先的一些人，即一个家族或氏族的人，通常是住在一起的，这样的家，最初也就会是一个村社，因此，它又可以转义为：家、房子、仓廪、村社、田亢。"⑤魏德明先生也赞成此种观点，认为："佤族的'司岗里'神话，一言以蔽之，实际讲的是象征男性阳物的龙蛇与象征女性阴物及子胞的崇拜。"⑥学者赵明生也认为"司岗"原是女性生殖器，"佤族'司岗里'文化的产生，是佤族原有的民族文化特质决定的，也就是以佤族古老的生殖崇拜文化为基础而产生"⑦。

近年来，有学者认为："'司岗里'应该兼具地点（或居所）和祖先两层含义，应该是地点和祖先两个概念合二为一的统一体，

① 《佤族简史》编写组编：《佤族简史》，云南教育出版社1985年版，第6页。
② 郭思九、尚仲豪：《佤族文学简史》，云南民族出版社1999年版，第44页。
③ 王学兵：《司岗里传说》，远方出版社2004年版。
④ 王敬骝、胡德杨：《佤族的创世纪神话——司冈离研究》，《民族学研究》（第七辑），1984年。
⑤ 王敬骝、胡德扬：《佤族创世纪神话"司冈离"探析》，王承泽等编：《佤族研究50年——王敬骝学术文存之一》，云南民族出版社2003年版，第2—4页。
⑥ 魏德明：《佤族文化史》，云南民族出版社2001年版，第28页。
⑦ 赵明生：《从自然瓜果到人文瓜果——论佤族"司岗里"文化的产生及其演变》，那金华编《中国佤族"司岗里"与传统文化学术研讨会论文集》，云南人民出版社2009年版，第160页。

具有家园的意义。"①还有学者发现："'司岗里'的本义或原始义是祖先的居所。在原始宗教观念的支配下和历史文化的变迁中，祖先的居所'司岗里'被神圣化，逐渐变成了人类的发祥地或母体，并在多民族文化的辗转对流中与葫芦再生人类或万物的主流文化相遇，进而与后者部分地融合。"②这些从不同的视角对"司岗"进行的解释很有启发性。

木鼓节的来历跟佤族《司岗里》传说有关。传说人从山洞（或者葫芦）里出来之后，就向木依吉神要谷种。神拿了谷种先发给了人类，各种动物也都给了谷种。人类拿了谷种开始开地、割草、撒种、薅草，但是谷子不生长，人们又向雨神祈求，降下雨来，谷子才生长。他们采取刀耕火种的游耕方式，不断迁徙，在迁徙到莫社寨的时候，遇到了大洪水。

在大自然降临灾难的时候，无助的人们总是祈求于至高无上的神灵，通过祭祀神灵来获得保佑、帮助和拯救。佤族先民也是这样为了战胜灾难获得丰收，举行祭祀神灵的仪式，除了祭辞、舞蹈、各种物品之外，还有杀牛、猪、鸡等各种动物献供：

我们从此供头，剽水牛，剽黄牛，供牛头，谷子才长得好，小红米也长得好。我们种的地都好，以后即做饭，饭也好吃。

佤族祭祀的主要的神灵叫"司欧布"。中华人民共和国成立初期，我国民族工作者在进行民族历史文化调查时获得的资料说"司欧布是女性，住在木鼓房，掌握谷子生长。每年撒过谷种盖木鼓房时就祭她"，"盖木鼓房时供奉司欧布，即管谷子生长的女鬼（神）"③。根据这一材料，"司欧布"是佤族先民中的母系氏族首领，因为她带领氏族人种植谷物有功，所以被佤族先民奉为神灵

① 赵秀兰：《神话语境中的"司岗里"语义探索》，《中央民族大学学报》2014年第6期。
② 赵秀兰：《神话语境中的"司岗里"语义探索》，《中央民族大学学报》2014年第6期。
③《佤族社会历史调查》（一），云南人民出版社1983年版，第152页。

尊奉①。由此可知，应该在母系氏族公社时期，木鼓崇拜和相关的祭祀仪式就已经存在。所以，汉代之前就有木鼓存在的说法是可信的。

历史上，佤族在祭木鼓活动中，自始至终要吟诵《司岗里》，拉木鼓时必须吟唱《司岗里》；砍牛尾巴时，也必须吟唱《司岗里》。司岗里的内容，在沧源崖画中也隐约可见，如第六地点第五区的崖画内容，民族学界将其解释为司岗里之"出人洞"，已经基本取得共识②。佤族民众每逢冬春季节，就要去祭献崖画，杀鸡宰猪，念诵祭辞，追溯自己的来源，感谢开天辟地的巨神再次创造了人类和生灵③。有民族学研究者认为，这些崖画应是佤族先民的祭司在举行祭祀仪式吟诵《司岗里》之时所作。这里的崖画共有 11 处，其中勐来崖画后面的山林，被当地佤族称为"农格洛（木鼓林）"，传说早前便是存放祭祀谷神所用木鼓之地。所以，有佤族学者认为，现在勒佤人的祭司们用槟榔在木鼓上画牛头、太阳、月亮及其他动物，就是继承了众祖先们的崖画传说。④

综上所述，木鼓祭祀诞生于佤族先民迁徙途中，木鼓最早是在遭遇自然灾害大洪水时为了祭祀神灵而制作的通天神器，也是山寨村民赖以生存的保护神，现在这种宗教活动逐渐演变为既祭神又娱人的民俗节日。

三、木鼓节的形成与发展

在传统佤族社会，木鼓是不可或缺的。佤族民众认为木鼓可以沟通主宰世间万物的"木依吉"天神，木鼓就是木依吉天神

① 段世琳：《浅论佤族木鼓与木鼓文化》，《思想战线》1995 年第 4 期。
② 梅英：《传播学视域下佤族木鼓文化源承模式研究》，西南大学博士学位论文，2012 年。
③ 邓启耀：《宗教美术意象》，云南人民出版社 1991 年版，第 11—12 页。
④ 尼嘎：《佤族木鼓祭辞》，《民族文学研究》1994 年第 2 期。

的化身。佤族很多活动都要祭祀木鼓，比如人们在春节接新水时，第一杯新水首先要献祭给木鼓；在庆祝新米节时，第一碗新米饭也要献给木鼓，他们的世俗生活与宗教活动都离不开木鼓。佤族格言说："生命源于水，灵魂求于鼓。"新建一个寨子，一要好水源，二要选好建木鼓房地址。木鼓房建好后，人们才能建立家园。以后即便是村寨搬迁，木鼓和木鼓房也必须保留在原地。

拉木鼓，是佤族重大的祭祀活动之一。到拉木鼓的年份，寨子里的窝朗、头人、魔巴会提早商量拉木鼓的事，派人进山选择做木鼓的树。制作木鼓的材料以红楣树或黄葛树最好。拉木鼓前还要确定"主祭户"，就是提供祭祀用的牛、猪和其他祭品的人家，若报名户数多，则由头人杀鸡占卜确定，少者一户，多者九户。这些人家要做好物资准备，每户平均要杀 3 至 5 头牛，3 头以上的猪，还要几十罐小红米酿制的水酒。拉木鼓活动由魔巴主持，他是原始宗教信仰的主祭者，犹如"巫师"，在群众中也有一

南方丝绸之路研究丛书 · 民族节庆卷

拉木鼓（李学明　摄）

定的威信和影响。[①]

拉木鼓前一天，必须由魔巴杀鸡看卦确定树的方位、地点。杀鸡选树祭祀时，魔巴要念祭辞：

喔！哧，你是一只吃了金子的鸡，你是一只见着太阳的鸡，你的鸡卦一定生得很好，我们要砍的大树一定长得很好。这是红懋树的老大，这是桂花树的老三，希望鸡卦眼生得好。生得不多不少，生得像大黄蜂一样漂亮，生得像大黄蜂一样标准。红懋树的老大让我们顺利砍倒，桂花树的老三让我们顺利砍倒。[②]

拉木鼓那天早上，男青壮年出发砍开拉木鼓的路，留在家里的人们鸣枪、放炮为他们助威。到了下午路修通后，全寨青壮年男子带上刀、斧、锄、枪、弩、梭镖、锅碗等工具和武器，浩浩荡荡去砍木鼓。"魔巴"挥斧先砍几下，人们就对树叶树枝鸣枪放箭，把树叶射个精光，然后再连夜把树砍倒。人们认为只有这样才能驱赶附在树上的鬼灵。接下来按所需尺寸截断树干，在两端各凿通两对耳朵，每一端穿上四根藤条，由数十个强壮男子拖拉下山。

当天，人们还不能拉木鼓回寨子，要在山上住一夜。夜宿时要烧起篝火，人们围着篝火入睡，还要派人轮流站岗、放哨，一防野兽来碰着木鼓，二防树魂回来抢木鼓。木鼓进寨的时间一般选在午后至太阳落山之前。当树干拉进寨门内，魔巴穿着法衣，头戴草帽，背着长刀，手持标枪，将一个鸡蛋摔在树干下端，并用标枪刺树干几下，便向树干念咒祷告。妇女们把饭撒在树干上，寨内各姓的头人也把饭撒在树干上，以示让它吃饭。魔巴咒语和祷告的内容，各寨大体相同，但也有些不同。如佤佤支系的祭辞有这么一段：

---

① 中国科学院民族研究所、云南少数民族社会历史调查组：《佤族简史简志合编（初稿）》1963 年版，第 59—60 页。
② 中共西盟佤族自治县委员会、西盟佤族自治县人民政府：《佤山歌声》，云南人民出版社1994 年版，第 53 页。

眼睛亮的木鼓，手臂长的木鼓，当君当王的红懋树，最尊最贵的黄葛树。把你砍下来，把你拉回去；回到我们的山寨，回到我们的家邦。①

木鼓树被拉回寨子后，工匠们用半月、二十天时间制作成新木鼓。按照惯例，木鼓要仿照女性胴体制作，鼓身一般长度1.5米至2米，直径70至100厘米，凿口长140厘米，深度25至50厘米，鼓身上还要刻绘太阳、月亮、牛头、人像等。

木鼓节上的"剽牛"仪式（王观远　摄）

新木鼓制作完毕，要立即敲响，向全寨报喜，并举行新木鼓安放仪式。人们要举行隆重的祭祀，欢迎新木鼓进驻鼓房。邻寨的人都要敲锣打鼓前来祝贺，山寨欢腾一片，敲锣击鼓，鸣枪放炮，人们开始剽牛、杀猪。剽牛是佤族在拉木鼓活动中最重要的仪式。村民先把牛拴在"牛角叉"（栽在寨场中央的形似牛角的木丫）上，魔巴在"牛角叉"前念诵祭辞后，示意手执梭镖的男子，向牛右前胛猛力剽去，以牛左侧倒地、血向上喷为吉利。剽牛之后，人们围着新木鼓歌舞一阵后，轮流到主祭户家唱歌跳舞祝贺，主祭户摆席款待前来祝贺的邻寨和本寨乡亲。仪式结束之后，这只新鼓就成为一寨之母，成为村寨的守护神。

木鼓被安放到木鼓房之后，每年都要举行祭祀活动。传统的祭祀活动，主要是剽牛。同时，魔巴们要轮流向木鼓祈祷，他们在木鼓旁用竹子搭起祭坛，铺上芭蕉叶，把祭品放在芭蕉叶上。

① 尼嘎：《佤族木鼓祭辞》，《民族文学研究》1994年第2期。

祭品包括剽牛后取下的心、肝、腿肉、牛舌，还有猪肉、鸡肉、一包茶、一碗米、一块盐巴、一束芭蕉、一绺棉线，一杯水酒。祭司在祭坛前面默坐两分钟。然后开始祈祷，祭辞内容如下：

我们剽水牛，我们祭木鼓。梅依格[①]中你最大，众神灵里你为王。木鼓房与天同高，木鼓房与地同宽。村村寨寨建它，座座山头有它。它是阿达阿奶，它是父亲母亲，它是大姨兄长，它是昆[②]与君王。……你是众神之王，你是精灵之尊。你是山寨的主人，你是家邦的护神，你是先祖的精灵，你是父辈的灵魂。[③]

魔巴们在木鼓房内祈祷的同时，众人在木鼓房外的大榕树下围成圆圈，边唱边舞，一人领唱，众人和歌，从白天到夜晚，从深夜到黎明。

除了庆祝节日、祭祀木鼓的时候，召集众人、歌舞献供时要有节奏、有韵律地敲木鼓之外，其他一些情况下也有可能敲木鼓。不同时间、不同鼓声和节奏，代表完全不同的含义。如寨子被敌人偷袭，鼓声为"咚咚咚咚！""咚咚咚咚！"快速四声，击鼓者同时要发出"哦！哦！"的叫声。这时候，全寨成年男子都要参加战斗，邻近部落也会闻木鼓声而支援友邻村寨。在村寨发生火灾的时候，也要击鼓报警，声音与出现紧急情况时相同，但没有人的"哦！哦！"吼声。

在作战或者狩猎胜利归来，也要敲木鼓，鼓声为"咚—咚—咚—咚！"在各种节日庆典的时候，也要敲响木鼓，这种场合由能歌善舞还会击鼓的行家敲击，鼓声变化多样，众人随歌而击，随舞而鼓。就如佤族民歌里唱的一样："快快敲呀快快打，木鼓已经回到家；看谁敲得最动听，迷得山泉停留不作声；看谁舞姿

① 梅依格，有时泛指神灵，有时专指主宰木鼓、太阳、月亮、大地等大神灵。
② "昆"，男子的美称，达官显贵也称"昆"。
③ 尼嘎：《佤族木鼓祭辞》，《民族文学研究》1994 年第 2 期。

大榕树下歌舞祭神

跳得最优美，金孔雀见了也不敢开屏。"[1] 男女老幼和着鼓声，载歌载舞，歌声不断酒不断，通宵达旦，在鼓声中尽情享受欢乐的时光。[2]

历史上佤族祭祀中的剽牛习俗所用"牺牲"相当惊人，诸多家庭因为借钱剽牛，欠下高额债务，生活于极度贫困之中，不仅影响了佤族民众的正常生活，而且影响了佤族社会的发展进程。所以从 1958 年开始，国家和地方政府严格禁止佤族祭祀木鼓的活动。[3] 同时，拉木鼓活动也被作为封建迷信而禁止。拉木鼓、祭木鼓活动虽然被禁止，但是佤族观念中木鼓是保护神、是源生万物的"母体"的观念一直没有变。佤族世代流传的谚语说"房子、寨子、木鼓架"，木鼓成为他们思想观念和生活实践的一部分。20 世纪末，佤族的木鼓舞作为非物质文化遗产再次出现在国家的

① 中共西盟佤族自治县委员会、西盟佤族自治县人民政府：《佤山歌声》，云南人民出版社1994 年版，第 32 页。
② 左永平：《佤族传统文化传承的主要方式——歌谣——以"司岗里"神话和木鼓为例》，《思茅师范高等专科学校学报》2008 年第 1 期。
③ 方天建：《边疆民族和谐关系建构中的小调适与大变迁——基于佤族猎人头习俗终结的历史考察》，《广西民族研究》2016 年第 5 期。

保护名录中，以民俗存在的佤族拉木鼓、祭木鼓、剽牛、砍牛尾巴等系列文化活动开始在政府组织的欢庆节日中展演。

沧源佤族自治县于 2004 年开始举办"司岗里狂欢节"，节期为 5 月 1 日—7 日，举办的地点在县城的"摸你黑广场"。节日由 5 月 1 日晚上举办的狂欢焰火晚会拉开序幕，5 月 2 日上午由"魔巴"带领 150 名老人围着九头吉祥牛举行祭牛魂仪式，接着举行开幕式，主要内容为入场式《盛世狂欢》、剽牛仪式和《生命司岗里》文艺表演。活动以木鼓为核心展开，以佤族民间司岗里和木鼓传说为主题，表现佤族人民对木鼓的崇拜、对丰收的祈盼、对生命的礼赞。下午举行摸你黑狂欢活动，晚上再举行歌舞比赛。5 月 3 日上午举行佤山木鼓舞大赛，下午狂欢。同时，从 5 月 1 日开始到 7 日，还举办商贸展、风味小吃及"至尊佤王宴"展销。各地游客除了参加上述活动外，可以自行到县城各景点参观游览。

西盟佤族自治县于 2005 年开始举办"木鼓节"。4 月 12 日上午在勐梭龙潭湖边木鼓节主会场举行盛大的"中国佤族木鼓节"开幕式，活动由入场式、开幕式和文艺展演三个部分组成。文艺展演的主旨为"原汁原味的民族歌舞，神秘古朴的文化习俗"，以舞蹈形式再现佤族"祭木鼓"的祭拜祈福仪式、讲述佤山儿女创造美好幸福的生活的故事以及民族团结、人民安居乐业、人与自然和谐相处的美丽画卷。下午参观佤族村寨，表演内容为"接新水"仪式和原始耕种的情景。4 月 13 日上午举行剽牛仪式、祭拜龙摩爷活动，下午举行歌舞狂欢活动。

这两个节日都以展

摸你黑狂欢活动

示佤族木鼓文化为核心，有拉木鼓、剽牛祭木鼓、祭神林等活动。但活动重点展示民族文化艺术和民俗风情，同时组织游客到各个景点观光，宣传阿佤山的旅游资源，提高当地旅游业的知名度。节日期间，还要举办经贸洽谈活动。这就使祭木鼓仪式由原始宗教祭祀转变为民俗文化活动，实现了传承民族文化与推动地方社会经济发展相统一。这是现代境遇下，少数民族传统文化的创造性转化和创新性发展。

第三节

特懋克节

基诺族是生活在南方丝绸之路永昌古道上的一个民族，自称"攸乐"，很多历史文献也用这个自称指代其族名。中华人民共和国成立以后，基诺族族属一直没有确定，比如基诺族乌尤支系，先被识别为汉族，后来又被认为是佤族，直到 1979 年 6 月，我国政府正式确认他们是一个单一的少数民族，定族名为"基诺"。目前基诺族主要聚居于云南省西双版纳傣族自治州景洪市基诺山基诺族乡，

基诺族庆祝特懋克节

这个乡位于云南六大茶山之一基诺山，西、南、北依景洪市的勐养乡、勐罕乡、大渡岗乡，东接勐腊县的勐仑乡，辖巴卡、洛特、新司土、迁玛、巴亚、司土、巴来7个村委会，共46个自然村，在勐腊县的勐仑、象明等地也有少量基诺族散居。2010年第六次人口普查数据显示，基诺族人口为23143人，是中国人口较少的少数民族之一。

一、基诺族历史与文化

基诺族的先民可能是先秦以前迁到金沙江流域的氐羌族群的一部分。两汉魏晋时期，他们从川西南、滇北往滇西南迁徙。他们南迁定居到基诺山以后，社会发展尚处于早期母系氏族阶段。随着生产力的发展，基诺族由母系氏族公社过渡到父系氏族公社。基诺山是基诺族的发祥地，基诺族的送魂路线图可以佐证基诺族作为文化共同体是在基诺山定居以后形成的。[①]

有关基诺族族源的汉文文献史料很少，我们只能从一些对其生活地域的记载来了解这个族群生活的蛛丝马迹。唐朝咸通三年（862年）出使云南的樊绰在他的《蛮书》（卷七）中记载："茶出银生城界诸山，散收，无采造法。蒙舍蛮以椒姜、桂和烹而饮之。"银生城界诸山中包括基诺山，这说明唐代时期生活在这里的基诺族先民已经开始种植茶叶。

元明清时期的汉语文献中多称基诺族为"攸乐"，把这个群体居住的地方叫作"攸乐山"。元代在云南建立行省，在今天西双版纳一带置彻（车）里军民总管府，并委彻里土酋"寒赛为总

①《中国少数民族社会历史调查资料丛刊》修订编辑委员会：《基诺族普米族社会历史综合调查》（修订本），民族出版社2009年版，第4—9页。

管，佩金虎符"①，基诺山区在其管辖之下。明代置车里宣慰司，基诺山仍由其管辖。清雍正七年（1729年）"置普洱府，领厅三、县一、宣慰司一"②，基诺山为普洱府统辖。云贵总督鄂尔泰鉴于攸乐山"系车茶咽喉之地"，又"以高瞰下"，"乃奏请于攸乐设右营游击一员，带千总一员，把总二员，马步兵丁五百名驻扎防范，文职设同知一员，与之同城分理地方事务"③。当年，清朝正式"设同知分驻攸乐，通判分驻思茅，其江外六版纳地仍属宣慰司，岁纳粮银于攸乐"④。这样，攸乐同知就管辖了整个西双版纳。后来，清统治者裁撤攸乐同知，委派傣族官吏任攸乐土目，基诺族就处于傣族封建领主的统治之下，一直到中华人民共和国成立。

基诺族在历史上有不同的他称。周围汉族称基诺族为"三撮毛"，是因为基诺族男子在头顶留三撮头发。据道光年间《云南通志》第一百八十七卷"种人"条记载："三撮毛，即猡黑派，其俗与摆夷、僰人不甚相远，思茅有之。男穿麻布短衣裤，女穿麻布短衣筒裙。男以红黑藤篾缠腰及手足。发留中、左、右三撮，以武侯曾至其地，中为武侯留，左为阿爹留，右为阿嬷留；又有谓左为爹嬷留，右为本命留者。以捕猎野物为食。男勤耕作，妇女任力。"⑤当地傣族土司称基诺族为"卡洛"，其中"卡"是野蛮或粗野的意思，"洛"则是根据基诺自称的后一个音节而发音的。这两种称谓具有一定的歧视性，不为基诺族民众认可。⑥

"基诺"是"攸乐"的另一种汉字记音，对这个族名的解释众

---

① （明）宋濂、王玮：《元史》，中华书局1976年版，第658页。
② （清）王崧、李诚纂修：《云南通志》，道光十五年（1835）刻本。
③ （清）王崧、李诚纂修：《云南通志》，道光十五年（1835）刻本。
④ （清）王崧、李诚纂修：《云南通志》，道光十五年（1835）刻本。
⑤ （清）王崧、李诚纂修：《云南通志》，道光十五年（1835）刻本。
⑥ 谢红萍：《族群记忆与现实表述——以西双版纳基诺族族源叙事为例》，《民族文学研究》2017年第2期。

说纷纭。有人认为"基"为"舅舅"之意，"诺"为"后"之意，基诺意为后代尊敬舅舅的民族；有人认为基诺之意是原始森林山梁后边村落的民族；有人认为"诺"是后边出来的意思；也有人根据过年或上新房的歌舞中人们多挤在一起的行为，将"基"解释为"挤"；还有人认为基诺族是诸葛亮南征中被"丢落"的战士的后裔。据当地人传说，基诺族的祖先是跟随诸葛亮南征的队伍来到基诺山的。当时那些战士经过长途跋涉，十分劳累，一觉醒来发现诸葛亮的队伍早在天还未亮时就已离开，于是他们拼命前去追赶，好不容易追上了，诸葛亮却不再收留他们了。无奈之下，他们只得向诸葛亮求教生存的方式，诸葛亮便将茶籽给了他们，于是基诺人就开始种植茶树。诸葛亮在临走前还丢下了帽子，

基诺山寨

基诺人按照诸葛亮帽子的样子搭起了房屋，这就是基诺的竹楼形似孔明帽的缘由。[①] 这一传说成为当地人广为流传的族源故事。在一些文献中也有类似的记载，如"锦袍山，一名光山，在城东二里，山势雄峙，上有垒址，相传武侯南征，结营于此"，"孔明山，在攸乐北三百里大川原旁，曰'孔明寄箭处'，有石碑，传为孔明碑"[②]。实际上诸葛亮并未到过西双版纳，南征的军队

---

① 谢红萍：《族群记忆与现实表述——以西双版纳基诺族族源叙事为例》，《民族文学研究》2017 年第 2 期。

② （清）升泰修，刘慰三纂：《滇南志略》，方国瑜主编：《云南史料丛刊》（第 13 卷），云南大学出版社 2001 年版，第 198、202 页。

最远只到过滇池一带①，这种传说只是族群对英雄祖先的一种想象。

基诺族语言属汉藏语系藏缅语族，其语法构造同藏缅语族基本一致，语音、词汇上同彝语支、缅语支有明显的对应关系，语音结构接近彝语支，同时它又有着自己的特点。②在20世纪60年代前，基诺族基本上处在无文字时代。在日常的生产生活中，为了信息传递、感情交流、公告标识等需求，基诺人还创造了一套完整的非文字符号，如"树叶信""刻木记事"等来传递信息。由于历史上基诺族与外界有交流交往，出现了双语或多语现象，以及民族语言借用外来词汇现象。③在日常生活中，他们主要使用基诺语，但在与汉族或傣族等交往时，部分人也能使用汉语、傣语等，"近汉说汉话，近傣说傣话"。

基诺族信仰原始宗教，相信万物有灵，崇拜自然，崇拜祖先，还供奉诸葛孔明。这些原始宗教融入农耕仪式、狩猎仪式、人生仪式、建房仪式、治病仪式，形成了基诺族丰富多彩的传统节日。

基诺族全寨性的节日有"祭大龙""祭寨神"等。"祭大龙"基诺语称"洛莫洛"，祭大龙是纪念基诺族创世女始祖阿嫫腰白的纪念日，也是播种后检查生产、督促生产、预测庄稼丰歉的节日，一般在六月间举行，历时三天。据传说，阿嫫腰白创造了基诺族及山川日月、动物、植物，最后在造田运动中遭人暗算而殉难。阿嫫腰白死后，基诺族悼念了她13天，现在的"祭龙"就是那个时候传下来的。仪式主要由"卓巴"（寨父）、"卓生"（寨母）主持。在祭大龙之后13天还要举行祭小龙，为期6天。"祭寨神"

---

① 方铁：《论民族文化传承中的云南历史文化资源开发》，"民族传统文化传承、保护与发展国际学术研讨会"论文集，兰州大学，2007年7月7日。
② 王军：《基诺族》，《思想战线》1979年6期。
③ 张云：《中国基诺族》，宁夏人民出版社2012年版，第19—20页。

基诺语叫"格巴祭"，在寨父"卓巴"家举行，全村要杀一头母猪和七只小猪，向寨神祈求粮食丰收、村寨平安。

基诺族家庭性的节日有"新米节"，基诺语称为"好希早"，是一个庆祝丰收的节日，在每年农历七八月间举行。开始过节时，村中"卓巴""卓生"家先祭谷魂，尝新米饭，次日其他人

基诺族服饰

家才开始过。祭谷魂的第一步是"叫谷魂"，把谷魂叫回家之后，杀鸡宰猪"祭谷魂"。祭谷魂之后，再派两个人到自家稻田里去掐些成熟饱满的谷穗回来舂新米。在家族长房内煮新米饭，全家人围在火塘边观察甑子里的蒸汽先从哪个方向冒出来，作为来年的预兆：蒸汽向东，预示子孙兴旺；向南，预兆明年丰收；向西，打猎必获；向北，子女欠安，人畜晦气，日后要多加小心。新米饭做好后，还要用一只熟鸡和一碗米饭献祭谷魂、祖先亡灵及铁匠神，祈求人寿年丰，六畜兴旺。

另外基诺族还过火把节，在每年农历六月择日举行。节前由"卓巴""卓生"安排一些人上山砍松柏，用砍来的树枝在寨内广场上支起大火把。这天全寨人停止劳作，男女老幼身着节日盛装，家庭主妇忙于准备节日会餐，亲戚朋友互相拜访。晚上，在寨外烧起火把，人们汇集到火把周围，待"卓巴"向火把祈祷后，人们便纵情歌舞，老人们开怀饮酒，青年男女则合着锣、象脚鼓和三弦的节奏，尽情歌舞，直至天明。

基诺族最重要的节日莫过于特懋克节，意为"打铁节"，这是

基诺族在春耕之前全族举行的一次祭祀活动。这个节日原没有固定节期，一般是在农历腊月举行。由于特懋克节在基诺族中有悠久历史和深远影响，西双版纳州人大常委会于 1988 年将其正式定为基诺族的年节。每年 2 月 6 日到 8 日，位于中国西南边陲的基诺山，歌如潮，花似海，欢声雷动，美酒飘香，呈现出一派欢乐祥和的景象，这是生活在这里的基诺族在庆祝自己一年一度的特懋克节。"特懋克"意为"盛大的打铁节"，最早是基诺族为纪念祖先使用铁器而设立的节日，后演变为基诺族人民辞旧迎新的节日。

二、基诺族创世神话与特懋克节的起源

关于基诺族特懋克节的起源，有不同的说法。学者朱映占在《基诺族特懋克》一书中梳理了三类：感谢阿嬷腰白把基诺人带到人间，祭祀家神铁罗嬷，以及祭祀鼓神色巴[1]。据当地人解释："因为祭了祖先以后才能祭神，打了铁以后才能备耕生产。祭鼓就是祭祖先。"[2] 研究证明，这个被称为"打铁节"的节日，除了要祭祀铁匠神，举行打铁仪式外，还要祭祀创世神阿嬷腰白、代表祖先的鼓神，是一个带有农事节令和宗教祭祀的综合性节日。

阿嬷腰白是基诺族神话中的创世女神。在基诺语中，"阿嬷"是"母亲"的意思，"腰"即大地，"白"是翻、做之意，合起来是"造地母亲"的意思。据基诺族的神话《创世记》介绍，很久很久以前，"宇宙间全是茫茫的大水，水不停地流啊流"。一天，在水中突然出现了一个庞然大物，庞然大物裂开后阿嬷腰白就出来

① 朱映占：《基诺族特懋克》，云南人民出版社 2009 年版。
② 黄婉：《在"挪用"中嬗变与创造——文化生态视野下的 2012 基诺族"特懋克"节》，《音乐艺术》2012 年第 3 期。

了，"阿嬷腰白出来后，把那个庞然大物一半踩在脚下。一半用手撑起。这样，上方的一半成了天，下方的一半成了地"。[①]

在创造了天地之后，阿嬷腰白又创造了万物，"她用手指头往天上按了几下，手印成了星星"，"搓出了手上的污垢，她把污垢往地下一撒，地上就长出了青草"，"她又搓搓手，把搓出的污垢再次撒向大地，大地上长出了树木"，"阿嬷腰白又搓下自己身上的污垢，做出了人和动物"，"照着大地吹了一口气，气顿时变成了风"，"口水变成了雨水"。[②]创造了万物之后，她又创造了太阳和月亮：

> 胞布的一只眼珠飘上空中变为太阳，另一只眼珠落在水中，被阿嬷捞起用绳子拴挂在天上变成月亮……为了维持天地之间的规整，阿嬷用胞布身上的九根骨骼顶在天地之间，又用胞布身上的九根筋作绳拴在天地之间。[③]

故事告诉我们，阿嬷腰白创天地、造万物，是一个创世女神，与汉族神话中的女娲有些相似。不仅如此，这位女神还安排太阳和月亮按次出行，她教导洪水遗民玛黑和玛妞，直到坐破了九个皮凳才离开人间；她站在孔明山上把茶籽撒在曼卡寨和龙帕寨的土地上。她憎恶不良习性，造出七个太阳来曝晒大地，接着发洪水淹没大地。最后，阿嬷腰白在挑土创造澜沧江边的大山时，因扁担着肩处被人安上了利刃，行到基诺山西边的小勐养时扁担突然折断，筐里的土倒出后形成乳房式山峰，故今日基诺族仍称小勐养这个平地山峰为"俄节阿鲁"——造地母亲用造山"生土"倒下的山峁。

正是因为具有无穷神力和献身精神，阿嬷腰白成为基诺族先

---

① 刘守华、陈建宪：《民间文学教程》，华中师范大学出版社 2002 年版，第 387 页。
② 刘守华、陈建宪：《民间文学教程》，华中师范大学出版社 2002 年版，第 387 页。
③ 杜玉亭：《基诺族文学简史》，云南民族出版社 1996 年版，第 29 页。

民的膜拜对象。在每年的特懋克节上，首先要祭祀的就是这位创世女神。在特懋克节上，还要祭祀大鼓，全体村民要跳大鼓舞。祭祀大鼓的原因跟神话中的创世神阿嬷腰白、祖先神玛黑和玛妞有关。

据基诺族神话《玛黑和玛妞》讲述，由于"大地一片混乱，大家都得不到安宁"[1]，女神阿嬷腰白让世间遭遇大洪水，连续的狂风暴雨，使整个大地遭到淹没，世间万物被荡涤一空，生灵皆被毁灭。为了留下人种，阿嬷腰白提前做好了准备：

> 她用苦子果树的树干作木料，费了三天三夜做了牛皮绷的一个大鼓……玛黑、玛妞在大木鼓里，随着洪水漂浮。[2]

在神话里，鼓为玛黑和玛妞这兄妹俩保存了生命，不仅保证了人类的繁衍，而且开始了世界毁灭后万物的再创造。据传说，阿嬷腰白在洪水过后，给了玛黑和玛妞九颗葫芦籽，并叫他们分三窝种下。几天过去，三窝葫芦只活了一窝，而这一窝中也只活了两棵，其中一棵越长越长，爬过了九座山、九条沟，虽然光开花不结果，但是它长出的叶子和藤条就是玛黑和玛妞得以生存的主食。"另一棵爬过了七座山、七条沟，开完花后结了一个大葫芦。这个大葫芦越长越大，就像小窝棚一样。后来，葫芦裂成三块，滚出了青草、树木、四只脚的动物、蛇、鱼虾、鸟类、鸡"，这些事物再生的顺序，就是基诺族用来记日子的顺序[3]。后来玛黑和玛妞兄妹成婚，生了七个儿女，大儿子被蜂吃掉，其余三对子女也是兄妹成婚，最后形成了乌尤、阿哈、阿西三个氏族，繁衍了基诺族。

这个故事还有另外一个版本，内容是这样的：

---

[1] 刘守华、陈建宪：《民间文学教程》，华中师范大学出版社 2002 年版，第 388 页。
[2] 刘守华、陈建宪：《民间文学教程》，华中师范大学出版社 2002 年版，第 388 页。
[3] 刘守华、陈建宪：《民间文学教程》，华中师范大学出版社 2002 年版，第 388 页。

传说古代白天出七个太阳，夜里出七个月亮，七天七夜后植物被晒死，火焰升腾变成乌云，接着大雨倾盆而下，淹没了大地与人类。世上只有玛黑、玛妞兄妹得造物主阿嫫腰白指点，抱着一对公母鸡躲进蒙着牛皮的大鼓内，幸免于难。二人在鼓内随波逐流漂了七天七夜，公鸡叫了，水退时鼓滞留在基诺山"杰主"的制高点苏毛普它山峰。为了繁衍人类，兄要求与妹结婚，玛妞以亲兄妹不能结婚为词加以拒绝，但玛黑终于设法与妹结婚。兄妹成婚后为了生计去求教阿嫫腰白，造地的母亲赠以三粒葫芦籽，种下后只有一颗破土而出，七天后这棵葫芦秧就爬过了七条山梁和七条河。葫芦秧结的三个小葫芦中只长成一个，但这个葫芦长得飞快，一天一个样，成熟后有房子那么大，里边还有人说话。根据阿嫫腰白的指点，玛黑玛妞用火锥子烙开了葫芦，基诺便与布朗、哈尼、汉、傣等族依次而出，最后各族又在阿嫫腰白的指教下学会了生产生活，各自得到了乐土。①

　　大洪水之后，在人类的繁衍和万物的再生方面，鼓发挥了巨大作用。正因为如此，基诺族将木鼓作为寨神的象征物，被放置在寨父、寨母家，凡需动用都要先举行祭祀仪式，这就是特懋克节上祭祀鼓神的原因。

　　那么，为什么祭祀家神铁罗嫫，举行打铁仪式呢？基诺族也有一个神话故事告诉了我们其中的原委：

　　相传很久以前，基诺族有个妇女婚后怀胎九年九个月还未分娩。于是她就抱着一只白母鸡和一只黑母鸡去巫师"莫裴"那里献菜献饭，请"莫裴"施法。但是，"莫裴"使尽法术，孩子还是没有生下来。又过了几天，这个妇女觉得肋骨很痛，而且还"咯巴"地响，痛得她满地打滚。原来，肚里的那个孩子咬断了她的七根

---

① 杜玉亭：《基诺族族源问题试探——兼论族源和民族形成的上限》，《云南社会科学》1981年第2期。

肋骨，从肋下钻了出来。孩子出来后，便见风而长，变成一个一手持锤、一手握钳的壮实汉子。他无师自通，安炉支砧，动手打制铁刀、铁斧，使基诺族人民用上了铁质工具。从那以后，基诺族人开始使用铁器，并且每年都要纪念这位打铁的基诺族祖先，相沿成习也就有了打铁节。[①]

所以在特懋克节上，一定要举行象征性的打铁仪式，而且还有分发铁器、准备春耕的仪式。这就突出了铁器对这个一直到中华人民共和国成立时还在从事刀耕火种的民族的重要性。在久远的年代里，人们的狩猎、采集与生产工具有着非常紧密的联系，尤其是进入种植农作物的时代，生产工具的革新对生产力发展起着至关重要的作用。铁器的使用，是农业生产的一次革命，大大地提高了基诺人的生产效率，为了纪念制造铁器的铁匠，举行祭祀仪式也是在情理之中。

综上所述，特懋克节其实是多种祭祀活动同时举行的一个节日，是基诺族在对传统文化进行整合的基础上形成的一个综合性的节日。在这个节日上，既要祭祀创世神阿嫫腰白、祖先神玛黑与玛妞，还要祭祀给人们带来巨大生产力的铁神等。同时，基诺族人在节日里对于帮助人类繁衍、万物重生的鼓也要表达崇高的敬意。这样，一个与民族创世、拯救、繁衍、发展有关的节日就被族群民众创造了出来。尤其需要说明的是，在基诺族的"祭大龙""祭寨神""尝新米"等节日中，这些神灵也都要被祭祀，这就是基诺族文化的核心。神话虽然被认为是想象的产物，但是对族群民众来说，这些才是他们真正的历史，是他们文化的百科全书。

南方丝绸之路研究丛书

民族节庆卷

---

① www.china.com.cn/guoqing/zhuanti/2016-08/19/content_39124808.htm.

三、特懋克节的仪式展演与文化变迁

历史上，基诺族的特懋
克节没有统一日期，一般在
农历十二月选择一个吉利的
日子举行，节期 3 天。按照
基诺族的习俗，通常是父、
母寨先过，然后子寨方可过
节，各个寨子过节的时间稍

祭鼓仪式

有不同，也便于各寨之间相互走访交流。每年的春耕前，山上的
"节波"花开了，寨子的长老就开始组织安排过节事宜。完整的
特懋克仪式有剽牛、祭鼓、祭铁、备耕等，都是由村寨长老亲自
组织。

　　节日的第一天，首先要剽牛祭神。祭祀的对象就是创世神
阿嫫腰白。当天早晨，人们等待"卓巴"敲击供奉在他家里的大
鼓。大鼓是基诺族最神圣的器物，是神灵的化身和村寨的象征，
每个村寨一般都有两面，分公鼓和母鼓。大鼓长约一米，直径为
四五十厘米，两面蒙有牛皮。制作鼓的原料要精心选材，制作好
了以后要在村口举行祭祀仪式，大鼓才能进寨；大鼓要由村寨的
"卓巴"加以保管，而且只有"卓巴"才有权利敲响此鼓，否则就
会因触犯禁忌而受到神灵的惩罚。基诺族大鼓舞不仅在特懋克节
展演，也在祭献家神"铁罗嫫嫫米遮"的仪式和"卓巴"寨父"卓
生"寨母盖新房、大鼓改换主人时进行展演。①

　　当鼓声传遍整个寨子时，人们就会换上节日盛装，一齐涌向
剽牛场。等村民到齐的时候，"卓巴"便在选好的那头健壮的耕

---

① 谢红萍：《族群记忆与现实表述——以西双版纳基诺族族源叙事为例》，《民族文学研究》
2017 年第 2 期。

牛前面念诵传统的剽牛辞，祭祀神灵之后便开始剽牛。一群手握竹子做成的标枪的男子，站在距耕牛五六米外的地方，依次举起标枪投向耕牛，直到标枪扎入牛体，有鲜血流出，几个小伙子就上前去持刀先砍牛脚，再割下牛臀部一块肉，用这些来祭神，其余的牛肉由全体村民分食。分肉时，要先割出七份给寨中的"卓巴""巴糯""卓色""色糯""可补""补糯""奶奴"等七位寨老，这些寨老在村民的祭祀、婚嫁、丧葬中分担不同的角色，非常受人们尊敬。[①] 给长老们分送完后，寨子里的人就按各户凑钱的数目和人口分食。人们聚集在那里等待，计算好分量后拿着盆子和木桶，被点到的家户一一领取。

中午时分，要举行祭鼓仪式。各家各户都要带上自己准备的酒肉，到"卓巴"家祭祀大鼓。基诺人坚信他们是从大鼓里走出的

民族，祭祀大鼓能给村寨带来人丁兴旺、五谷丰登、安康吉祥。祭祀之前，要在大鼓前面摆放铁匠使用的铁锤、铁钳以及鸡毛、生姜、芋头、鸡冠花、金盖花、小乳猪等物品，七位长老按顺

卓巴敲响大鼓

序而坐，"卓巴"念诵祭辞之后，握槌击鼓三声，人们便开始跳起大鼓舞。

"特懋克节"跳的"大鼓舞"基诺语称"司土锅"，"司土"为"大鼓"，"锅"为"跳"的意思。跳大鼓舞时，人们先在"卓巴"家前搭一祭台，祭台顶用竹篾扎成一道"彩虹"，台中画有一幅"洪水故事"中的大鼓，在洪水图画前放置一面舞蹈用的大鼓。新

---

① 马伊：《城镇化进程中基诺族特懋克节的文化变迁》，《云南社会主义学院学报》2014年第3期。

选出来的铁匠坐在垫有毡子的竹篾凳上。舞蹈开始，按惯例由"卓巴"先向大鼓祭酒，后击鼓舞蹈，依次是"卓生"，在七位长老和老铁匠祭鼓舞蹈后，当年选出的新铁匠必须击鼓而舞。之后，所有的村民才集体跳舞。跳大鼓舞时的村民要唱古歌《乌尤壳》《特懋阿咪》《厄扯锅》作为舞曲。《乌尤壳》是在大鼓前拜神灵、迎请长老击鼓时由巫师领唱的歌曲，众舞者跟唱；《特懋阿咪》是最古老的大鼓舞歌调，由宫、商、角、徵、羽五音阶组成，速度缓慢，歌者在大鼓前手持钹或镲边歌边舞；《厄扯锅》在大鼓舞高潮时演唱，节奏很强，男女齐唱。大鼓舞的舞蹈动作有"拜神灵""欢乐跳""过年调"等，主要是屈腿、举手、转身。跳舞者先是双脚自然站立，双手握鼓槌自然下垂，然后是左脚前伸脚跟着地，左膝弯曲，双腿颤动，左手握槌举至头顶，右手握槌垂于右胯，再将左手放下，右手举起，做过转身动作后变换左右脚的姿势。

傍晚，村寨的七位长老到寨子各家祝贺，到每一户都要与他们互致祝福，并且要一起吃饭。待大家吃完饭后，人们又开始相约到"卓巴"家唱辞旧迎新歌，男女青年们在广场上通宵载歌载舞。

第二天主要举行打铁仪式，祭祀铁匠神，同时对铁匠表示敬意。早上村民要将一只生鼠送给铁匠，然后把铁匠请到"卓巴"家里，坐在重要位置上。"卓巴"询问铁匠昨晚所做的梦，铁匠就讲述他的梦境。在座的人根据铁匠的讲述，来分析这一年是丰年还是凶年。如铁匠梦见果树树杈中长出两个果，或者梦见天降冰雹、河水猛涨、百花争艳等都是好梦，预兆丰年。

接着"卓巴"和铁匠带上铁匠的徒弟，一起到打铁房里举行祭祀仪式。先将打铁房打扫干净，然后杀一只公鸡和一只母鸡，用鸡毛把鸡血涂刷在铁匠的风箱、炉子、铁锤、火钳等工具上。然后铁匠拿起锤，做一个打铁的动作，大家就开始煮食鸡肉。吃鸡肉时还要举行祭祀。祭祀结束后，大家拥着铁匠和铁匠的徒弟到"卓巴"家举行一次打铁活动。铁匠及其徒弟，要打制新刀、新斧送给"卓巴"。

仪式结束后，全寨举行庆祝活动。人们准备好酒、肉，在祭辞声中祭祀打铁房和铁匠。寨子的人们走亲访友，备好酒菜招待来访的亲朋好友。然后，人们便举行打秋千、打陀螺、丢包、踩高跷等文体活动。

第三天主要是备春耕仪式。由于这一天预示着新的一年来临，所以有债务的人便到债主家归还所欠钱物，并向债主致谢。白天村寨长老率领大家巡视田地，插上标界，修理道路。晚上举行备耕仪式。这天村民继续开展娱乐游戏活动，跳舞唱歌，通宵达旦。除共同歌舞外，男女青年借此机会挑选意中人，儿童们还要打箭枪和打陀螺，妇女们荡秋千和玩毛毛球，小伙子掷标枪、踢球、踩高跷以及男女青年共同举行翻竿比赛等。

总的来说，基诺族的特懋克节有多重文化内涵，既是祭祀祖先神、神鼓的日子，又是对寨老和铁匠表达敬意的日子，还是一个表示新的一年来临的日子。

历史上基诺族没有专门的宗教场所，在每家长房里有五个神柱：生命柱、水牛柱（父亲柱）、兽神柱、寨神柱、黄牛柱（母亲柱），所以传统上活动都在"卓巴"家举行。中华人民共和国成立以后，基诺族跳大鼓舞的场所从"卓巴"家搬到寨场。1958年左右特懋克活动逐渐式微，"文化大革命"期间被严格禁止，20世纪80年代逐渐恢复。1988年西双版纳州人大常委会将其正式定为基诺族的年节之后，每年2月6日到8日，基诺族群众统一在乡驻地举行庆祝活动，中外游客、各民族代表也云集在基诺山，观看大鼓舞、剽牛、踩高跷等具有民族特色的庆祝活动，并和基诺族群众一起演唱歌曲，表演舞蹈节目，和基诺族人民一起欢度佳节。

政府组织的特懋克节以提高基诺乡知名度为出发点，以弘扬民族传统文化为手段，以带动当地经济发展为目标，这与传统的节日相比较，特懋克节发生了一系列的变迁①。比如传统上制作大鼓是一个非常神圣的过程，在公鸡打鸣和天亮以前，由寨首和长老们，找到一棵神树，拿着宰杀的公鸡、酒先祈祷神佑，后才开始绷鼓，而现在的大鼓按照传统的工艺直接制作出来；剽牛已经变成为简单的杀牛、分牛。打铁随着现代生产力的发展也早已烟消云散，原有传统的祭祀仪式逐步消失。

但是在基诺族村寨里，这个与刀耕火种的山地农业经济相关的节日，还保留着一些传统的仪式，比如村寨长老要带领村民举行备耕仪式等，纪念铁匠神，有的村寨还会在节日期间选举铁匠的徒弟或者助手。随着生产技术的提高，基诺族村寨中的铁匠铺已经不存在了，所需的生产工具多是市场上购买，但是铁器以及铁神的历史记忆仍然存在，每年的打铁节时长老们还会率领大家举行相关的祭祀活动。

基诺族的文化变迁还在进行中，比如基诺族在鼓的两端嵌有十数根细木棍，形似太阳放射出的光芒，因此人们把它称为"太阳鼓"。"太阳鼓"作为象征符号现在广泛出现在有关基诺族的各种雕塑、图画和各类仪式中。实际上基诺族并不崇拜太阳，大鼓最初的形象只有一面大鼓，但是它摆放时容易滚动，所以就在鼓的两端各安了三个木叉便于放置，现在把大鼓的周围全安上了木叉，像太阳的形状，这是为了舞台表演的效果。由于这种鼓的造型独特别致，成为第三届中国艺术节代表基诺族的吉祥物；第五届全国少数民族传统体育运动会开幕式大型文艺表演《共创辉煌》的第一个场面，就是一位基诺族姑娘挥槌敲击一面巨大太阳鼓；云南民族村中

① 马伊：《城镇化进程中基诺族特懋克节的文化变迁》，《云南社会主义学院学报》2014年第3期。

的基诺族村，寨门顶端也悬挂着一个太阳鼓的图案，基诺族太阳鼓已成为标识民族的一个文化符号。因此，有学者就认为基诺族是崇拜太阳的民族，而民众除年长的民间传承人知道大鼓的来源和大鼓的最初形象并非太阳外，年轻一代已经接受了这种说法，很多年轻人已经不懂基诺语言，更听不懂古歌了，"尤其是现代化媒介的植入与随处可见的显性的太阳符号，使得当地民众对大鼓乃至于对族源神话的原初认知也在悄然发生着变化"①。

节日中的太阳鼓

作为一个为春耕做准备而产生的农事节令，一直是基诺族传统社会中非常重视的节日。为了表现这个节日的神圣性，人们把祭祀创世神、祖先神的仪式也添加在这个活动中。打制农具、准备春耕，代表着新一轮生产周期开始，也象征着新的生命轮回的开始，所以基诺族民众又赋予了这个节日辞旧迎新的文化意蕴。在这个过程中，曾经诞生生命的大鼓也变成了"太阳鼓"，具有了太阳崇拜的象征意义。基诺族文化随着时代在不停地变迁。这种文化变迁正是在传统社会向现代社会转变、本土化与全球化碰撞及交流中发生的，是文化再创造的结果。

---

① 谢红萍：《族群记忆与现实表述——以西双版纳基诺族族源叙事为例》，《民族文学研究》，2017年第2期。

阿露窝罗节

阿昌族是生活在南方丝绸之路永昌道上的民族，不同支系自称"勐撒""掸撒""汉撒""哈藏""阿昌"等。在民族识别时，根据本民族的意愿，统一称为"阿昌族"。目前阿昌族主要居住在德宏傣族景颇族自治州的陇川县、梁河县，此外德宏州的芒市、盈江县、瑞丽市以及保山市的腾冲市、龙陵县和大理白族自治州的云龙县也有少量分布。2000 年第五次人口普查时，全国范围内阿昌族的总人口为 33936 人，其中陇川县阿昌族为 12254 人，主要居住在户撒阿昌族乡，梁河县阿昌族为 11980 人，主要居住在九保和囊宋两个阿昌族乡。2010 年第六次人口普查，阿昌族总人口升至 39555 人。

一、阿昌族历史与文化

阿昌族的先民是生活在甘青地区的氐羌族群后裔，有着悠久的历史。在汉语文献中，他们先后被称作"寻""昆明""寻传蛮""峨昌"和"阿昌"等。据《史记·西南夷列传》记载，汉代时期，阿昌族先民"寻""昆明"等族群就已经南迁金沙江、雅砻江流域。后来阿昌族先民继续南迁，生活在今大理白族自治州西部云龙一带。据乾隆年间云龙知州王凤文修订的《云龙记往》记载，三国时代，云龙旧州、漕涧一带居住着三种部族："摆夷十之七，阿倡十之二，蒲蛮十之一。"[①] 在阿昌族的传统信仰中，人有三个魂。人死后，一个魂要送到坟山上，一个要供在家里，第三个魂则要送回祖先传说中遥远的原居地。德宏陇川和梁河地区的阿昌族认为遥远的原居地在东北方向。这一方向与阿昌族迁徙早期生活的方位一致，可能所指为澜沧江流域的云龙地区。[②]

在历史上，阿昌族先民迁徙到四川和云南地区相继发现产盐区。《蛮书》卷七云："昆明城有大盐池……贞元十年（794年）春，南诏收昆明池。今盐池属南诏，蛮官煮之，如汉法也。"其中"昆明池"即今天四川盐源县，也是唐朝时期阿昌族祖先"寻传蛮"活动的区域范围。在云龙生活的阿昌族由于掌握制盐技术，使得这一部族迅速地壮大起来。公元5世纪后，居住云龙县的阿昌族，农村公社已经形成。[③] 到了唐代，阿昌族先民被称为"寻传蛮"，生活于澜沧江上游东西两岸的广阔地区。阁逻凤西开寻传，置寻传蛮于南诏国的统治之下。公元8世纪至13世纪云龙地区的"石门五井"[④] 形成了阿昌族先民的食盐供应中心，采盐技术水平有所提高，云龙时期也成为阿昌族发展的重要历史时期。据《蛮书》卷七《云南管内物产第七》记载："剑川有细诺邓井，丽水城有罗苴井。长傍诸山皆有盐井，当土诸蛮自食，无榷税。"阿昌族先民就是其中诸蛮之一。

12世纪末13世纪初，"阿昌"（"峨昌"）这一明确的族称始见于汉文历史文献，这标志着阿昌人已经由"寻传蛮"中蜕变演化

---

① 《梁河阿昌族今昔》，云南民族出版社2003年版，第10页。
② 曹先强：《阿昌族文化论集》，云南民族出版社2011年版，第624页。
③ 《阿昌族简史简志合编》，中国科学院民族研究所1963年版，第7页。
④ 舒瑜：《从清末到民国云南诺邓盐的"交换圈"》，《西南民族大学学报》，2010年第7期。

南方丝绸之路研究丛书　民族节庆卷

出来，成为独立和统一的民族群体。[①] 元朝以后，云龙地区的大批阿昌人陆续跨怒江，越高黎贡山，向西迁往德宏境内。其中一支于 13 世纪迁徙到现在的云南省德宏傣族景颇族自治州陇川县户撒地区，据元代《招捕总录》记载："至元十四年（1277 年）……时大理路蒙古千户忽都奉命伐永昌之西腾越蒲螵（今保山市西南部）阿昌、金齿之未降部族，驻南甸（今梁河县）。"至元二十六年（1289 年），元朝设置南甸路军民总管府，阿昌族接受南甸土司的管辖。另一支则于明朝时期迁徙到云南省德宏傣族景颇族自治州梁河县[②]，据《腾越州志》记载："明永乐三年（1405 年），析麓川地，置茶山长官司，授阿昌族早章为茶山长官司使，次年设麻里长官司，仍以早姓阿昌族为长官司使。两司地均居住有景颇族。明天启年间附近部落势力突起，向两土司地进袭，阿昌族被迫向东迁移，其中一部分就定居在户撒，一部分定居在梁河。"土司统治一直沿袭到中华人民共和国成立前夕，直接统治阿昌族的土司有南甸刀氏宣抚司、户撒赖氏长官司和腊撒盖氏长官司，还有未迁走的一部分阿昌族，继续在云龙地区与汉族和白族杂居。

在不断迁徙的过程中，阿昌族逐渐从游牧渔猎部落衍化为农耕民族。1950 年，阿昌族人民获解放。1952 年在陇川县户撒地区成立了阿昌族自治县（区级），1953 年和 1954 年又先后在潞西县江东区高埂田乡、梁河县遮岛区的丙介乡和关璋乡成立了三个阿昌族民族乡。1988 年，云南德宏傣族景颇族自治州建制调整，陇川县户撒阿昌族乡，梁河县曩宋阿昌族乡、九保阿昌族乡被国家确认为 3 个县辖区级建制的阿昌族民族乡。

阿昌语属汉藏语系藏缅语族缅语支，与缅语以及景颇族载瓦

---

① 伙延春：《从传统走向未来　阿昌族》，云南人民出版社、云南大学出版社 2003 年版，第 2 页。
② 《阿昌族简史》编写组：《阿昌族简史》，民族出版社 2008 年版，第 3 页。

（小山）、浪速（浪峨）、勒期（茶山）支系的语言接近，阿昌语分三个方言：陇川方言、梁河方言、潞西方言。方言之间差别较大，互相通话有困难。[①] 由于长时间以来与汉族、傣族、景颇族等民族杂居，不少阿昌人都能通汉语、傣语和景颇语。特别是陇川户撒地区的阿昌族和傣族共同信仰小乘佛教，很多宗教活动都同时进行，阿昌族的佛经一律用老傣文抄写、用傣语诵读，所以语言中借用了一些傣语成分，有些人还会书写傣文；梁河地区受到汉族影响比较大，所以很多阿昌族讲汉语的地方方言，阿昌语中汇入大量的汉语词汇。阿昌族没有文字，一般使用汉文或者傣文。

陇川县户撒阿昌族乡的阿昌族崇信小乘佛教，主要节日为"阿露节"。阿露节汉语称"会街节"，是一个由宗教节日演变而来的传统集会，多在每年农历九月中旬举行。会街期间，主要是耍白象，舞青龙。白象和青龙是村寨里艺人用竹木精心编扎的，一般是竹木做架，纸糊身，布做象鼻。耍白象时，一人藏在白象的肚里，双手拉动连着象鼻带有滑轮的绳子，象鼻子就上下左右地甩动起来。青龙由盛装打扮的小伙子挥舞，表演各种动作。会街开始，人们给白象、青龙

青龙和白象：户撒阿昌族的文化符号

南方丝绸之路研究丛书 民族节庆卷

---

① 戴庆厦、崔志超：《阿昌语概况》，《民族语文》1984 年第 2 期。

系上红绸，各村寨的男女老少簇拥着耍白象、舞青龙的队列，敲锣打鼓绕寨一周，然后来到广场，将白象、青龙围在中间。在象脚鼓声、铓锣声、镲声中，人民跳起欢快豪放的象脚鼓舞。跳舞时，敲镲者始终和击象脚鼓者斜对着，双脚前后左右跳跃挪动，腿时蹬时收，身体像波浪一样起伏。跳着跳着各往前跨一大步，接着退回往下一蹲，一跨一退一蹲连续三次。情绪达到高潮，镲声连续的"镲镲镲"地打着，拿着树枝起舞的男女也发出一片欢呼声，围观的群众热烈鼓掌欢迎。此时，白象的鼻子甩得更勤，舞青龙的小伙子也更加起劲。

陇川阿昌族还和当地的傣族一样，也过泼水节、进洼节（关门节）、出洼节（开门节）和烧白柴节等。泼水节基本和当地傣族一致；关门节和开门节是每年六月开始，信徒们都到各村寨的佛寺中静坐参佛，听经说法，过佛寺生活，这叫作关门节。三个月期满，一年一度的佛寺生活宣告结束，恢复正常的生活，又要举行盛大的集会来庆祝，这叫开门节。烧白柴节也是一个宗教性节日，每年农历十二月举行。据说为使佛像暖和，各佛寺所属群众，晚上在佛寺附近，将白色的木柴堆成"井"字形，燃起熊熊大火，和佛像一起烤火取暖，求佛保佑。现在梁河、户撒地区的阿昌族还过火把节，在农历六月二十四日举行；大理云龙县的阿昌族火把节在农历六月二十五日举行，以祭祀五谷神，祈求五谷丰登为主要内容。

梁河县九保和曩宋两个阿昌族乡的阿昌族过去多信鬼神，每年春耕和秋收前要祭三次"土主"（地鬼），全寨人都要去田间洒鸡血、插鸡毛，以祈求鬼灵保护庄稼。由于受汉文化的影响，也有祖先崇拜。这一地区阿昌族代表性的节日为"窝罗节"，多在喜庆丰收、婚丧仪式以及各种节日聚众围跳。届时人们围着之前立起来的"秋杆"，高唱窝罗调，欢跳窝罗舞。

1983年德宏州确定每年农历正月为梁河县阿昌族窝罗节，农历九月为陇川县阿昌族会街节；1993年开始统一为"阿露窝罗节"，于每年公历 3 月 20 日左右举行，节期为两天。节日期间，阿昌族民众身着艳丽服饰，合着象脚鼓、铓锣的节奏，舞动青龙、白象，与远道而来的客人们载歌载舞，欢乐的歌声和热烈的舞蹈，显示出这个节日的狂欢色彩。

二、《遮帕麻和遮米麻》传说与阿露窝罗节的来历

"会街节"是佛教节日，是南传上座部佛教传入阿昌族地区之后形成的。"窝罗节"应该是阿昌族最古老的节日，是在传统"蹬窝罗"的基础上形成的一个节日。阿昌族先民在庆祝狩猎成功、庄稼丰收、战争胜利时会围着火塘载歌载舞，同时也举行祭祀仪式，通过这种活动来表达对神灵的感恩，这个活动叫作"蹬窝罗"，具有祭神娱人的双重色彩。阿昌族的"窝罗节"主要是为了纪念传说中的祖先遮帕麻和遮米麻而举行。

天公遮帕麻和地母遮米麻的故事，自古以来就传唱在阿昌族的创世史诗《遮帕麻和遮米麻》中。阿昌族口传文学中的很大一部分是由原始宗教祭司"活袍"以经文唱诵的方式代代传承下来的。因为活袍唱诵时是用"活直腔"这种专门的乐调和声腔，所以当地百姓称它为《活直腔》，也叫作《活袍调》。《活袍调》的经文内容主要由两部分构成，一部分是祭祀歌，以丧葬仪式上的"指路词"为代表，有"说生死""指路词""分水饭调""藏尸经""送尸经""安魂调"等多折。另一部分是叙事歌，以神话史诗《遮帕麻和遮米麻》为代表①。这部史诗于 1979 年 8 月被云南民族学院（现

---

① 张蕾梅：《阿昌族口传文学传承发展的危机及对策——以梁河阿昌族地区"活袍调"为个案》，《云南师范大学学报》，2010 年第 3 期。

云南民族大学）阿昌族民间文学调查组第一次在梁河县搜集到诗歌体两种，散文体一种，其中最长的诗歌体史诗有两千多行。散文体史诗由阿昌族赵安贤讲述，杨叶生翻译，智克整理，2006年入选第一批《国家级非物质文化遗产名录》。目前，在梁河县境内能够用阿昌语完整唱诵创世史诗《遮帕麻和遮米麻》、掌握阿昌族宗教祭祀仪轨的"活袍"只剩下曩宋阿昌族乡关玮村的曹连文、曩宋阿昌族乡关章村弄丘寨的梁其美及九保阿昌族乡劫科村龙塘寨的曹明宽三位。

《遮帕麻和遮米麻》包括天公遮帕麻与地母遮米麻创造天地、人类诞生、补天治水、降魔斗法、重整天地五个部分[1]。对于阿昌族来说，《遮帕麻与遮米麻》是族群真实的历史，故事的开头说："这个故事是天公遮帕麻亲口告诉我们阿昌的活袍（巫师），再由活袍世世代代口传下来。"[2] 这部史诗主要表现了阿昌族始祖以下方面的功绩：

第一，创天造地，繁衍人类。和汉族的《盘古开天辟地》一样，这个故事开头说，世界是一片混沌，"混沌之中，无明无暗，无上无下，无依无托，无边无际"[3]。后来，在混沌中出现了一道白光，有了光明和黑暗，也就有了阴阳。阴阳相生，诞生了天公遮帕麻和地母遮米麻，明暗相间产生了三十名神将，三十名神兵。遮帕麻在神将神兵的帮助下，用雨水拌金沙造出了太阳，用雨水拌银沙造出了月亮，扯下自己的左右乳房造出了太阴山和太阳山，从此之后男人就没有了乳房。后来遮帕麻开始造天：

用珍珠造了东边的天，用玛瑙造了南边的天，用玉石造了西边的天，用翡翠造了北边的天。天造好了，遮帕麻派龙鹤早梌做

---

① 霍志刚：《阿昌族史诗〈遮帕麻和遮米麻〉的历史记忆》，《中央民族大学学报》2015年增刊。
② 赵安贤讲述，杨叶生翻译，智克整理：《遮帕麻和遮米麻》，《山茶》1981年第2期。
③ 赵安贤讲述，杨叶生翻译，智克整理：《遮帕麻和遮米麻》，《山茶》1981年第2期。

东边的天神，派腊骻早列做南边的天神，派孛劲早牨做西边的天神，派髦祢早牨做北边的天神。[①]

在遮帕麻造天的同时，地母遮米麻也开始造地。遮米麻摘下喉头当梭子，拔下脸毛织大地。从此以后，女人没有喉头，也没有了胡须。但是天公遮帕麻造的天太小了，地母遮米麻织的地太大了。遮米麻只好抽去三根地线，让大地变小。虽然凸起的地方成了高山，凹下的地方成了平原、山箐，但是终于"天边盖住了地缘"。

后来遮帕麻和遮米麻相遇了，发现"山高没有人砍柴，林深没有人打猎，田野肥沃没有人去耕耘，海洋宽阔没有人去打鱼，大地有什么用？还得有支配世界的人啊！"于是他们就结合了。过了九年，遮米麻生下了一颗葫芦籽，遮帕麻把这颗葫芦籽埋在土里。又过了九年，葫芦籽发出了芽，但葫芦藤上只结了一个葫芦，"葫芦越长越大，遮帕麻怕它撑破了大地，就用大木棒打开了一个洞，立即从葫芦里跳出来九个小娃娃。最初的人类就这样被创造了"[②]。遮米麻教会了人类刻木记事，用占卜和咒语来驱赶疾病和灾难；遮帕麻教会了他们打猎、吃熟食和盖房子。

从这些内容可以看出，神话中阿昌族始祖有巨大的功绩，他们不仅创造了天地，而且繁衍了人类。这与很多民族的创世神话相似，尤其是人类诞生于葫芦中的故事，与周围共生的拉祜、佤、哈尼、彝、傣等民族的人类诞生故事基本相同，应该是同一母题的不同变体。

第二，补天治水，解救百姓。和世界各地都有洪水神话一样，阿昌族的创世神话中也有洪水泛滥的内容。故事中讲，突然有一天狂风大作，暴雨倾盆，洪水淹没了大地。这时人类的始祖

---

① 赵安贤讲述，杨叶生翻译，智克整理：《遮帕麻和遮米麻》，《山茶》1981 年第 2 期。
② 赵安贤讲述，杨叶生翻译，智克整理：《遮帕麻和遮米麻》，《山茶》1981 年第 2 期。

又开始解救人类，和中原地区女娲炼石补天的传说有些不同，地母遮米麻是用原来抽出来的三根地线缝合东边、西边和北边的天。但是由于地线用完了，南边的天无法缝补，还在刮大风、下暴雨。后来遮帕麻和遮米麻商议，在第纳聂达造一座南天门。遮帕麻带领着三十员神将和三十名神兵，挥动着赶山鞭向南方出发了：

高山挡住去路，遮帕麻挥动赶山鞭，把它赶到一旁。河水拦道，遮帕麻把赶山鞭往河两岸一搭，就架起一座桥梁。走了不知多少日日夜夜，终于到达了第纳聂达。[①]

在这里遮帕麻用石头筑起了一道挡洪水的墙，用木头造了一座挡风门，这门就叫南天门。有了这座南天门之后，洪水退却了，风雨挡住了，人们从山顶上回到了平地，重新建设他们的家园，过上了和平和安宁的生活。

故事内容与中原女娲补天有细节的差异，但主题是相同的：人类始祖通过他们的聪明智慧和无私奉献，解除了灾难的威胁，延续了人类的绵延生息。从故事中我们还可以了解到遮帕麻为了治水而到南方，也反映出自然环境因素是阿昌族先民迁徙的重要原因。

第三，发现食盐，制作美味。在遮帕麻造南天门时，掌握了食盐制作和使用技术的盐神桑姑尼来到遮帕麻身边。她爱上了遮帕麻，就对他说：

我来到这块土地上，不光是为了给你的后代子孙带来食盐，我是为了陪伴你啊，才在这里久久地把你等候。如果你真的要抛下我，我将会在痛苦中，和我的食盐一同消失。[②]

天公遮帕麻陷入了桑姑尼的情网，所以他就在这个地方停留

---

① 赵安贤讲述，杨叶生翻译，智克整理：《遮帕麻和遮米麻》，《山茶》1981 年第 2 期。
② 赵安贤讲述，杨叶生翻译，智克整理：《遮帕麻和遮米麻》，《山茶》1981 年第 2 期。

了下来。后来魔鬼作祟，遮帕麻返回故地的时候，桑姑尼也跟随遮帕麻，把她的食盐带到了"中国"（这里的中国应该是他们迁徙之前生活的故地）。神话中盐婆故事反映出阿昌族先民开采、利用食盐与传播食盐提取技术的历史记忆，虽然这个功绩是盐婆桑姑尼的，但也与天公遮帕麻有关，可以视为创世始祖对阿昌族的又一大贡献。遮帕麻带领天兵天将来到第纳聂达生活定居的篇章，可反映出以游牧狩猎为主要生产方式的阿昌族先民来到云龙，与桑姑尼为代表的掌握采盐技术的当地部族交流通婚，后形成一个共同体，也就是阿昌族的先民。

第四，降妖除魔，保护百姓。就在遮帕麻与盐婆在第纳聂达过着幸福生活的时候，狂风和闪电孕育了一个最大的火神和旱神腊訇。他假造了一个太阳钉在天上，使地面只有白天，没有夜晚，天空像一个大蒸笼，水塘烤干了，树叶枯萎了，水牛的角被晒弯，黄牛的背被烤黄，世界陷入一片混乱。

遮米麻盼望遮帕麻能够回来降伏妖魔，但是望穿了双眼也不见遮帕麻。于是她请求"小獭猫"前去向遮帕麻报信。这只小獭猫"翻了九十九座山，过了九十九条河，肉跑掉了九斤，皮磨破了九层"，终于找到了遮帕麻，报告了"中国"遭遇的灾难。[1]

遮帕麻拒绝了百姓的挽留，回到了故土，看到的景象让他非常愤怒。他先假装和腊訇交朋友，后来用魔术战胜恶魔，并把这个魔王碎尸万段。然后射下了假太阳，世界又恢复了和平和安详。为了防止妖魔祸害百姓，为非作歹，遮帕麻派三十名神兵去把守山头，派三十员神将管理村寨。遮帕麻骑上月亮，遮米麻骑上太阳。白天，遮米麻俯瞰着大地；夜晚，遮帕麻巡视着天空。他们守护着人类的安宁，永远保护着所有的百姓。

---

[1] 赵安贤讲述，杨叶生翻译，智克整理：《遮帕麻和遮米麻》，《山茶》1981年第2期。

南方丝绸之路研究丛书　民族节庆卷

这一部分故事中恶魔腊旵可能是干旱等自然灾害的拟人化表达，也可能是阿昌族敌人的象征。有学者研究认为："当时中国西部地区的民族关系是复杂的，因而引起羌人部落长期的、大量的流徙，原因是多方面的。但是从载籍来看，其中的一个重要因素，是来自其他民族势力的压迫和征伐。"[①] 这也可能是阿昌族一直南迁的主要原因之一。

创世神话《遮帕麻与遮米麻》在阿昌族地区家喻户晓，故事既是创世神话，又是英雄史诗，还是族群迁徙的远古记忆。现在阿昌族的"窝罗节"，就是为了纪念天公遮帕麻和地母遮米麻的壮举。

三、"阿露窝罗节"的形成与发展

根据文献记载和田野资料，我们可以知道，"阿露窝罗节"的形成经历了三个阶段，第一个阶段是从古代开始到1983年之前，梁河地区和陇川地区的阿昌族自发举行的"蹬窝罗"和"会街"活动。第二个阶段自1984年起，"窝罗节"和"会街节"（阿露节）每年于不同的时间和不同的地点在梁河县和陇川县分别举行：农历正月初九，梁河举办大型蹬窝罗歌舞表演；农历九月十五，陇川户撒举办隆重的"会街"活动。这个现象维持了10年。第三个阶段是1993年开始一直延续到目前的两县阿昌族共同举行的"阿露窝罗节"。[②] 所以这个节日在不同时期也有着不同的文化内涵和展演形式。

传统上的"蹬窝罗"活动，主要是在梁河县的关漳、弄丘、弄

---

① 曹先强：《阿昌族文化论集》，云南民族出版社2011年版，第11页。
② 范明新、陈复声：《整合的节日文化与增强的民族认同——以阿昌族阿露窝罗节为例》，《节日研究》2013年第1期。

别、丙界、永合、横格、勐科、别董、弯中、英傣等阿昌族村寨及保山地区腾冲县新华乡的梅子坪、中心大坡等地的阿昌族村寨举行。在一些喜庆的日子，人们就在自家院里摆一张桌子，桌上放着各种食品，桌子两旁各烧起一堆柴火或放一盏灯，以象征太阳和月亮。舞蹈进行中，人们边唱着"则勒扎""则勒玛"，边"蹬窝罗"，并把一碟碟果品献于窝罗台上，通过这样的方式来纪念始祖神。有时好友聚到一起也围着屋子"蹬窝罗"，甚至在白喜事时也"蹬窝罗"。

阿昌族蹬窝罗

　　传统的"蹬窝罗"活动一般由擅长歌舞的"稍干"（艺人）来组织和领舞。在历史上，村寨里的"活袍"往往就是擅长歌舞的"稍干"，比如梁河县九保阿昌族乡横路村芒展寨的张兴州、保山龙陵县龙山镇芒麦村蛮旦寨的赵家忠，还有前述阿昌族史诗《遮帕麻和遮米麻》文化遗产项目代表性传承人曹明宽等人。"蹬窝罗"的人员男女老少均可参加，围成圆圈，由"稍干"领头，众人尾随其后，逆时针方向边行进边跳舞。"窝罗舞还有反映生产、动物的。插秧舞轻盈得如蜻蜓飞；割谷舞袅娜得似垂柳拂。跳起老虎出山探路行，如同大山在挪步；迈起龙形虎步，宛若蛟龙腾空舞。"[1]

　　传统阿昌族跳"蹬窝罗"舞蹈时没有器乐伴奏，舞者边唱"则勒扎"和"则勒玛"等古老的民歌边逆时针跳舞行进。"蹬窝罗"活动主要有"把套昆""把松昆"和"窝罗"三个程序。"把套昆""把松昆"又合称为"则勒扎"，意为用小嗓唱的意思，即用假声唱，

① 刘扬武：《阿昌族的阿露窝罗节》，《云南档案》2016年第1期。

演唱语言是阿昌语，内容是阿昌族古老的民歌，这是"窝罗"的序曲。唱完"则勒扎"之后就是"窝罗"，意为用大嗓唱。在传统蹬窝罗活动中，一般由一位知识渊博、德高望重的"活袍"领唱"窝罗"调，讲述创世始祖的故事，并且感谢始祖："今天好日子，四面八方来贵宾。我们过上好生活，感谢造天造地的遮帕麻和遮米麻。"其他人跟在其后一边和着歌，一边"蹬窝罗"。在这个过程中，领唱者每唱一句，众人尾随其后和唱全句或部分，但是跟唱的顺序正好与领唱者倒过来。演唱时在唱句头、尾或者中间常常加上"窝罗"的叫声，这就是"窝罗"的得名由来。

与"把套昆""把松昆"和"窝罗"调分别对应的是"自由步""麻雀步"和"猛虎出山步"，这是梁河县阿昌族最传统的三个"蹬窝罗"舞蹈动作。这些动作名称是近些年阿昌族民间艺人总结命名的，以形象的描述来概括舞蹈动作基本特征，如"的的吊鸟不落树""麻雀不走叉叉路"和"猛虎出山探路行"等。阿昌人以跳不同的舞蹈动作表达不同的期望，比如跳"麻雀步"表示希望得到好运；"猛虎出山步"表示扶正压邪、大吉大利。

1983 年之后，德宏州将"窝罗节"确定为梁河地区阿昌族盛大的民族传统节日。从此之后，每年农历正月初四，梁河地区的阿昌族从四面八方汇集在一起，围绕着"窝罗"台如痴如醉地跳起窝罗舞。节日的前夕，各村各寨都要用竹木搭起一座高约 1 米、4 米见方的窝罗台，中间立两块牌坊，左牌坊顶端绘着光芒四射的太阳，右牌坊顶端绘着碧空皓月，太阳月亮下面绘制着阿昌族妇女服饰的各种彩色图案，代

政府主办的阿露窝罗节

表遮米麻给阿昌人民纺织的龙衣凤裙。牌坊顶端耸立着一把巨大的木刻满弦弓箭，代表始祖遮帕麻射落假太阳的那把神箭。祭祖仪式由德高望重的"活袍"主持，他会高声吟唱史诗《遮帕麻和遮米麻》，赞颂两位始祖的丰功伟绩。接着，人们跟着"活袍"，围绕着窝罗台唱起古朴原始的窝罗调，跳起以"太阳""月亮"等自然景观为舞蹈造型的窝罗舞，通宵达旦。除了歌舞之外，节日期间还进行武术、对歌、秋千、春灯等丰富多彩的文化娱乐活动。

1993 年 5 月德宏州将"会街节"（阿露节）和"窝罗节"统一为"阿露窝罗节"之后，各阿昌族地区都会组织数百人规模的集体"蹬窝罗"活动。在确定为节日之后，梁河阿昌族的蹬窝罗活动已经发生很多变化，比如传统的"蹬窝罗"没有乐器，但现在有了大鼓、小鼓、唢呐、镲、大号、长号和钹等乐器伴奏；传统的"窝罗"以唱为主，现在演变为以跳为主，"稍干"从领唱领舞逐渐过渡到以领舞为主；传统的"蹬窝罗"队形一般是单排或双排逆时针方向行进，现在这些队形被冠以"双凤朝阳""金龙转身"等名称；舞蹈的场面造型也被形象地喻为"月亮戴帽""太阳打伞"。在统一民族节日后，不同地区阿昌族之间的交往、交流、交融比以前更加频繁和深入。节日也增加了"会街节"白象、青龙的形象，成为两地阿昌族文化交融的标志。

在这个过程中，"蹬窝罗"舞蹈在各种力量促进下也开始突破地域限制，逐渐从梁河流传至陇川等其他阿昌族居住区。据调查，陇川县阿昌族学习和掌握"蹬窝罗"舞蹈只是近二三十年的事，在得到学会和文艺团体等机构的帮助之后，陇川的阿昌人也了解和习得"踏窝罗"舞蹈，长期与阿昌族相邻居住的傣族、德昂族、景颇族等也在"阿露窝罗节"上参与"蹬窝罗"舞蹈。现在德宏州的"蹬窝罗"舞蹈也融入腾冲、龙陵等地"蹬窝罗"的动作。如腾冲的蹬窝罗与梁河大体相同，但也存在某些地方特点的差异，腾冲"蹬窝罗"无伴奏乐器，伴唱曲调多用鼻音，舞蹈以双手叉腰，双腿以大八字步或半蹲居多，每进行一次，即仰望天空一次，动作质朴、简练、粗犷，沉稳有力。[1]

近年来，人们对阿昌族不同地区的舞蹈动作进行提炼和改编，形成了"蹬窝罗""跳阿露"和"庆丰收"等三个典型动作。梁河地区阿昌族的代表性动作"蹬窝罗"，已简化成双手叉腰，左右轮换蹬腿，后落地跟步向前行进。陇川地区阿昌族"跳阿露"动作是从梁河阿昌族代表性动作"蹬窝罗"衍生出来的，手臂动作沿用跳摆时双臂于身前交叉向身体两侧划开的动作，左右脚在双臂打开同时依次向同方向蹬出收回，并在重复动作中完成转身，因此舞者时而相背时而相向；从芒市地区阿昌族"踏窝罗"动作中演化而来的代表性动作"庆丰收"，脚下动作完全与梁河代表性"蹬窝罗"动作相同，只是双臂不再叉腰，变成依次向右下、左下、右上、左上随蹬脚动作挥舞双臂。

近年来在梁河地区，规模较大的"蹬窝罗"舞蹈主要展演在阿露窝罗节上，民间举行的婚礼和葬礼上也还举行此项活动。陇川户撒阿昌族集体跳"蹬窝罗"舞蹈的场合主要是阿露窝罗节，但没有"活袍"诵经祭祀的环节，其他时间户撒阿昌人一般都不会自发地跳"蹬窝罗"舞蹈。此外，一些艺术团体借鉴民间"蹬窝罗"舞蹈的元素，陆续创作出《阿昌喜爱蹬窝罗》

陇川阿昌族蹬窝罗

① 何雅云：《阿昌族"蹬窝罗"舞蹈的传承与演变研究》，中央民族大学硕士学位论文，2013年。

《迎亲乐》等舞台舞蹈作品，使得阿昌族"蹬窝罗"舞蹈在更大的地域空间和群众中得以知晓和传习。

近年来的"阿露窝罗节"，除了"蹬窝罗"歌舞展演外，梁河县还举行一些文化经济推广活动，比如回龙茶暨农特产品展销、阿昌族民间文艺展演、茶叶产业发展研讨会等；在陇川县户撒阿昌族乡，还开展象脚鼓甩鼓舞比赛、葫芦箫和三月箫演奏展示、户撒刀锻制技艺展示、过手米线技艺展示等活动。此外各地还有阿昌山歌大赛、阿昌织锦比赛、阿昌蹬窝罗比赛、舞剧《遮帕麻和遮米麻》展演等文艺活动；大理白族自治州阿昌族聚居村漕涧镇仁山村还举办"云龙县阿昌族阿露窝罗节暨漕涧旅游文化活动"，开展阿昌族祭祖、阿昌族文化发展研究学术研讨会、阿昌族文艺展演、山地自行车骑行比赛以及射弩体验、高山草甸体验、温泉文化体验等，多方位展示云龙阿昌族的民族特色文化传承保护和开发利用成果。

作为传统节日的"阿露窝罗节"正在发生着巨大的变迁，这种变迁是与社会发展紧密相关的，在继承传统节庆所具有的宗教祭祀、文化传承、社会整合、族群凝聚等功能的同时，经济发展、文化交流、政治宣传的功能也作为现代节日的重要作用在节日活动中得到充分的体现。尤其是不同地域阿昌族之间的文化、阿昌族与其他共生民族的文化也在载歌载舞中得到了交融，这体现了现代节日文化的创新和发展。

第五节

目瑙纵歌节

　　景颇族是南方丝绸之路上的一个跨境而居的民族。由于分布地区不同，有景颇、载瓦、勒期、浪峨、波罗等自称，汉族则称景颇族为"大山""小山""浪速""茶山"等。中华人民共和国成立之后，根据本民族的意愿，统称为景颇族。中国境内的景颇族主要聚居于云南省德宏州陇川县、芒市、盈江县、瑞丽市和梁河县，怒江州、临沧市和保山市等边境州市也有少量景颇族散居。根据 2010 年全国第六次人口普查数据，中国景颇族有142956 人。境外景颇族被称为克钦族，主要聚居于缅甸克钦邦，

景颇族的目瑙纵歌节（王观远　摄）

是该邦处于支配地位的主体民族，约有 56 万人，在掸邦北部和邻近中国、印度边界的地区，也有少量人口分布。①

一、景颇族历史与文化

最早与景颇族相关的史料见于《史记》中"嶲、昆明"等氐羌族群的记载："西自同师以东，北至楪榆，名为嶲、昆明，皆编发，随畜迁徙，毋常处，毋君长，地方可数千里。"文献中的同师即今云南保山市，楪榆即今云南大理市。这些群体随着氐羌系族群的南迁，汉代时就已经居住在滇西北的金沙江、澜沧江和怒江流域一带。

汉文文献中迁徙路线也能在史诗记载中得到证明。据景颇族创世史诗《目瑙斋瓦》记载，他们的先民最初生活在"宁龙会中毛"这个地方，后来经过"户栋央旦冒""则捏林真冒"等地方又迁徙到"木拽省拉崩"，这个地方直译为"天然平坦的高山"，或者译为"高原"。有学者认为此地大概是在澜沧江与怒江源头的康藏高原南部，临近甘肃、青海一带的地区，这个地方被景颇族认为是祖先的发源地。后来他们又迁徙到"披俄我多冒""颇久桑写冒""振隆比品冒"等地方，由于"振隆比品冒"（据说为今滇西横断山）生存条件恶劣，景颇人分批次南迁：景颇支为西线，浪峨支为东线，载瓦支和勒期支为中线。其中一部到达"勒何瓦但冒"，即今云南省腾冲市、梁河县一带；另一部来到"瓦何瓦蓬冒"，即今天的云南德宏州和缅甸克钦邦一带，这是现在景颇族聚居的主要地区。②据学者王伟章研究，纳西族的《送魂经》和景

---

① 方铁：《云南跨境民族的分布、来源及其特点》，《广西民族大学学报》2007 年第 5 期。
② 赵天宝：《探寻景颇族的源与流》，《学术探索》2011 年第 6 期。

颇族的《目瑙斋瓦》提到的迁徙路线相似①，这就证明景颇族先民与氐羌系的其他族群是一起沿藏彝走廊南迁的。

唐宋时期，景颇族先民被称为"寻传蛮""裸形蛮"，据《蛮书》卷四记载："寻传蛮，阁逻凤所讨定也。俗无丝绵布帛，披波罗皮，跣足，可以践履榛棘。持弓挟矢，射豪猪，生食其肉，取其两牙，双插髻旁为饰，又条其皮以系腰""裸形蛮，在寻传城西三百里，谓之为野蛮。阁逻凤既定寻传，而令野蛮散居山谷。其蛮不战自调伏集，战招之。其男女遍满山野，亦无君长，作竹栏舍屋，多女少男。无农田，无衣服，惟取木皮以蔽形"②。据尤中先生研究，南诏时期的"寻传蛮"，指的是近代阿昌族和景颇族载瓦支系的先民，而"裸形蛮"即今缅甸克钦邦和中国景颇族景颇支系的先民。③

元代阿昌写为"峨昌"，仍然与唐宋时期的分布区域一致，据《元史》记载：金齿等处宣抚司"其地在大理西南，兰沧江界其东，与缅地接其西。土蛮凡八种：曰金齿，曰白夷，曰爨，曰峨昌，曰骠，曰繲，曰渠罗，曰比苏"，文献中的峨昌就包括景颇族中的载瓦支系。到了明代，史书中出现了"结些""遮些""野人"等族称，考其分布地域，主要在茶山、里麻二长官司的孟养宣慰司境内。据钱古训与李思聪1396年所写的《百夷传》记载："结些，以象牙为大环，从耳尖穿至颊，以红花布一尺许裹头，而垂带于后，衣半身衫，而袒其右肩。"明代谢肇淛撰《滇略》卷九上说："遮些，绾发为髻，男女皆贯耳佩环，性喜华彩，衣仅盘旋蔽体，饮食清洁。"文献中的结些和遮些是不同的记音，都指的是德宏景颇族的景颇支系。清朝至近代仍沿袭明代称景颇族

---

① 王伟章：《从先羌燧火到目瑙纵歌——上古鸟图腾崇拜探秘》，《青海民族学院学报》2008年第1期。
②（唐）樊绰著，赵吕甫校释：《云南志校释》，中国社会科学出版社1985年版，第161—162页。
③ 尤中：《云南民族史》，云南大学出版社1994年版，第181—183页。

为"遮些"，还有文献称之为"野人"。如光绪《永昌府志》记载：
"野人，居无屋，多者茅棚，好迁移。赤发黄睛，以树皮、毛面
为衣，掩其脐下。首戴骨圈，插野雉毛，缠红藤，执钩刀大刃，
猎捕食兽，食蛇鼠。"可见当时的景颇族处于原始部落氏族社会。
一直到中华人民共和国成立前，我国景颇族还被其他民族称为"野
人"，他们的家园被称为"野人山"。历史上景颇族社会存在两种
政治制度——"贡萨"与"贡龙"。"贡萨"全称"贡晶贡萨"，意
为"传统体制"，特指贵族山官专制的政治制度，俗称"山官制"，
已有近千年的历史。"贡龙"全称"贡龙贡查"意为"民主自由"，
是与"贡晶贡萨"相对立的政治制度，专指 19 世纪中叶后，部分
村寨百姓起义推翻了贡萨制山官政权，建立了没有山官统治的贡
龙贡查民主制。两种不同性质的政治制度并存到 1950 年德宏解
放。① 中华人民共和国成立后，经国家的民族识别，中国境内的
群体被确认为景颇族。1953 年 7 月 24 日建立德宏傣族景颇族自
治县，1956 年改为自治州。

景颇语属于汉藏语系藏缅语族，内部五个支系景颇（大山）、
载瓦（小山）、勒期（茶山）、浪峨（浪速）、波拉（布拉）② 的方
言各具特色，但语法结构以及词汇方面比较一致。其中景颇语中
的景颇话（大山话）为藏缅语族景颇语支，载瓦语（小山话）为藏
缅语族缅语支。19 世纪末，景颇人创制了以拉丁字母拼写的景颇
文字。1957 年在其基础上作了改革，经过改进推广使用。景颇族
除了使用本民族语言之外，对外交往中也使用汉语汉文。

景颇族节日有目瑙纵歌节、新米节、采花节、能仙节。"新
米节"是景颇族庆祝丰收的节日，每年农历八九月间，当田里稻

① 赵学先：《景颇族历史上的"贡萨"与"贡龙"制》，《中国边疆史地研究》2007 年第 1 期。
② 李怀明：《对德宏州景颇族发展情况的调查与思考》，《云南社会主义学院学报》2007 年
第 3 期。

谷成熟时，家家户户都要欢度这个节日。"采花节"景颇语称"思鲜鲜"或"吉达""宁打"等，一般在春节期间举行。过节期间，同寨或邻寨的青年男女相约，带着粑粑丝、米饭、鸡蛋等食物，一同上山找一适合玩耍的地方，大家唱歌跳舞，说笑嬉闹，举行打"炀碟"（类似射击的一种活动）等各种游戏。情侣们则谈情说爱，互赠礼物。其余男女老少，则每人出些酒肉等食物，共同煮食。老者唱歌给年轻人听，歌词多为吉利之语。饭后大家唱歌跳舞，一同玩乐。晚上青年男女彼此相约，在公房和其他地方唱歌吟调，尽情娱乐，直到深夜。"能仙节"是景颇族青年聚会、唱歌、跳舞的节日，一般在每年的农历二月十日举行。这个季节正值春回大地，万物生长，青年男女穿上节日盛装，佩戴各种装饰品，聚集在一起，进行唱民歌、射击、打弹弓、跳刀舞等比赛。

景颇族最具特色的节日是目瑙纵歌节。景颇族分布在山区，各支系较多，"目瑙"为景颇方言，是"跳舞"的意思；"纵歌"为载瓦方言，也是"跳舞"的意思。1949 年之前，没有"目瑙纵歌"这个名称，各支系分别称为"木代目瑙"和"木代总过"，都是为木代神举行歌舞的意思。到 1978 年才开始出现"目瑙总过"，后来汉字写成"目瑙纵歌"，是"大家共同来跳舞"的意思。历史上目瑙的举办者大多是经济条件较好的山官，如穆日山官（汉姓雷）管辖今属陇川县王子树乡曼亚河村委会的 30 多个村落，据雷冯辉《石婆坡史话》记载："在旧时的目瑙的瑙双、董萨向天神地鬼祷告时，先从穆日官种赞颂起，以为各种大型目瑙，都是由穆日氏族官种老大最先敲铓，第一个领舞。"[①] 一般的村民很难组织和举办大规模的目瑙活动。

现在景颇族目瑙纵歌节成为生活在云南省德宏傣族景颇族自

① 中国人民政治协商会议德宏州文史组：《德宏州文史资料选辑》（第五辑），德宏民族出版社，1987 年版，第 159—191 页。

治州的景颇族的法定节日，是具有悠久传统的大型歌舞盛会。除了聚居区以外，散居的景颇族也举办目瑙纵歌节，如怒江州泸水市片马镇有景颇族600余人，2011年12月21—22日举办了"2011·中国怒江片马首届目瑙纵歌节"。当地景颇族没有"瑙双""瑙巴"、乐队，没有人通晓"目瑙纵歌"祭祀仪式和舞蹈，是在德宏州景颇族同胞支持帮助下完成了这一活动。

目瑙纵歌节也是现在缅甸克钦族的传统节日。在克钦邦的密支那、拉咱等城镇，兴建有目瑙纵歌广场、目瑙示栋、目瑙祭坛等设施，几乎年年都举办目瑙纵歌节。早在1958年，首府密支那就兴建了永久性的目瑙祭坛，全邦性的目瑙纵歌节经常在此举行。2015年1月10日是克钦邦第67个邦庆日暨目瑙纵歌节，缅甸联邦总统吴登盛亲率多位政府高官和军队将领赴克钦邦首府密支那，穿上克钦族服装，背上克钦族弯刀，与克钦族民众载歌载舞，欢度佳节。自缅甸于1948年1月10日设立克钦邦日以来，吴登盛是首个出席这一庆典活动的缅甸总统。

二、《目瑙斋瓦》与目瑙的起源

学者研究发现，"目瑙"既是指景颇族传统的文化精英祭祀祖先的神圣仪式，又指其流传已久的文化精华——创世史诗《目瑙斋瓦》，同时还是当地最盛大的民族节日——目瑙纵歌[①]。关于目瑙纵歌节的起源时间和举办缘由，目前还没有文献材料可查，但景颇族民间故事中，有关于这一活动起源的讲述：

在远古时代，只有太阳的子女才会跳"目瑙纵歌"。有一次，太阳王派使来邀请地球上万事万物去太阳宫参加他们的"目瑙

---

① 宋颖：《景颇族的文化记忆探析———以目瑙纵歌为例》，《原生态民族文化学刊》2014年第4期。

纵歌"盛会，地球上的万事万物派遣所有的鸟雀前往参加。太阳宫里的"目瑙纵歌"结束后，鸟雀们告别了太阳王和太阳的子女们，启程返回的途中，来到"康星央枯"茫茫的原始森林憩息的时候，看见黄果树上结满了熟透的果子，鸟雀们很高兴，为分享果实，举行了地球上第一次鸟类"目瑙纵歌"舞会。

"孙瓦木都"和"干占肯努"听到鸟雀们在黄果树上跳盛大的"目瑙纵歌"的消息，赶忙去观赏，顿时被百鸟热烈优美的歌舞所陶醉，与它们一起沉浸在欢乐之中。孙瓦木都和干占肯努决定把"目瑙纵歌"移植于人间，把宽阔平坦地作为"目瑙纵歌"的场地，树立起"目瑙纵歌"的标志，在正月时举行了人间第一次"目瑙纵歌"盛会。这一天，人们穿上节日盛装，打木鼓敲铓锣，竹笛、"洞巴"（景颇族双簧气鸣乐器）齐奏，汇集在舞场，排成长长的队伍，模仿鸟雀舞步舞姿，尽情地欢歌起舞。人们学会跳"目瑙纵歌"后，大家都一天天地富裕起来，生活幸福、吉祥如意。

以后，景颇人民为了驱恶扬善，祈求来年风调雨顺、人畜兴旺、五谷丰登，预祝吉祥幸福，欢庆丰收胜利，把目瑙纵歌与理想、愿望连在一起，把每年的正月中旬作为节日之期。目瑙纵歌一代一代地传下来。[1]

学者发现，这个民间传说来源于景颇族的创世史诗《目瑙斋瓦》。《目瑙斋瓦》的意思是"吟唱史诗的歌"，内容非常丰富，从宇宙起源、天地形成、人类诞生，到生产生活、婚嫁习俗、动植物介绍等。目前史诗《目瑙斋瓦》有景颇文和国际音标记录、整理过的版本，还有翻译成汉文的版本，其中最流行的版本是《目瑙斋瓦——景颇族的创世史诗》和《勒包斋娃——景颇族创世史诗》汉文版。

---

[1] 汪立珍：《弘扬中华民族文化的少数民族神话》，《长江大学学报》（社科版）2016年第3期。

目瑙活动的主持人叫"董萨"，也就是景颇族传统的祭司；念诵史诗的人叫作"斋瓦"。"斋瓦"有两层含义，一是指以歌的形式吟唱历史，指的是吟唱的行为或过程；二是指以歌的形式吟唱历史的歌手，是指吟唱者。景颇族史诗"目瑙斋瓦"中的斋瓦即为第一种含义，斋瓦在单独使用时则是第二种含义。在目瑙纵歌活动中，"在主持人目瑙主的总指挥下，经师吟唱创世史诗——舞步配合哦啦调的吟唱声、木鼓声、象脚鼓声和锣声，节奏感非常强烈"[1]。在史诗中，景颇族的"斋瓦"是"梯木梯拉神"生下的老大，"他懂得历史知识，他最先吟诵'斋瓦'"[2]，被当地人看成是能通天地的圣师，地位崇高。因为所吟颂的神鬼不同，还细分为不同的级别、种类和用途[3]。据学者调查50年代时，每7～10户就有1个"董萨"；现在一个县"斋瓦"有2～3人，每个村寨有大"董萨"2～3个。[4]

在景颇族"斋瓦"演述的《目瑙斋瓦》中，讲述了"目瑙"的由来和功能。据史诗介绍，目瑙是祭祀木代神的，在祭祀的各种神灵中最重要的就是木代神，他的诞生在创世神"第一次返老还童后"，比上述的"斋瓦"和人类掌握其他技能之人的出现要早很多。在"第二次返老还童"时，创世神还生下了出征的氐地鬼、守护村寨的木租鬼。生完各种鬼之后，才生下了"十一个"兄弟："如老大日旺干，据说是景颇的一个支系；老二农弄省举，是传说中的怒族；老三木如腊皮，据说是景颇的一个支系；老四贡底都曼，氐羌的一个部落，传说是傣族的先民，他们以泼水的形式来祭献木代鬼；老五掸当贡秧，缅甸掸族；老六崩拥瓦景颇，就

① 萧家成：《勒包斋娃研究——景颇族创世史诗的综合性文化形态》，社会科学文献出版社2008年版，第91页。
② 李向前：《目瑙斋瓦——景颇族创世纪》，德宏民族出版社1991年版，第85页。
③ 宋颖：《景颇族的文化记忆探析——以目瑙纵歌为例》，《原生态民族文化学刊》2014年第4期。
④ 祁德川：《景颇族董萨文化研究》，《中南民族大学学报》2004年第4期。

是现在的景颇族，景颇族自称'文崩景颇'大概源于此；老七直隶瓦康康，缅甸的钦族；老八蒙嫩瓦悦藏，传说是藏族；老九缅瓦木干，缅甸的缅族；倒数老大，迷瓦瓦汤瓦，传说是汉族的酋长商汤部族；倒数老二，蒙岭蒙旁，据说是蒙古族。"[1] 这里提到的几个兄弟，都是与景颇族生活、生产相关的周边族群，在中国或缅甸境内与景颇族的生活和文化有较为密切的联系与交流。

史诗讲述了"目瑙的来历"。首先，天宫里要举行祭祀太阳神和月亮神的活动，在"太阳升起的地方，立起目瑙柱；月亮升起的地方，跳起目瑙舞"，"我们献金鬼，祭银神"，金与银分别代表着太阳和月亮。天神们各司其职，主持是"占瓦能桑"，董萨是"占瓦能章"，"颇干杜真塔"担任斋瓦，"木左知声然"担任领舞，"木左瓦毛浪"担任助舞，负责设立祭坛的是"木左肯万诺木努"，主管祭酒的是"木夺直卡"。史诗中唱道：

目瑙柱竖好了，目瑙场整好了，该好的都好了，该做的都做了，天上的目瑙舞就要开始了……金鬼献过了，银神祭过了，天上的目瑙在宽广的太阳宫隆重地进行着，前面是领舞，后面是舞队，跳的热闹地跳着，唱的高声地唱着，天上的目瑙舞跳得多热闹，唱得多快乐。目瑙舞跳过后，主持目瑙的富有了，主管目瑙的如意了……[2]

在太阳宫举办了目瑙之后，犀鸟在太阳宫和人类领地之间的树梢上，模仿着太阳神的目瑙舞步，也举办了鸟类目瑙：

我们不如学着太阳宫，请来所有鸟类举行一次目瑙，再欢欢乐乐地吃黄果，用树干做目瑙柱，用树枝做横档，用树梢做目瑙场……

不同的鸟，根据它们的特性担任各自职责。在鸟类举办目瑙

---

[1] 李向前搜集整理：《目瑙斋瓦——景颇族创世纪》，德宏民族出版社 1991 年版，第 70 页。
[2] 李向前搜集整理：《目瑙斋瓦——景颇族创世纪》，德宏民族出版社 1991 年版，第 275 页。

之后，人类也模仿天神与鸟类，举办了庆祝丰收的目瑙：

> 名字相称了，名字相配了，树下的人们也能跳目瑙了，跳完目瑙舞，孙瓦木都和干占肯努白米吃不完了，红米堆成山了，鸡猪数不清了，牛马满山坡了，金银门开了，繁衍路通了……①

也就是说，在黄果树下生活的人类，通过"名字相称、名字相配"的方式，从鸟类那儿学会了举办目瑙的能力。举办目瑙的目的，是为了粮食丰收，畜禽满圈，财源滚滚，子孙繁衍。创世神们在"第四次返老还童"时生下的"将来的创世英雄宁贯杜施瓦囊贡努"，能打造天地，给百兽取名，是景颇族的第一个王。这位王登基之后、造王宫之前也举行盛大的目瑙活动：

> 远古，宁贯杜……在勒章松坎瑙然的地方，杀了石牛，宰了石猪，跳着目瑙舞。庆贺打好的高山，造好的平坝，并在洛芒龙布地方，建起宏伟的王宫。②

宁贯杜在欢庆胜利时举办了目瑙，之后他就建造了王宫，成了景颇族第一个统治者，景颇族人从此自称是"宁贯杜的孩子"。在这种场合，目瑙是国王登基时的一种庆典。由此可见，目瑙除了在庆祝丰收的时候举办外，还可以在重要的典礼上进行表演。

这部史诗从最早天神在太阳宫、月亮宫里举办的目瑙，到鸟类目瑙的描述和解释，再到景颇族祖先跳目瑙的记载，解释了目瑙的来历。从中我们可以看出，从远古的时候起，景颇族的先民就通过举办目瑙的方式来祭祀神灵、庆祝丰收、举办典礼，同时通过"斋瓦"吟诵史诗，来沟通神与人、历史与现实。所以有学者认为："遥远的天神，神秘的鸟类，远古的祖先与现在的景颇人在此时能够借助斋瓦吟唱和舞步仪式等介质而穿越时间和空间相

---

① 李向前搜集整理：《目瑙斋瓦——景颇族创世纪》，德宏民族出版社1991年版，第151页。
② 李向前搜集整理：《目瑙斋瓦——景颇族创世纪》，德宏民族出版社1991年版，第151页。

聚在一起，目瑙场沟通了历史与现实，连接起身体与口承，容纳了古老的信仰与现实的生活。"①

从以上民间传说和史诗记载来看，景颇族的"目瑙纵歌"是演述民族起源、迁徙和兴盛的史诗重要场合，同时史诗也明确了目瑙纵歌活动的主要目的是祭祀最大的天神"木代"，史诗还规范了举行目瑙的具体程序。这样，史诗为目瑙提供了可资借鉴的历史模板，目瑙也为史诗提供了演述的场合，营造出了与现实生活相区别、相隔离的神圣空间。因此，有学者认为："史诗文本对目瑙场上各种文化元素的描述是具有一定的约束力和稳定性的，而目瑙场的演绎则是史诗情境的不断重现和再现，在重复出现的仪式中，史诗所描述的过去与目瑙所进行的当下，紧密地连接在一起。"②

三、"目瑙纵歌"的传统仪式和当代变迁

根据学者研究，目瑙纵歌原本是景颇族的祭祀神灵、庆祝丰收、举行典礼的活动，一般在祭祀木代天神、五谷丰登、出发征战、战争胜利、寿诞寿辰、长者辞世、迎请宾客等时节举办，分别称为"祭祀木代天神目瑙、丰收目瑙、征战目瑙、胜利目瑙、贺寿目瑙、葬礼目瑙、迎宾目瑙等"③。除了丰收目瑙的时间比较固定以外，其他目瑙的时间不固定，一直到了现代，才逐渐演变成有固定节期的节日，一般是在正月举行。关于举办目瑙纵歌在正月举办的原因，《目瑙斋瓦》中也有具体的记载：

---

① 宋颖：《景颇族的文化记忆探析——以目瑙纵歌为例》，《原生态民族文化学刊》2014年第4期。
② 宋颖：《景颇族的文化记忆探析——以目瑙纵歌为例》，《原生态民族文化学刊》2014年第4期。
③ 白玉宝：《非遗保护视野下的景颇族目瑙纵歌节》，《玉溪师范学院学报》2016年第1期。

远古，德如曾利和木干真梯，他们举办的目瑙也选在正月中，目瑙柱竖起了，目瑙档支好了，舞场整好了，祭坛设好了，长长的木鼓敲响了，圆圆的大铓敲响了，德如曾利和木干真梯，他们举办的目瑙隆重又热闹。①

这一段史诗告诉我们，景颇族远古祖先的目瑙是在正月举行，所以现在的目瑙活动一般也在正月新年举行。这一段史诗还描述了目瑙的全过程：树目瑙柱、支目瑙档、平整舞场、设立祭坛，敲响木鼓和铓锣，这是史诗对目瑙过程的一种规范。目前学者观察到举行目瑙纵歌过程包括"平目瑙场、立目瑙柱、竖目瑙牌、建木代房、搭太阳神祭坛、挂彩幡、唱哦啦调、祭天神木代和吟诵创世史诗"②，这与史诗中的描述是一致的。传统的目瑙纵歌是严格按照史诗所规定的程序举行的祭祀仪式。

据记载，1911 年在陇川弄欠举办过一场目瑙纵歌，1935—1956 年，与德宏接壤的缅甸举办过规模更大的目瑙纵歌，这时候目瑙活动主要是为了祭祀木代神而举办的。从 20 世纪 50 年代开始，目瑙纵歌活动更加强调其作为庆典活动、庆祝仪式的功能，如 1952 年 3 月 15—16 日陇川县章凤镇广山村举办目瑙纵歌是为庆祝中华人民共和国成立而举办的。"文化大革命"期间，目瑙活动被禁止。直到 1979 年，盈江县崩懂村村民自发地组织目瑙纵歌，1980 年正月十四至十五，陇川县举行了有 6 万余人参加的目瑙纵歌，被视为景颇传统文化的恢复；1981 年在朋生举办了陇川县第二次目瑙纵歌。到 20 世纪 80—90 年代时，目瑙还是按照传统的程序来举行，比如要提前 3 个月商量吉日，必须要准备好目瑙柱、鼓和祭坛。目瑙柱制作要选好日子进山砍

① 李向前搜集整理：《目瑙斋瓦——景颇族创世纪》，德宏民族出版社 1991 年版，第 151 页。
② 萧家成：《勒包斋娃研究——景颇族创世史诗的综合性文化形态》，社会科学文献出版社 2008 年版，第 91 页。

伐木材。鼓要制作两面长鼓，在目瑙广场上还要设立一个小祭坛，祭祀太阳神和月亮神，太阳神需要用公猪祭拜，猪血洒场，埋在目瑙柱下。①

在目瑙纵歌由庆典活动、庆祝仪式转型为节日的历程中，1983 年是个重要的时间节点。这一年，德宏州第八届人大代表大会第一次会议将目瑙纵歌节确定为德宏州法定节日，节期为每年正月十五、十六、十七日。2006

陇川县城的目瑙示栋

年 5 月，目瑙纵歌被列入第一批《国家级非物质文化遗产名录》，成为融合音乐、舞蹈、体育、服饰、娱乐、贸易为一体的民族节日，是展示民族风情、体现民族文化精神的群众性活动。②

在传统仪式中，村民平整好目瑙场以后，就要立目瑙柱。目瑙柱景颇语叫作"目瑙示栋"。目前景颇族居住的大部分地方都有固定的目瑙示栋，如芒市广场、西山乡，陇川县城、广山村景颇园，盈江县城、卡场镇、太平镇，瑞丽市勐卯镇、户育乡，缅甸克钦邦拉咱等地的目瑙示栋，除了尺寸大小有差异以外，文化元素都一样。③芒市广场中央的目瑙示栋由四竖二横六块厚实的长方形柱子和底座组成，是目瑙纵歌场最神圣的标志。目瑙示栋的梁柱上绘制和雕刻着太阳、月亮、曲线、长刀、乳房、犀鸟、锄头、犁耙、五谷以及猪鸡牛马六畜等图案，以黄、白色为主，

---

① 朱海鹰：《试谈景颇族的"目脑"文化》，《民族艺术研究》1996 年第 4 期。
② 宋颖：《景颇族的文化记忆探析——以目瑙纵歌为例》，《原生态民族文化学刊》2014 年第 4 期。
③ 白玉宝：《非遗保护视野下的景颇族目瑙纵歌节》，《玉溪师范学院学报》2016 年第 1 期。

黄色为金，白色为银，绿色点缀其间。中间两根立柱顶端雕刻的太阳代表目瑙纵歌传自太阳宫，象征雄性和白天；两侧立柱顶端的月亮象征雌性和夜晚。四根立柱上雕刻的各种图案，顶端都是日月或云彩星纹，中间两根螺旋形、圆形的图案居多，外侧两根方形、菱形、三角形等棱角状的图案居多，所有的图案都是中心对称的，有圆有方，大多是内圆外方的图形。景颇族认为这些图案一方面象征景颇族祖先漫长的迁徙路线，有人说是宁贯杜记下的目瑙路线图，有人说是贡东都卡记下的鸟类路线图，还有人说是恩昆都腰在大青树下打野猪时遇到太阳王的十公主，记下了目瑙路线图。另一方面这些图案也是目瑙纵歌舞路线图。每次跳目瑙时，目瑙舞队也正是循着这种符号曲折行进的。立柱中间交叉的长刀既是生产生活工具，也是战斗的武器，象征骁勇尚武的精神；横梁上雕刻的乳房表示对孕育生命的女性的崇敬；孔雀与犀鸟是吉祥神圣的象征，是传说中将目瑙纵歌传给人类的圣鸟；底座上的图案表示五谷丰登、六畜兴旺、生活安康。

目瑙仪式正式举行的时候，要举行剽牛仪式，祭祀景颇族的最高天神"木代"。这是既庄严又原始的宗教祭祀仪式，由景颇族的"董萨"主持，在"斋瓦"念诵完祭神的祭辞之后，所有的人都来到目瑙示栋的前面，作为牺牲的公牛被拴在目瑙柱下，董萨念着祭词，在目瑙柱上插上一束艾草，告知天地神灵。剽牛师将手中长约一米的铁矛一刀刺入牛的心脏。公牛死了以后，董萨等人在原地剥牛皮，取牛肉，完成祭祀。祭"木代"神和剽牛，是目瑙纵歌节最重要的宗教祭祀仪式，如果没有这两项仪式，整个目瑙纵歌节无法展开。在剽牛祭祀结束后，斋瓦念诵祝词，和社会精英一起供放盛钵，请求神圣的目瑙示栋驱恶扬善，祝福风调雨顺、经济繁荣、社会和谐。①宗教性仪式结束后，民间的歌舞狂欢开始。

近年来德宏举办的景颇族国际目瑙纵歌节参与跳舞的各族群众超过万人。景颇族的目瑙纵歌极其讲究，没有"瑙双"的领舞是不能开场的。"瑙双"指的是 4 名领舞者，头戴由犀鸟头做成的鸟

景颇族目瑙纵歌上的瑙双

冠，鸟冠四周缀有野猪獠牙，后面插有孔雀羽毛或者雉鸡羽，身穿红绿绸缎制的龙袍，手执长刀。瑙双排成两列，前面二人称为"武双"，后面二人称为"文双"。目瑙纵歌开场前，瑙双、瑙巴（相当于助理）、斋瓦和助手组成的祭祀舞队带领参加跳舞的人，在激昂的鼓声和锣声中进入舞场。舞阵排成两列纵队，瑙双手拿长刀引舞领路，后面舞者男人手拿长刀，女人手拿扇子或者手绢，按照瑙双带领的各种路线围绕目瑙示栋踩着同一鼓点进入舞场跳舞。

随着社会的发展和文化的变迁，作为景颇族文化记忆和族群边界的"目瑙纵歌节"也在发生着变化。目前的目瑙纵歌节由原来 2 天变成了现在 4－6 天，节日里也不仅仅有歌舞表演，还增加了开幕晚会、演唱会、摇滚乐、足球赛、商品和粮食交易会等多样化内容。随着目瑙纵歌节的发展，出现了 80 多个以展演景颇族文化为主的"文艺队"，景颇族的结婚、进新房、丧葬、饮食等习俗也随着节日的庆祝活动而恢复了，多种民间舞也得到展示。②

最近十年来，德宏州每年都举办目瑙纵歌节。其层级有州、

① 白玉宝：《非遗保护视野下的景颇族目瑙纵歌节》，《玉溪师范学院学报》2016 年第 1 期。
② 还国志：《目瑙纵歌节日的舞蹈形态研究》，中央民族大学学位论文，2007 年。

县、乡、村四级，参与节日人数规模从数千人到数万人不等。大多数目瑙纵歌节由德宏州或者州内各县举办，活动内容除了前述祭祀、庆祝的功能外，还增加了很多的经济、文化功能。如2012年德宏州目瑙纵歌节上1025名景颇族民间刀舞艺人在芒市广场表演千人刀舞，18604名各族干部群众在芒市广场共舞目瑙纵歌，世界纪录协会高级认证官道克·罗宾·雷内当场宣布"世界最大规模的景颇族刀舞"和"世界最大规模的景颇族目瑙纵歌舞蹈"两项世界纪录认证成功。这一年还举行了景颇族八大名菜比赛、景颇族织锦大赛总决赛，还有民族文化系列展、2012世界景颇小姐总决赛暨国外著名景颇歌星演唱、景颇风情巡游展示、德宏民族文物展、德宏民族书画展、德宏少数民族影像展、德宏民族出版物展、珠宝小镇赌石体验、珠宝小镇赌石讲座、《有一个美丽的地方》大型民族风情歌舞剧演出、民族团结狂欢之夜暨颁奖晚会等活动。"2015年芒市目瑙纵歌节"上有景颇族民间竹工艺品评比大赛，同年盈江县目瑙纵歌节开展了景颇族目瑙文化和目瑙斋瓦培训班。

目瑙纵歌节的狂欢之夜

从 2010 年开始，德宏州景颇族目瑙纵歌节和傣族泼水节被提升为国际性节日庆典。凡是由州、县政府主办的目瑙纵歌节，以及冠以国际二字的目瑙纵歌节，均有缅甸的克钦族同胞入境欢度佳节。如 2012 中国·德宏景颇族国际目瑙纵歌节，除了国内嘉宾以外，还邀请了其他国家和地区的 316 位嘉宾。这些嘉宾分别来自缅甸、泰国、美国、英国、新加坡等国家和中国台湾地区；2015 弄岛镇等嘎村伍陆央国际目瑙纵歌节时，入境共度佳节的缅甸克钦族同胞有 2500 多人。

在目瑙纵歌节由祭祀仪式、庆祝仪式转变为节日的过程中，地方文化精英、政府工作人员、文艺工作者、学者专家等都发挥了重要作用。可以说，目瑙纵歌从山寨走向广场，从大山走向都市，从边境走向全国，既是景颇族文化自觉的产物、文化自信的结果，也是多民族国家保护和弘扬少数民族文化的举措。虽然与传统的目瑙仪式相比，当下的活动更加突出了民间娱乐的色彩，强调民族大团结的功能，但任何文化都是不断发展的，正如有学者所说："中国现代文化政策的导向使得少数民族的民俗与文化正在发生着或多或少的建构，很多民俗事象在发生的同时也在书写着新的历史，并悄悄地改变着文化传统。"[1] 尤其是作为丝绸之路跨境而居的景颇族共同的节日，目瑙纵歌节强化了同根一体的族群意识、血脉相通的深沉情感、守望关切的命运情怀，成为我国与邻国之间强化友谊纽带、增进互信互谅、维系边疆稳定、扩大双向开放、构建睦邻友好国际关系的文化平台。

---

[1] 宋颖：《景颇族的文化记忆探析———以目瑙纵歌为例》，《原生态民族文化学刊》2014 年第 4 期。

泼水节

泼水节（王观远　摄）

傣族是生活在南方丝绸之路上的一个跨境而居的民族，中国叫傣族，源于其自称"傣"，意为"热爱自由和平的人"。在国内不同地区有"傣泐""傣那""傣雅""傣卡""傣洒""傣仲""傣德""傣朗""傣涨"等不同的自称。中华人民共和国成立后，根据民族识别和各地傣族群众的意愿，统一被称为"傣族"。① 傣族主要聚居于云南省西双版纳傣族自治州、德宏傣族景颇族自治州、耿马傣族佤族自治县、孟连傣族拉祜族佤族自治县和双江拉祜族佤族布朗族傣族自治县。此外，在云南省的新平、金平、景东、景谷、元江、元阳、澜沧、沧源、墨江、江城、普洱、镇康、龙陵等县也有散杂居。据 2010 年第六次全国人口普查数据，总人口为 126 万余人。分布在东南亚泰国、越南、缅甸、柬埔寨的泰族（Thai）、掸族（Shan）与傣族同属一个民族。泰族是泰国的主体民族，共有

---

① 杨圣敏：《中国民族志》，中央民族大学出版社 2003 年版，第 310—311 页。

2400万人；越南有泰族70万人，大部分住在红河右岸地区。缅甸有数万人，分布在靠近泰国边境的地区；老挝也有一些泰人。

一、傣族历史与文化

傣族是一个有着悠久历史的民族。对于其族源，江应樑先生通过民族史与人类学相结合的研究，从历史文献、考古文物和人类学各方面资料，都证实了傣族渊于古代越人[①]，《史记·南越尉佗列传》："佗因此以兵威边，财物赂遗闽越、西瓯、骆，役属焉。"《汉书·地理志》载："自交趾至会稽七八千里，百粤杂处，各有种姓。"[②] 文献出现的"越""瓯""骆"等不同的名称，其实都是属于"百越（粤）"。其中的滇越是百越最西的一个族群，活动范围包括今云南西部德宏地区及缅甸南北掸邦的部分地区，《汉书·张骞传》称之"乘象国"，是云南通往缅甸、印度的必经之路。

傣族先民自东汉以后又被称作"掸""擅""僚"或"鸠僚"等，据《后汉书·西南夷列传》记载："（永元）九年（97年），徼外蛮及掸国王雍由调遣重译奉国珍宝，和帝赐金印紫绶，小君长皆加印绶、钱帛。……永宁元年（120年），掸国王雍由调复遣使者诣阙朝贺，献乐及幻人，能变化吐火，自支解，易牛马头；又善跳丸，数乃至千。……明年元会，安帝作乐于庭，封雍由调为汉大都尉，赐印绶、金银、彩缯各有差也。"这里提到的掸国就是滇越，云南境内的景颇族、德昂族、阿昌族、布朗族等周边民族至今仍对傣族保留这一称谓。

唐以来史籍称傣族为"黑齿""金齿""银齿"或"绣脚"，又

---

① 江应樑：《傣族史》，四川民族出版社1983年版。
② （汉）班固：《汉书》，中华书局1985年版，第1669页。

称傣族为"茫蛮"或"白衣";公元8世纪起,南诏地方政权划分十赕、七节度、二都督统辖区内各部,其中的永昌节度辖区包括今德宏全部;开南节度辖区包括今西双版纳全境。据《蛮书》记载:"开南以南养象,大于水牛,一家数头养之,代牛耕也","象大于水牛,土俗养象以耕田,仍烧其粪"。开南在今景东,是当时南部傣族的腹心地带,辖区及于今西双版纳,说明唐代的傣族社会已经进入了犁耕农业时期。

至大理国时期,傣族先民仍被称为"金齿""白衣",仍归大理国管辖。自元至明,"金齿"继续沿用,"白衣"则写作"百夷"或"佰夷"。公元1384年,明代在西双版纳设车里军民宣慰使司,在滇西设干崖、南甸、陇川等宣抚司,勐卯、路江等安抚司和芒市长官司等,在怒江以东设耿马安抚司、孟定御夷府等,在滇南景东、元江等地设府。清以来则多称为"摆衣",西双版纳、德宏、孟连、耿马等地仍承袭明朝设置,元江、景东、思茅、普洱等地则设流官治理。公元1670年,宣慰使刀应勐将辖区划分为12个征收赋税的行政单位,傣语称之为"版纳",始有"西双版纳"之称。

傣语属于汉藏语系壮侗语族壮傣语支,分为大泰方言(中国云南西部、缅甸中北部、印度东北部),兰纳方言(中国云南南部、缅甸东北部、泰国北部、老挝北部、越南西北部),暹罗方言(泰国中部及南部、老挝南部、柬埔寨西北部)等三大方言。其中,大泰方言(德宏方言)、兰纳方言(西双版纳方言)是中国境内最主要的两种方言。傣族也有自己的文字,分为傣仂文(西双版纳傣文)、傣纳文(德宏傣文)、傣绷文和金平傣文(又称傣端文)4种。学者研究认为:"西双版纳的佛教从泰国进入,德宏、临沧的佛教从缅甸进入,进入西双版纳的是摆坝派(山野派)和摆孙派(田园派),该派在西双版纳创制了一种圆形字母的文字,后称傣仂文。进入德宏、临沧一带的为摆庄派、多列派和左抵派，该派创制了一种以方形字母为主的文字，后来发展成傣纳文。"①

傣族及其共生民族大都信仰南传上座部佛教。据学者研究，上座部佛教从公元 3 世纪前后从印度传到斯里兰卡，到 11 世纪以后，在大陆东南亚各国得到广泛传播，在缅甸、泰国、柬埔寨、老挝和越南南部地区逐渐成为占主导地位的宗教。因其由印度本土向南传播到斯里兰卡、缅甸等地，故称为"南传上座部佛教"；因其所传诵的三藏经典使用巴利语(pali — bhasa)，故又称为"巴利语系佛教"。② 但目前南传上座部佛教传入傣族地区的时间还有争议。根据目前的材料，从元代直至明初(公元 13 世纪至 14 世纪末)，德宏的傣族和缅甸的掸族都还没有信佛教 ③。如元代时期意大利著名旅行家马可·波罗在其游记中记载："(金齿)其人无偶像，亦无庙宇，惟崇拜其族之元祖。"④《百夷传》也说："其俗不祀先奉佛，亦无僧道。"⑤《明史·云南土司传·麓川》也记载说："平缅俗不好佛。有僧至自云南，善为因果报应之说，伦发信之。……与僧位诸部长上。"由以上材料可知，直到公元 14 世纪末，佛教仍然没有在德宏地区流行。大约在公元 14—15 世纪，云南南部地区的傣族和与其共生的布朗族、德昂族还有部分佤族开始信仰南传佛教。这些民族的男子一生中都要进入寺庙生活一段时间，这样才能被称得上是有教养的人，有的男子甚至在寺院里终生为僧。此外，这些民族也信奉原始宗教，认为日月山

① 何方：《傣族"魂、鬼、神"观念的起源——兼说壮侗民族的原始宗教》，《世界宗教研究》1999 年第 1 期。

② 贺圣达：《东南亚南传上座部佛教文化圈的形成、发展及其基本特点》，《东南亚南亚研究》2015 年第 4 期。

③ 何平：《傣族历史上并没有一个"达光王国"——与杨永生先生商榷》，《民族研究》2007 年第 6 期。

④ 冯承钧译：《马可波罗行纪》，上海书店出版社 1999 年版，第 293 页。

⑤ （明）钱古训撰，江应樑校注：《百夷传校注》，云南人民出版社 1980 年版，第 98 页。

川、电闪雷鸣、花草树木、飞禽走兽等都是有灵魂的，只有对它们进行膜拜和祭祀，才能避凶趋吉。家鬼、家神、家族神、寨神和社神也是他们经常祭祀的鬼神。

因为信仰佛教，所以傣族和与其共生的布朗族、德昂族还有部分佤族在每年傣历九月十五日（农历七月中旬）开始到傣历十二月十五日（农历十月），都要举行关门节和开门节，历时三个月。关门节傣语称为"毫瓦萨"，意为佛祖入寺。每年傣历九月十五日凌晨，奘房（佛寺）击鼓为号，宣布佛进奘房，家中长辈带着鲜花、香烛、纸钱等物品，到奘房守夜到天亮。十六日，人们都要举行盛大的赕佛（即斋僧献佛）活动，以食物、鲜花、蜡条、货币等向佛奉献。以后每隔七天举行一次赕佛活动，称为"小赕"，信众们带上食物、蜡条供祭佛祖，聆听寺内高僧诵经，讲解教规、戒律、佛经故事。在这段时间，人们不建新房、不出远门，禁止谈情说爱、嫁娶活动。三个月后举行开门节，一切活动才能恢复正常。开门节傣语称为"奥瓦萨"，意为佛祖出寺。傣历十二月十五日，将关门节时摆在佛座后面的东西拿出烧掉，表示佛已出门，十六日僧人出门，全家男女老幼到奘房拜佛，十七日举行盛大的"赶朵"活动。祭拜完毕，举行盛大的文娱集会。这时，正逢稻谷收割完毕，故也是庆祝丰收的节日。这个长达三个月的节日，是一个与佛教戒律有关的宗教节日。与之类似的还有傣历三月的"烧白柴"（傣语"机光罗"）仪式。每年三月，各家各户到山中砍白柴，扛到佛寺旁边晒干备用。三月十五日那天，村民用白柴扎成4—7米高的亚字形底座的亭式建筑。顶层布置油布条、刨花等易燃物，柴亭中挂鞭炮。天黑之后，柴亭下有僧侣诵经，"波章"手持长杆点燃柴亭，令其化为灰烬。这些活动都表明南传佛教对这一地区民俗文化的影响。

另外，生活在云南省新平、元江一带不信仰佛教的花腰傣每

南方丝绸之路研究丛书 民族节庆卷

年农历正月初七要举行"花街节"。花腰傣现有 7.2 万人左右，他们信奉万物有灵的原始宗教，花街节的主要目的是除旧迎新。

傣族最大的节日是泼水节。我国西南地区与傣族共生的德昂、阿昌、布朗、佤等民族也有过泼水节的习俗，时间都在傣历六月中旬(即公历 4 月中旬)。如德昂族现被称为"浇花节"的节日，与傣族泼水节的活动内容基本相同，只是在仪式上有一些细节的区别；阿昌族泼水节分为上山采花、赕佛、献佛、沐佛和相互泼水祝福等几个过程，也和傣族的泼水节基本相似。布朗族和佤族的泼水节基本和傣族的仪式相同。这个节日源于佛教祭祀，是信仰南传上座部佛教民族"赕佛"的日子，一般持续 3—7 天。居住在泰国北部的兰那泰人有 800 余万人，他们称泼水节为"宋干节"，也是在公历的 4 月中旬举行。主要节期有 3 天，节日活动跟我国的傣族基本相同，包括节前清洁打扫室内外卫生，焚烧旧衣服，节日中到寺庙中堆沙塔，插彩旗，供献花。晚辈要在长辈的手臂上、背上洒浸有花瓣的水，表示对长辈的美好祝福；长辈再将水淋在晚辈的头上，表示来自长辈的赐福。在不信仰佛教的傣泰民族文化圈里，虽然没有泼水节，却有着类似的祈雨仪式。

二、泼水节的起源

关于泼水节的起源，各民族民间有很多传说。比较有代表性的是傣族的《楞喝桑勘比迈》《七仙女杀恶魔》《傣族新年的来历》《泼水节的传说》等①，这些传说大多由傣族"章哈"口头传承，由于传承的地域、谱系和传承者不同，因此这些传说有很多异文，

---

① 郑晓云：《岩峰学术文集》，云南民族出版社 2007 年版，第 181 页。

特别是不同地区神祇名称不一致，这是口头传统的特点之一，也与搜集整理的记音不同有关。

在这些传说中，西双版纳"章哈"口头吟唱创世神话《巴塔麻嘎捧尚罗》有贝叶刻本和绵纸抄本两个文字底本存世，是较为可信的泼水节起源传说。"巴塔麻嘎捧尚罗"直译为"神创世之初"，也可简称为"巴塔麻嘎"（天地之初）或"捧尚罗"（神创世），它讲述的是天地形成、万物起源和傣族先民迁徙的历史。[1] 有关"泼水节"的内容出现在该书第十一章《神制定年月日》里，故事梗概是这样的：

传说人学会了种谷子，但"热冷太混乱，季节不分明，万物难生长，人类遭祸殃"。于是英叭神的儿子玛哈捧，叫来了天神捧麻远冉，要他做好三件事："制定年月日，划分季节与时辰。"捧麻远冉奉命而去，但性情急躁、做事粗心的他，制定完年月日后，忘记了划分季节与时辰，就返回了天层——达娃丁沙闲逛。管理这一天层的天神帕雅英劝捧麻远冉完成自己的任务，但是遭到拒绝。于是有天神将此事向玛哈捧禀报，玛哈捧大怒，决定让捧麻远冉窒息十万年，由其他天神去完成未竟之事。

玛哈捧发出神力，捧麻远冉马上窒息倒地。这吓坏了帕雅英，他命令众神将捧麻远冉的"尸体"丢下天层，因为天层里是不能存放尸体的。但尸体扔下去后，又自动浮上来。情急之中的帕雅英想起了捧麻远冉有七个女儿，她们可能知晓父亲生死的秘密，如果能得到她们的帮助，就有可能把捧麻远冉扔下天层。于是帕雅英找来了七姐妹，其中最小的一个妹妹，用七姐妹的头发做成的弓弦，勒下了父亲的头。"不料灾难又重演，断尸和先前一样"，坠落后又飘回原地。而更可怕的是，断头处不停地流着

① 西双版纳州民族事务委员会：《巴塔麻嘎捧尚罗》，岩温扁译，云南人民出版社 1989 年版。

血，断头一旦落地，便会酿成大火，"会烧通天，会烧毁地，能燃干大海"。

为了止住流血，帕雅英派出天神取来了象头，接在了捧麻远冉的脖根上，从此捧麻远冉变成了人身象头的捧贺掌天神。当玛哈捧得知这一切后，下令七姐妹在天边赎罪，轮流抱父亲的头，直至他魂寿终止。在每年轮换时，要向神头浇水，"把火祸浇凉，把邪恶驱赶，浇清身上罪"。在这一过程中，其他天神顺利完成了制定季节与时辰的任务，"太阳不乱跑了，冷热不混乱了"，大自然得到有序管理。[①]

傣族认为，传说中七女杀父后每年要向神头浇水，是泼水节的由来。其实我们可以看出这是对季节转换的神话解释。西双版纳、德宏地区为亚热带季风气候，自然环境的主要特征之一是"干湿交替"，从傣历二月至六月，西双版纳持续处于干旱季节，气候炎热，降水稀少。傣历六月十五日正是旱季（傣语"养姆良"）转入雨季（傣语"养姆芬"）的分水岭。《神制定年月日》中捧麻远冉断头处流着的血落地后会酿成大火，其实是旱季的显著特征；而抱着父亲头颅的七姐妹，每年轮换时要向神头浇水，就象征着雨季来临。这说明泼水节正是为旱季结束、雨季来临的"季节转换"而举行的岁时庆典。早期的先民基于对季节转换的认知，创造了这个以泼水来祈求降雨的岁时节庆。

这也可以从泼水节的傣语名称得到证明。傣语称泼水节为"桑罕比迈"，这个名称源于梵语，"桑罕"意为"大"，"比"意为"年"，"迈"意为"新"，合起来就是"大新年"的意思。傣族又称泼水节为"尚健"，泰国的泰族称泼水节为"宋干"（Songkran），缅甸称"摩诃丁键"，摩诃意为"大"，这些词都源于梵语，是

---

① 西双版纳州民族事务委员会：《巴塔麻嘎捧尚罗》，岩温扁译，云南人民出版社1989年版，第269—352页。

梵文 Sāmkrāntā 的对音，意为周转、变更和转移，意为"大过渡""大转移"，指太阳已经在黄道十二宫运转一周从双鱼宫向白羊宫周期性位移，开始向新的一年过渡。由此可见，泼水节在"旱季 / 雨季"转换过渡的节点上举行，它在岁时节令的自然周期中是一个以求雨为核心功能的"换季仪式"，有去旧迎新之意。①

但是泼水节为什么又叫"洗佛节"或"浴佛节"呢？这与后来佛教文化对这一地区文化的涵化有关。随着佛教的传入，佛教教义对人们的认识观念产生了影响，有关泼水节的起源神话也发生了变化，比如流传在民间的泼水节起源传说《七姐妹杀魔灭火》是这样的：

很早以前，有一个凶恶的魔王，他身有魔法，落在水里漂不走，掉在火里烧不烂，刀砍不烂，枪刺不入，弓箭射不着。他自持（恃）法力过人，傲慢自大，整天横行霸道，为非作歹。对人民欺压掳掠，无恶不作。那时天有十六层，他就成了其中一层的霸主。他已经有了六个美丽的妻子，他又抢了一位美丽、聪明的妻子。

有一年，正是人间过年的那一天，魔王在宫中饮酒作乐。酒过三巡，已经醉意朦胧。小妻子婻粽布乘机对魔王说："我尊贵的大王，您法力无边，德行高尚，凭着您的威望，您完全可以征服天堂、地狱、人间，您应该做三界的主人。"魔王听了洋洋得意，沉思了一会儿，转过脸对爱妻说："我的魔力确实能征服三界，但是我的弱点是谁也不知道的。"小妻子接着又问道："大王有如此魔力，怎么会有弱点？"魔王向四周张望，确定没人偷听后，小声回答："我就怕别人拔我的头发勒我的脖子，这会使我身首分家，你可得经常看着点儿。"她假装惊讶地追问："能够征

---

① 安琪：《傣族泼水节的神话与仪式研究》，《广西民族研究》2012 年第 4 期。

服三界的大王，怎么会怕头发丝？"魔王又小声地说："头发丝虽然小，但我的头发丝却会勒断我的脖子，我就活不成了。"

她听了以后，暗暗打定杀死魔王的主意。她继续为魔王斟酒，直到酒席散尽，她又扶魔王上床睡熟。这时，她小心地拔下魔王的一根头发，未等魔王惊醒就勒到了魔王的脖子上。魔王的头立刻就掉到地上，头上滴下的血，每一滴都变成了一团火，熊熊燃烧，而且迅速往人间蔓延。这时，婻粽布赶忙把魔王的头抱起来，大地上的火焰也就熄灭了，可头一放下，火又烧起来了。于是，魔王的六个妻子也都赶来了，她们轮流抱着魔王的头，这样火才不再烧起来。

后来，婻粽布回到人间，但她浑身血迹，人们为了洗掉她身上的血迹，纷纷向她泼水。血迹终于洗净了，婻粽布幸福地生活在了人间。婻粽布死后，人们为了纪念她，在每年过年的时候，就相互泼水，用洁净的水洗去身上的污垢，迎来吉祥的新年。①

从这个故事可以看出，原来传说中天神"捧麻远冉"逐渐被"魔王"替换；七个弑父者则被美化为大义灭亲的女神，"弑父故事"被改造为具有佛教色彩的"除魔故事"。这是佛教传入之后，对傣族民间信仰进行改造的结果。随着南传佛教上座部信仰对傣族社会的逐渐渗透，佛教元素出现在神话文本之中，并且改变了人们对这个岁时节令起源的认识。傣历本来是以春分为新年的，但佛教僧侣将新年附会为佛祖释迦牟尼的生日。所以田汝康先生在其民族志著作中把泼水节视为"佛教新年"，就是因为其仪式与佛教有着紧密的联系。

南传上座部佛教一般以公元前 544 年佛陀涅槃之年为佛历纪元的开始，信仰南传上座部佛教的东南亚各国则把佛的诞生、成

---

① 岩峰：《傣族新年与农耕神话》，云南省社会科学院民族文学研究所编：《民族文学研究集刊》（第三辑），云南人民出版社 1998 年版，第 179 页。

道和涅槃三者合一，统一定在公历 5 月的月圆日来做纪念。[1] 这个"三圣合一"的日子现在被称为"卫塞节"（Vesak），有时也被称为"佛诞节"。由于傣族等民族普遍信仰佛教，因而佛教新年的庆典后来被视为傣族的新年庆典，所以这个节日现在又被称为"傣历新年"。[2]

　　由以上泼水节的起源传说我们可以看出，泼水节早先是在"季节转换"的岁时节令上举行的一个仪式，后受到佛教的影响，又成为一个以"浴佛"为主要内容的宗教节日，所以这个节日又被称为"浴佛节"。对于这个节日内涵的转换，学者褚建芳有深入的研究，她认为："泼水节并非傣历新年，而是佛教新年和傣族远古泼水习俗两个来源的结合体。"[3] 这个观点是目前为止对"泼水节"的起源最为可信的解释。但是，由于之前人们将傣历新年和佛教新年混同起来，所以这个节日目前也被称为"傣历新年节"。

三、泼水节的发展与变迁

　　泼水节有着悠久的历史。据车里土司府相关史料记载，"元旦之晨，所有贵族平民，皆沐浴更衣，诣佛寺赕佛。妇女辈则各担水一挑，为佛洗尘，由顶至踵，淋漓尽致……之后民众便互相以水相浇，泼水戏之能事"，这里的元旦指的是佛历新年。从这些记载我们可以知道，传统的泼水节主要内容是神圣的"赕佛"祭祀和世俗的"泼水"娱乐。根据田野调查资料的记载，传统的泼水节一般分为四个阶段：

　　第一天傣语称"宛多桑罕"，意为"送旧的日子"，主要活动

---

① 杨维中等：《中国佛教百科全书》（仪轨卷），上海古籍出版社 2000 年版，第 193 页。
② 张公瑾、王锋：《傣族宗教与文化》，中央民族大学出版社 2002 年版，第 101 页。
③ 褚建芳：《制造传统——关于傣族泼水节及其相关新年话语的研究》，《开放时代》2010年第 2 期。

是串街坊走邻居，吃喝闲谈，类似于农历除夕。这一天人们还要收拾房屋，打扫卫生，置备年货，准备送旧迎新。

第二天傣语称"宛脑"，意为"空日子"或"臭日子"，即这天既不列入旧年也不属于新年，是一个具有过渡性质的日子。这天停止一切劳作，举行"送旧年"仪式，傣语称为"送祸伴"。村民用糯米饭团在身上来回滚动，表示粘走了身上的污秽和不洁；人们以户为单位，用泥巴捏包括马、牛、鸡等十二生肖动物的塑像，将它们拿到寨心前，集中放在一块1.5米见方的竹篾片上，由两个年轻人抬往水边，将竹篾片顺水送走。这一举动表示把旧年送走，准备迎接新年来临的意思。傣族的"送祸伴"仪式，与中原汉族在端午节等日子举行沐浴净身、雄黄抹额、悬挂菖蒲艾叶之俗相似，都具有驱邪防疫的功能。

第三天傣语称"宛帕雅宛玛"，即"大日子""日子之王来临"。这一天凌晨3点，人们去山上的树林中祭拜；上午6点至8点，村民在奘房东门外堆出十二个沙堆（傣语叫"塔菜"），献上

泼水节赕佛（王观远　摄）

煮笋、水果、糯米粑粑（傣语叫"毫糯索"）、蜡条、小额钞票，之后进庙赕佛。每家准备一张篾条桌，上置赕佛的供品，并插上写有家人姓名的小纸条，摆在佛堂中央。另备一个小篾篓，内装家人的旧衣服，用芭蕉叶覆盖，上面放一团糯米饭、一对蜡条。佛爷念经之后，村民行滴水之礼，把篾篓里的旧衣服拿到佛像面前抖一抖，表示抖去病痛、灾难和不吉。人们先到佛寺浴佛后，才能相互泼水。

第四天为尾声。上午举行划龙舟、打陀螺比赛，晚上举行"章

哈"比赛。赛龙舟是泼水节的一项重要活动，西双版纳澜沧江的赛龙舟最热闹、最精彩。这天赛龙舟和汉族地区的赛龙舟基本相似。江绍原先生在《端午竞渡本意考》一文中认为其前身是"送标"，即在农历五月用纸船、茅船送走灾害。《古今图书集成·岁功典》对"送标"仪式有记载："今俗说禳灾，于划船将毕，具牲酒、黄纸钱，直趋下流，焚酹诅咒：'疵疠夭札，尽随流去'，谓之'送标'。"① 也就是说，中原地区的划龙舟是公众性的禳除灾祸仪式，傣族地区的赛龙舟也具有同样的性质。

泼水节盛况

随着社会的发展和文化的变迁，现在的泼水节活动与传统相比已经有了很大的变化。1961年4月13日—15日，周恩来总理来到西双版纳景洪，和边疆各族人民共同欢庆泼水节。4月的西双版纳正是凤凰花盛开的季节，火红的凤凰花树下，周总理身着傣族服装，手持银盆与各族人民互相泼水。从此之后，西双版纳景洪泼水节在全国乃至世界逐渐出名。现在周总理和傣家人一道

---

① 江绍原：《端午竞渡本意考》，载《江绍原民俗学论集》，上海文艺出版社1998年版，第207页。

泼水祝福的大型石雕矗立在西双版纳景洪市曼听公园大门处。在20世纪后期，这个具有岁时节令和宗教祭祀双重功能的节日，被宣传为傣族的新年庆典，通过电视、电影、图书、报刊、网络广泛传播，成了西双版纳傣族的标志性节日。尤其是20世纪90年代以后，在当地政府和旅游业的推动下，"泼水节"被冠以"东方狂欢节"的名称，来吸引世界各地的观光客。2006年"泼水节"入选《国家级非物质文化遗产名录》，国家将泼水节界定为傣族文化标志性符号。同年，一场大型的山水实景表演《泼水节印象》在西双版纳勐罕地区出台。

　　进入21世纪，被认为是"傣历新年节"的开幕式成为官方主导的仪式，当地政府将其策划为旅游节、艺术节、边贸旅游交易会等，节日的活动内容也发生了巨大的变化。比如西双版纳傣族自治州的泼水节仪式，在每年的4月13日这一天举行文化游演、开幕式和澜沧江龙舟赛。当天早晨，

泼水节中的舞蹈

包括了多个舞队和景区景点以及景洪不同单位的花车游演队伍，在街道上依次排开，顺着规定的路线行进。舞蹈表演队的演员身着傣、哈尼、拉祜、佤、布朗和基诺民族服装，边走边舞。在州政府门前，每个舞队表演一个相对完整的舞蹈，然后再向前行进。整个活动持续大约两个小时。下午两点，举行新年节开幕式和龙舟赛，来自各地傣族民众涌向澜沧江边观看。在领导讲话之后，龙舟赛开始。江面龙舟竞渡，江边人群喧闹，把庆典推向高潮。4月14日举行的是宗教游演、浴佛法会和赶摆。当天上午的

宗教游演由彩车和游行队伍组成，绕城区的主要街道一周，然后回到位于曼听公园后的西双版纳总佛寺。游行队伍分为总佛寺的僧侣队伍和附近寨子的村民队伍。村民队伍由男子手持钹、象脚鼓和铓锣奏乐开路，后面的中老年妇女，手持竹竿挑起的赕佛用的经幡。回到总佛寺后，金佛被放置在佛寺花园中心亭台前的架子上。亭台上有几个大水桶，妇女从背包里拿出各种矿泉水瓶，先把瓶高举过头，拜过亭台上的僧侣后，把水倒入水桶中。之后开始浴佛仪式，僧侣一边诵经，一边将水倒入通向佛身的水管中，洒洗金佛。4月15日就是泼水活动。开始泼水时，彬彬有礼，姑娘们提着一小桶掺有香水的凉水，用树枝蘸水向长者、来宾脖后轻轻泼洒，以表示祝福，这是礼节性泼水。泼水进入高潮时，男女青年互相追逐泼水，满瓢、满盆的水，在追逐中泼向对方。泼水节成了狂欢的节日，平时彬彬有礼的傣家少女，顿时活跃起来，不甘示弱地与小伙子展开对泼。水花在空中飞舞，传递着吉祥与祝福。这天被视为最美好、最吉祥的日子。

　　在正式节日前后的一两个星期内，还要开展其他经贸文化艺术娱乐活动。如2012年西双版纳泼水节暨傣历1374年新年活动以"激情四月、深切缅怀、睦邻友好，共同繁荣发展，充分展示多彩西双版纳"为主题，活动共分为四个板块，即传统活动板块、文化活动板块、睦邻友好板块、纪念盛事板块。其中4月13日白天举行澜沧江赶摆活动，内容包括赛龙舟、燃放高升、堆沙、民俗斗鸡、文艺表演等；晚上举行燃放礼花、放飞火灯和水灯、首届"西双版纳魅力大舞

象脚鼓舞

南方丝绸之路研究丛书　民族节庆卷

台"演艺总决赛。4月14日白天举行燃放高升、傣族群众民俗文艺表演、民俗斗鸡等活动；晚上举行群众性歌舞表演活动、燃放礼花和"纪念周恩来总理参加西双版纳泼水节50周年暨中国老挝建交50周年"中老青年联谊大型晚会，还有西双版纳首届葫芦丝、巴乌总决赛。4月15日在城区举行民间群众泼水祝福和万人广场跳傣族集体舞、象脚鼓舞；傣族村寨举行祈福诵经迎新年、滴水、沐佛、跳大鼓、吃年饭和年糕（毫啰唆）、燃放礼花和高升、泼水祝福等仪式和活动。同时从4月12日—4月20日举办"美术、书法、摄影展暨西双版纳第三届美术书法摄影大赛"和"第十四届西双版纳边境贸易旅游交易会"；勐海、勐腊县城和各乡镇以及景洪部分乡镇自行组织各种节庆活动，一直到4月20日之后，还有部分乡镇村寨自行组织的节庆活动。德宏傣族景颇族自治州也由政府主导举办泼水节，如2017年在芒市广场举办了"中国·德宏2017国际泼水狂欢节"，这天数万名各族群众穿上节日盛装，敲起金铓锣，打起象脚鼓，跳起孔雀舞，泼洒祝福水。当天，来自省内外的游客和当地群众共同参与体验民族风情大狂欢，通过互相泼水、跳舞和唱歌，互祝吉祥、幸福、健康。开幕式现场还举行了世界最大汉白玉雕刻遮放贡米申报世界纪录仪式，来自世界纪录协会美国高级认证官向德宏州颁发了世界纪录协会证书。这次泼水狂欢节期间，德宏州还举办了"赏建飘香·情醉傣乡"万人采花扮龙亭暨傣乡风情体验活动、德宏州世居少数民族文化展、"圣水欢歌"中国德宏2017国际泼水狂欢节迎宾晚会、"一带一路走进德宏"推介会、民族美食大赛、"赏葫芦丝、饮后谷咖啡、品遮放贡米、尝风味小吃"德宏民族特色美食体验活动。

随着云南旅游业的发展，泼水节已经不仅仅是纯粹的民间活动，而是从一个地区性、族群性的节日庆典扩大为地方层面推动经济文化建设、国家层面建构"民族团结"符号的大型活动。傣族在长期的历史发展中，因其分布上所处的通内联外的特殊地理位置，与中原内地和东南亚国家都保持着密切的经济文化联系。中原王朝通过穿越傣族地区的"蜀身毒道"，与东南亚国家和印度一直保持着经济文化上的往来。目前，泼水节的参加者除了当地的傣族和其他民族外，外地客人、外国朋友也喜欢参加这一节日，尤其是节日期间还邀请周边国家傣泰民族的代表来参加这一盛会，使得这一节日又成为不同国家、不同地区民族间经济文化交流的一个主要平台，在"一带一路"建设中发挥着"民心相通"的作用，泼水节已经成为享誉海内外的一个国际化的节日。

参考文献

一、历史文献

[1] 司马迁 . 史记 [M]. 北京：中华书局，1982.

[2] 班固 . 汉书 [M]. 北京：中华书局，1962.

[3] 陈寿 . 三国志 [M]. 裴松之，注 . 北京：中华书局，1999.

[4] 范晔 . 后汉书 [M]. 北京：中华书局，1965.

[5] 刘昫 . 旧唐书 [M]. 北京：中华书局，1975.

[6] 欧阳修，宋祁 . 新唐书 [M]. 北京：中华书局，1975.

[7] 脱脱 . 宋史 [M]. 北京：中华书局，1985.

[8] 宋濂 . 元史 [M]. 北京：中华书局，1974.

[9] 张廷玉 . 明史 [M]. 北京：中华书局，1974.

[10] 常璩 . 华阳国志 [M]. 刘琳，校注 . 成都：巴蜀出版社，1984.

[11] 樊绰 . 蛮书校注 [M]. 向达，校注 . 北京：中华书局，1962.

[12] 李昉，等 . 太平御览 [M]. 北京：中华书局，1960。

[13] 范成大 . 桂海虞衡志辑佚校注 [M]. 胡起望，覃光广，校注 . 成都：四川民族出版社，1986.

[14] 周去非 . 岭外代答校注 [M]. 杨武泉，校注 . 北京：中华书

局，1999.

二、相关著作

[1] 陈垣.明季滇黔佛教考 [M].北京：科学出版社，1959.

[2] 范文澜.中国通史 [M].北京：人民出版社，1978.

[3] 徐嘉瑞.大理古代文化史稿 [M].北京：中华书局，1978.

[4] 江应樑.傣族史 [M].成都：四川民族出版社，1984.

[5] 方国瑜.中国西南历史地理考释 [M].北京：中华书局，1987.

[6] 任乃强.华阳国志校补图注 [M].上海：上海古籍出版社，1987.

[7] 梁庭望.壮族风俗志 [M].北京：中央民族学院出版社，1987.

[8] 费孝通.中华民族多元一体格局 [M].北京：中央民族学院出版社，1989.

[9] 马曜.云南简史 [M].昆明：云南人民出版社，1991.

[10] 尤中.云南民族史 [M].昆明：云南大学出版社，1994.

[11] 王叔武.云南古佚书抄 [M].昆明：云南人民出版社，1996.

[12] 陆韧.云南对外交通史 [M].昆明：云南民族出版社，1997.

[13] 郭净，段玉明，杨福泉.云南少数民族概览 [M].昆明：云南人民出版社，1999.

[14] 约瑟夫·洛克.中国西南古纳西王国 [M].刘宗岳译，昆明：云南美术出版社，1999.

[15] 郭大烈，和志武.纳西族史 [M].成都：四川民族出版社，1999.

[16] 苏秉琦.中国文明起源新探 [M].北京：三联书店，2000.

[17] 刘守华，陈建宪.民间文学教程 [M].武汉：华中师范大学出版社，2002.

[18] 杨圣敏.中国民族志 [M].北京：中央民族大学出版社，2003.

[19] 格勒.藏族早期历史与文化 [M].北京：商务印书馆，2006.

[20] 魏德明.佤族文化史 [M].昆明：云南民族出版社，2007.

[21] 段渝.南方丝绸之路研究论集 [C].成都：巴蜀书社，2008.

[22] 王万荣.文山苗族 [M].昆明：云南民族出版社，2008.

[23] 李明.羌族文学史 [M].成都：四川民族出版社，2009.

[24] 段渝.四川通史（先秦卷）[M].成都：四川人民出版社，2010.

[25] 曹先强.阿昌族文化论集 [C].昆明：云南民族出版社，2011.

[26] 张锡禄.南诏与白族文化 [C].昆明：云南人民出版社，2015.

三、论文

[1] 郑天挺.历史上的入滇通道 [J].旅行杂志，1943（3）.

[2] 方国瑜.麽些民族考 [J].民族学研究集刊,1944(4).

[3] 李绍明.关于羌族古代史的几个问题 [J].历史研究,1963(5).

[4] 方国瑜，和志武.纳西族的渊源、迁徙和分布 [J].民族研究,1979(1).

[5] 刘辉豪.勤劳勇敢的颂歌——史诗《牡帕密帕》整理札记 [J].思想战线,1979(2).

[6] 陈炎.汉唐时缅甸在西南丝道中的地位 [J].东方研究，1980（1）.

[7] 童恩正 . 近年来中国西南民族地区战国秦汉时代的考古发现及其研究 [J]. 考古学报 ,1980(4).

[8] 杜玉亭 . 基诺族族源问题试探——兼论族源和民族形成的上限 [J]. 云南社会科学 .1981(2).

[9] 钱安靖 . 羌族的祭山会 [J]. 宗教学研究 ,1983(4).

[10] 李昆声 . 论云南与黄河流域新石器时代文化的关系 [J]. 史前研究 ,1985(1).

[11] 任乃强 . 中西陆上古商道——蜀布之路 [J]. 文史杂志 ,1987(1).

[12] 方铁 . 元代云南至中南半岛北部的通道和驿站 [J]. 思想战线 ,1987(3).

[13] 阿旺次仁 . 古代物候历观测与西藏历法 [J]. 中国藏学 ,1988(1).

[14] 徐杰舜 . 从骆到壮——壮族起源和形成试探 [J]. 学术论坛 ,1990(5).

[15] 范建华 . 西南古道与汉、唐王朝开边 [J]. 思想战线 ,1991(6).

[16] 舒向今 . 试探考古学上的濮文化 [J]. 民族研究 ,1993(1).

[17] 石硕 . 试论康区藏族的形成及其特点 [J]. 西南民族大学学报 ,1993(2).

[18] 黄润柏 . 壮族歌节 "三月三" 的属性问题初探 [J]. 广西民族研究 ,1993(4).

[19] 尼嘎 . 佤族木鼓祭辞 [J]. 民族文学研究 ,1994(2).

[20] 贾晔，邵志忠 . 苗族传统节日文化 [J]. 广西民族研究 ,1994(4).

[21] 段世琳 . 浅论佤族木鼓与木鼓文化 [J]. 思想战线 ,1995(4).

[22] 钱宁 . 厄莎・佛祖・耶稣——拉祜族的宗教信仰与社会

变迁 [J]. 思想战线 ,1997(4).

[23] 何方 . 傣族"魂、鬼、神"观念的起源——兼说壮侗民族的原始宗教 [J]. 宗教学研究 ,1999(1).

[24] 童恩正 . 古代中国南方与印度交通的考古学研究 [J]. 考古 ,1999(4).

[25] 马曜 . 白族异源同流说 [J]. 云南社会科学 ,2000(3).

[26] 杨甫旺，杨琼英 . 彝族火葬文化初探 [J]. 云南师范大学学报 ,2000(6).

[27] 周源 . 纳西族神祇"三朵"考 [J]. 云南师范大学学报 ,2002(3).

[28] 何叔涛 . 南诏大理时期的民族共同体与兼收并蓄的白族文化 [J]. 云南民族学院学报 ,2003(2).

[29] 潘蛟 . 彝族火把节纪事：当地人观点？ [J]. 民族艺术 ,2004(3).

[30] 施惟达 . 民族村寨文化的现代化建构 [J]. 民族艺术 ,2004(4).

[31] 高志英 . 唐至清代傈僳族、怒族流变历史研究 [J]. 学术探索 ,2004(8).

[32] 李星星 . 论"民族走廊"及"二纵三横"的格局 [J]. 中华文化论坛 ,2005(3).

[33] 邓宏烈 . 羌族的宗教信仰与"释比"考 [J]. 贵州民族研究 ,2005(4).

[34] 陈保亚 . 论滇僰古道的形成及其文化传播地位——茶马古道早期形态研究 [J]. 思想战线 ,2006(2).

[35] 彭兆荣 . 仪式中的暴力与牺牲 [J]. 中南民族大学学报 ,2006(2).

[36] 萧放 . 全球化语境下的民族节日走向 [J]. 民俗研

究,2007(4).

[37]李晓斌,龙晓燕,段丽波.以濮人、孟高棉民族为中心的云南古代族际关系考释——结合少数民族遗传基因的多学科研究[J].学术探索,2007(4).

[38]方铁.云南跨境民族的分布、来源及其特点[J].广西民族大学学报,2007(5).

[39]段渝.中国西南早期对外交通——先秦两汉的南方丝绸之路[J].历史研究,2009(1).

[40]郭家骥.西双版纳傣族的水信仰、水崇拜、水知识及相关用水习俗研究[J].贵州民族研究,2009(3).

[41]段丽波,龙晓燕.云南百濮考——一个需要重新思考的民族源流问题[J].思想战线,2009(4).

[42]杨福泉.纳西族祭天仪式的功能和特点[J].云南社会科学,2009(4).

[43]褚建芳.制造传统——关于傣族泼水节及其相关新年话语的研究[J].开放时代,2010年(2).

[44]张蕾梅.阿昌族口传文学传承发展的危机及对策——以梁河阿昌族地区"活袍调"为个案[J].云南师范大学学报,2010(3).

[45]喇明英.关于依托传统节庆构建民族文化保护与传承平台的思考——以羌族"瓦尔俄足节"为例[J].西南民族大学学报,2010(4).

[46]白志红.实践与阐释:大理白族"绕三灵"[J].民族研究,2010(5).

[47]周毓华.羌族历史与习俗研究[J].西藏民族学院学报,2010(5).

[48]张海超.南诏大理国佛教文化传入途径研究[J].青海民族大学学报,2011(4).

[49] 赵天宝.探寻景颇族的源与流 [J].学术探索,2011(6).

[50] 侯兴华.傈僳族刀杆节的由来及其演变 [J].保山学院学报,2012(3).

[51] 安琪.傣族泼水节的神话与仪式研究 [J].广西民族研究,2012(4).

[52] 王先胜.十月太阳历溯源 [J].贵州民族研究,2012(6).

[53] 苏翠微,王亚红.拉祜族的传统节日"扩塔节"[J].节日研究,2013(1).

[54] 高志英,沙丽娜.密支那傈僳"阔时节"[J].节日研究,2013(1).

[55] 高志英,杨飞雄.互动、共享与变迁——傈僳族上刀山下火海仪式变迁研究 [J].西南民族大学学报,2013(2).

[56] 索郎桑姆格朗.藏族传统天文历算的形成与发展 [J].西藏大学学报,2013(3).

[57] 段渝.古代中印交通与中国丝绸西传 [J].天府新论,2014(1).

[58] 王子今.汉武帝"西夷西"道路与向家坝汉文化遗存 [J].四川文物,2014(5).

[59] 郑宇,杜星梅.民族节庆产业的三重结构探析——以云南省马关县苗族"踩花山"为例 [J].学术探索,2014(12).

[60] 龚伟.试论战国秦汉时期牦牛与筰人的关系 [J].中华文化论坛,2014(7).

[61] 张泽洪,廖玲.西南民族走廊的族群迁徙与祖先崇拜——以《指路经》为例的考察 [J].世界宗教研究,2014(4).

[62] 范明新,陈复声.整合的节日文化与增强的民族认同——以阿昌族阿露窝罗节为例 [J].节日研究,2013(1).

[63] 宋颖.景颇族的文化记忆探析——以目瑙纵歌为例 [J].原

生态民族文化学刊 ,2014(4).

[64] 叶健 . 羌历年祭祀仪式与艺术——以汶川县绵虒镇羌锋村为例 [J]. 成都大学学报 ,2014(5).

[65] 赵秀兰 . 神话语境中的 "司岗里" 语义探索 [J]. 中央民族大学学报，2014(6).

[66] 杨福泉 . 外来与本土宗教思想的融合——云南丽江纳西族巫师桑尼所用的一幅卷轴画考释 [J]. 云南社会科学 ,2014(6).

[67] 马翀炜，刘金成 . 祭龙：哈尼族 "昂玛突" 文化图式的跨界转喻 [J]. 西南边疆民族研究 ,2015(1).

[68] 傅千吉 . 敦煌藏文文献中的天文历算文化研究 [J]. 西藏大学学报 ,2015(2).

[69] 霍志刚 . 阿昌族史诗《遮帕麻和遮米麻》的历史记忆 [J]. 中央民族大学学报，2015(增刊).

[70] 黄绍文 . 从 "矻扎扎" 节的宗教崇拜看哈尼族文化的自我调适 [J]. 宗教学研究 ,2015(3).

[71] 贺圣达 . 东南亚南传上座部佛教文化圈的形成、发展及其基本特点 [J]. 东南亚南亚研究 ,2015(4).

[72] 任萍 . 羌族传统节日景观的复兴与流变——以羌历年为例 [J]. 贵州民族研究 ,2015(7).

[73] 徐祖祥 . 重构与发展：南传佛教、基督教信仰对丙叶寨佤族文化的塑造 [J]. 宗教学研究 ,2016(2).

[74] 艾菊红 . 文化再生产与身份认同：以澜沧拉祜族的旅游业发展为例 [J]. 云南师范大学学报 ,2016(3).

[75] 马成俊，王含章 . 范式转换：中国民族走廊与国际民族通道——丝绸之路研究的方法论 [J]. 西北民族研究 ,2016(3).

[76] 陈燕 . "多元一体" 视野下的哈尼族民间 "东来说"——简析历史上融入哈尼族的汉族移民 [J]. 贵州民族研究 ,2016(4).

[77] 姚磊.文化传承视域下大理"三月街"千年发展的实践逻辑 [J].广西民族研究 ,2016(6).

[78] 赵红梅.场域视野下的纳西族"三朵节"再认识 [J].贵州社会科学 ,2016(9).

[79] 谢红萍.族群记忆与现实表述——以西双版纳基诺族族源叙事为例 [J].民族文学研究 .2017(2).

[80] 谢红萍.族群记忆与现实表述——以西双版纳基诺族族源叙事为例 [J].民族文学研究 ,2017(2).

[81] 李方.建构与嬗变：历史变迁视野中的盘瓠信仰 [J].民族研究 ,2017(3).

[82] 取宗.试论藏族新年的民俗价值——以迪庆藏族自治州德钦县燕门乡赤尼村为例 [J].四川民族学院学报 ,2017(3).

[83] 唐雪琼，钱俊希，杨茜好.跨境流动视阈下的节庆文化与民族认同研究——中越边境苗族花山节案例 [J].地理科学进展 ,2017(9).

[84] 李治兵，杨杰，肖怡然.节庆旅游与民族传统节日变迁——以羌历年为例 [J].阿坝师范学院学报 ,2018(2).

[85] 李斯颖.盘瓠神话与其多元化仪典演述探析 [J].民间文化论坛 ,2018(3).

后　记

在自然界中，从雪山之巅、森林深处、草地之下流出的一条条小溪，在不断接纳其他小溪之后，逐渐变成小河；一条条小河汇聚了其他小河的流水之后，逐渐丰盈起来、强壮起来、浩大起来，变成汹涌奔流的大江大河，最后汇入浩瀚无边的大海之中。

文化就像是一条河。每一种文化在起源的时候，都显得微不足道。但是在漫长的岁月里，这些像小溪一般的文化不断接纳、吸收、融合其他文化，逐渐变得丰富、多元、繁荣起来，形成一条条文化之河。在不断的发展中，汇聚起越来越多的小河，形成一条条文化的大江大河，汇入整个人类文化的汪洋大海之中。

在写作这本书的过程中，我越来越深入地感觉到中华文化就是一条源远流长的大河。在它形成和发展的过程中，不断地汇入来源不同、形式不同、特征不同的小溪、大河，最终汇聚成博大精深、奔流不息的中华文化。作为中华文化的一条重要支流，西南文化从远古走来，为中华文化的形成和发展增添了丰富的内容和多元的色彩。而在西南文化这条支流的形成过程中，南方丝绸之路发挥了巨大的作用。

南方丝绸之路所连接的中国西南地区、东南亚地区、南亚地区和西亚地区，是世界上文化最为多元、最为丰富的地区之一。

这条道路经过的地区，生活着汉藏语系、南亚语系和印欧语系的近百个民族。这些民族在借助南方丝绸之路网络进行各种物资交换和商品贸易中，不仅有了人员甚至族群的移动，而且一直伴随着不同地域、不同民族的文化交流。这种文化交流，经历了漫长的历史时期，从史前时期开始到今天还在继续，具体表现为南方丝绸之路上物质文化的交流不断扩大、精神文化的交流不断深入。就像是潺潺溪水汇聚成小河，涓涓小河汇聚成大河一样，西南地区的文化就在这交汇的过程中形成了不同民族文化"你中有我，我中有你"的绚丽色彩。

民族传统节日是一定地域上某一民族所创造的、在一定时日所表现出来的各种形态与特质的文化复合体，它包括实物、信仰、心理、价值观念、风尚习俗、伦理道德和艺术等。前文已经述及，南方丝绸之路经过的地区主要分布着汉藏语系中的藏缅语族、壮侗语族和苗瑶语族三大族群和南亚语系孟高棉语族的众多民族，这些民族在漫长的历史岁月中，各自形成了以自然崇拜、图腾崇拜和祖先崇拜为文化内核、具有鲜明民族和地域特征的节日。

例如氐羌系民族（藏缅语族各民族）从中国西北河湟一带沿着藏彝走廊自北而南不断迁徙，广泛分布于中国西南部，中南半岛的缅甸、老挝、越南及南亚的印度、尼泊尔、不丹等国。由于藏缅语民族先民生活在崇山峻岭之中，所以他们形成了对山岳的崇拜，其后裔藏族、羌族、纳西族、傈僳族都有与"山神"相关的信仰和祭祀仪式。在藏族社会中山神崇拜是最普遍的信仰。在前佛教时期，山神是最重要的祭祀对象；佛教传入以后，山神作为重要的护法神被纳入藏传佛教的信仰体系中。每个村子都有自己的山神，不同村子组成的部落也有共同的山神，每个地域又有更大的山神。在某种意义上说，山神信仰形塑了藏区的社会组织和文化风貌。藏族人民对山神的崇拜极其虔诚，每年都要举行各种祭祀活动，以此方式来表达他们的崇敬心情，祈求山神降福保佑。祭山仪式因地区以及每个山神的神性之不同而有所差异，如：青海果洛的藏族牧民把年保玉则山神作为他们的祖先来敬奉、供养，认为他们是这位山神的后裔；甘孜、阿坝藏族地区在每年农历四月八日身着民族服装，汇集到跑马山上和折多河畔转山祭神，祈求神灵保佑。羌族每个村寨也有自己的山神，每年两次的"祭山会"也是典型的祭祀山神活动；纳西族的"三朵节"所祭祀的"三朵"就是玉龙雪山的山神；傈僳族也信仰山神，如维西县巴迪乡的傈僳族每年都要举行传统春节祭山祈福活动；怒族也有祭祀山神的活动，如兰坪县菟峨区的怒族举行的"祭山林节"，一般六七月间在山上的"神林"前举行；甚至已经迁徙到滇南勐海县的拉祜族，每年伐林垦荒，必先祭山。

除了山神信仰之外，氐羌系民族因为生活在高山深谷间，天气寒冷，他们也崇拜火，有各种与"火"有关的祭祀仪式，火把节就是其中的代表。其后裔彝族、白族、纳西族、拉祜族、傈僳族、哈尼族、基诺族、普米族、阿昌族等，都有举行火把节的传统，虽然起源传说、仪式过程有细微的区别，但时间都在农历六月二十四日至二十五日，可以说是所有藏缅语族彝语支和部分羌语支民族共同的节日。

百越系民族（壮侗语族民族）公元前几个世纪已分布在长江流域及南方各地，他们自东向西大量进入西南地区，并有部分北上藏彝走廊或南下中南半岛。在其后裔中，普遍有对水、花、蛙等自然物的崇拜，如壮族有"花崇拜""蛙崇拜"，在其宗教中都有与之相关的祭祀仪式，在民俗节日"三月三"中也留下了痕迹；傣族有"水崇拜"，在其宗教信仰与节庆活动中形成了一系列水崇拜的祭祀礼仪和用水习俗，[1]其中泼水节是其最具代表性的节日。特别是壮侗语民族都有鲜明的英雄祖先崇拜，在西南地区的壮族、布依族和水族民间，存在着以布洛陀神话、信仰和崇拜为核心，以布洛陀祭祀习俗为表现形式的文化特征。

苗瑶语族是在秦汉以后沿着南岭走廊逐渐进入西南的。在民间传说中，苗、瑶、畲都是盘瓠的后裔。时至今日，在苗、瑶、畲等少数民族中，盘瓠信仰依然是其重要的民间文化传统，存有与盘瓠相关的遗俗和遗迹。学者认为："盘瓠信仰经历了一个颇为漫长的历史演变过程，就宗教性质而言可以说是从一种'原生性宗教'逐步演变成为了一种'民间信仰'。历史上的盘瓠信仰其实可以分为两种基本类型：一种是以'由民族图腾崇拜到族源祖先崇拜'为主；另一种则以'由民族图腾崇拜到部族英雄崇拜'为主。两种盘瓠信仰都发源于远古时期比较常见的一种动物图腾崇拜，而且一般认为盘瓠图腾的原型就是犬。"[2]也就是说苗瑶语族的盘瓠信仰既是图腾崇拜的遗存，又是祖先崇拜的表现，在苗族的"花山节"、瑶族的"盘王节"中，都有具体的祭辞和仪式。

但是由于这些民族在迁徙之后与其他民族杂居共生，所以不同文化开始互相影响、互相借鉴、互相吸收，成为共居民族共同的节日。如藏缅语民族的"火把节"文化影响到了其生活地区的孟高棉语民族，佤族每年农历六月二十四日的"便克节"，虽然有自己的特点，过节这天，家禽家畜、生产工具、生活用具要全部关好收齐，不能让其留在野外，别人借去的东西也要收回，家里人不准外出，但是当夜幕降临时，家家户户要点燃火把，竖在屋檐下，整个寨子亮如白昼，和其他民族的"火把节"非常相似。云南

---

① 郭家骥：《西双版纳傣族的水信仰、水崇拜、水知识及相关用水习俗研究》，《贵州民族研究》2009 年第 3 期。

② 李方：《建构与嬗变：历史变迁视野中的盘瓠信仰》，《民族研究》2017 年第 3 期。

施甸、昌宁、永德等地布朗族也过"火把节"，时间也是每年农历六月二十三至二十四日举行。再比如"泼水节"是傣泰语民族和东南亚地区的传统节日，但是与其共生的藏缅语族阿昌族和孟高棉语族布朗族、佤族、德昂族都过这个节日。另外，壮族、黎族等民族中也有类似于苗瑶语族的"盘瓠"信仰，如壮族《龙王宝》、黎族《五指山传》等都是同类型神话，"这些神话的母题虽然与退敌立功的盘瓠神话类同，但主角却不是盘瓠，通常以狗和蛙等为主，可被称为盘瓠神话的'非典型'叙事形态"①。

除了不同族系的民族信仰和节日的这种交流外，多个民族受到同一种文化影响而形成同样的节日，这也是文化交流的结果。如：受南传上座部佛教的影响，生活在西双版纳和德宏的傣族、德昂族、布朗族还有部分佤族都过傣历年、关门节、开门节、烧白柴节等节日，都有作摆、赕佛等习俗；由于受到藏传佛教的影响，纳西族、普米族也有"跳神法会"等传统节日；由于受到基督教的影响，滇西北傈僳族、怒族，滇西南的景颇族、佤族、拉祜族和滇东北苗族一年当中也庆祝圣诞节、复活节和感恩节等基督教节日。可见这些宗教对云南各民族节日文化的形成产生了重要的影响，使得原来有着不同信仰的民族有了共同的节日。

另外，节庆中文化元素的借用也是文化交流的一种表现。纳西族"东巴舞"和藏族"羌姆"的动作有很大的相似性，可能都是源于古老的苯教祭祀舞蹈。节庆中常跳的彝族"打歌"、傣族"象脚鼓舞"、哈尼族"芒鼓舞"等，都具有鲜明的地方和民族特色，但是其中的一些舞蹈、乐器却有相似的文化元素。侗族、水族、苗族、仡佬族、彝族、傈僳族、土家族、布依族、拉祜族、佤族、哈尼族、黎族、纳西族、怒族、普米族都有"芦笙舞"，虽然

---

① 李斯颖：《盘瓠神话与其多元化仪典演述探析》，《民间文化论坛》2018 年第 3 期。

音乐、舞姿不完全相同，但是乐器的基本结构和发音原理基本相同，这也不排除各民族文化的传播和影响。

同时，我们从节庆中可以发现，虽然各民族的节日有着相对固定的形式与内容，具有鲜明的传承性，表现出每个民族古老而深厚的文化传统，但随着社会的发展，各民族的节庆在继承传统的基础上不断创新，节日的内涵不断地拓展，节日的形式不断地丰富，在传承中发展，在创新中继承，有着"发明传统"与"文化再生"的过程。尤其是近年来，"以富有特色的民族传统文化来提升本地的知名度和吸引外来者，从而发展地方经济，是改革开放以来经济不发达地区的普遍做法，这就是所谓的'文化搭台，经济唱戏'"①。在这些活动中，少数民族节日的文化符号、艺术元素、审美价值都发生了变迁。这也是文化发展、文化创造的必然结果。

尤其是在历史上和现实中，南方丝绸之路是连接中国和东南亚、南亚的通道，不同国家的民族节庆有共同的文化符号，共享的精神内涵，共有的表现形式。在这条道路经过的地区生活着藏、壮、傣、布依、彝、哈尼、门巴、拉祜、傈僳、景颇、阿昌、怒、佤、独龙、德昂、布朗、苗、瑶等18个跨境而居的民族，虽然他们生活在不同的国家中，但是有着共同的文化，共庆相同的节日。如彝族火把节、景颇族目瑙纵歌节、哈尼族矻扎扎节、傣族泼水节、壮族"三月三"、苗族花山节、傈僳族刀杆节、拉祜族葫芦节、佤族木鼓节、瑶族盘王节、阿昌族阿露窝罗节，都是这些跨境而居的民族具有深厚群众基础和国际影响力的代表性节日。这些节庆消弭了国界的区隔，增强了民族认同和信任，为当下的"一带一路"建设提供了"民心相通"的文化基础。

---

① 施惟达：《民族村寨文化的现代化建构》，《民族艺术》2004年第4期。

沿线不同民族在交往交流交融中，形成了独具特色而又多民族共享的节庆文化，是今天生活在这条古道上的人们继续传承和弘扬的文化遗产。同时，南方丝绸之路上的节庆还是不同民族、不同文化在"交流中创新，在创新中继承"的现实展演。这种创造性是南方丝绸之路开放精神的必然产物，必将随着"一带一路"倡议的实施继续得到传承和发扬。我们相信，随着历史的发展，南方丝绸之路上的文化将为中国文化这条延续了五千年的大河增加奔涌的力量，也会为世界文化的汪洋大海注入生机和活力。

非常感谢云南省博物馆原馆长、云南大学博士生导师李昆声教授邀我参与到这套丛书的写作之中。李老师为学勤奋严谨，著作等身，是一位在考古学界、民族学界享有盛誉的学者；李老师为人谦和，奖掖后进，是一位学高为师、身正为范的教师楷模。我能够在他的指导下学习和写作这本书，是我的人生幸事。但是由于自己才疏学浅，对西南地区的民族节庆了解还不够深入，所以文中错误在所难免。这些问题我将在以后的学习中不断完善，敬请读者能够批评指正。

王万平

2021 年 6 月 2 日